本书为浙江省哲学社会科学规划年度课题"共同富本分担机制与应对策略研究"（项目号：23NDJC333YB）

老龄化成本分担机制研究

余薇 著

吉林出版集团股份有限公司
全国百佳图书出版单位

图书在版编目（CIP）数据

老龄化成本分担机制研究 / 余薇著 . -- 长春：吉
林出版集团股份有限公司 , 2025. 5. -- ISBN 978-7
-5731-6437-7

Ⅰ . C924.24

中国国家版本馆 CIP 数据核字第 2025XR5446 号

LAOLINGHUA CHENGBEN FENDAN JIZHI YANJIU

老 龄 化 成 本 分 担 机 制 研 究

著　　者	余　薇	
责任编辑	金　昊	
装帧设计	领行文化	

出　　版	吉林出版集团股份有限公司	
发　　行	吉林出版集团社科图书有限公司	
地　　址	吉林省长春市南关区福祉大路 5788 号　邮编：130118	
印　　刷	长春新华印刷集团有限公司	
电　　话	0431-81629711（总编办）	
抖 音 号	吉林出版集团社科图书有限公司　37009026326	

开　　本	710 mm×1000 mm　1 / 16	
印　　张	14	
字　　数	220 千字	
版　　次	2025 年 5 月第 1 版	
印　　次	2025 年 5 月第 1 次印刷	

书　　号	ISBN 978-7-5731-6437-7	
定　　价	68.00 元	

如有印装质量问题，请与市场营销中心联系调换。0431-81629729

随着医疗技术的飞速进步与生活水平的显著提升，全球正步入一个前所未有的老龄化时代。据权威机构预测，至 2050 年，全球老年人口预计将飙升至 20.2 亿，而中国老年人口将占据其中的 4.8 亿，占比高达 23.8%。这一老龄化趋势不仅深刻影响着老年人的生活，给养老、医疗及社会服务带来巨大压力，同时也对整个社会的经济、文化发展与稳定构成了严峻挑战。

当前，老龄化已成为我国不可回避的问题。根据 2021 年 5 月 11 日发布的第七次人口普查数据，我国总人口为 14.1178 亿，其中 60 岁及以上老年人口已达 2.6402 亿，占比 18.70%，65 岁及以上人口更是达到 1.9064 亿，占比 13.50%。这些数据清晰地揭示出我国老龄化程度的不断加深。同时，老龄化与少子化、家庭规模小型化等趋势相互交织，使得传统的家庭养老模式难以满足日益增长的养老需求，社会对多元化养老服务的需求愈发迫切。在此背景下，党的十九届五中全会明确提出了"全面推进健康中国建设，实施积极应对人口老龄化国家战略，并加强和创新社会治理"的宏伟目标，旨在以更加积极、主动的姿态应对老龄化挑战。

因此，全面而系统地探究老龄化对我国经济社会产生的深远影响，特别是深入分析老龄化成本的构成、基本特征及变化趋势，精准测算不同阶段老龄化成本的总规模及其财政承受能力，探讨老龄化成本的责任归属、分担方式、实施路径及分担机制，并提出切实可行的老龄化应对策略，已成为当前亟待研究的重要课题。

本书对老龄化成本分担机制进行系统研究。全书共八章内容：第一章和第二章介绍老龄化成本的基本概念以及老龄化成本分担的基础理论；第三章探讨我国人口老龄化发展现状；第四章研究当前我国养老服务体系建设与政策现状；第五章、第六章、第七章分别探究老龄化成本的政府分担机制、个人分担机制和企业分担机制；第八章以浙江省为例进行老龄化成本评估和分担的实践研究，探索构建科学合理的老龄化成本分担机制。

　　本书在撰写过程中，参考借鉴了大量的文献，得到许多学者与同行的指导和帮助，在此，笔者表示诚挚的谢意。书中所涉及的内容难免有疏漏与不够严谨之处，敬请专家和读者朋友批评指正。

第一章 老龄化成本的基本概念

人口老龄化日益加剧，已成为社会各界广泛关注的重大议题。它不仅深刻影响着家庭结构与社会形态，更对经济发展构成了严峻挑战，尤其是老龄化成本问题愈发凸显。老龄化成本涉及养老金发放、医疗保障提供、长期护理服务以及各类社会服务等多个方面。随着老年人口占比不断攀升，这些成本持续膨胀，给政府财政及整体社会经济带来了前所未有的压力。为有效应对这一挑战，我们必须多管齐下：既要完善养老保障体系，提升养老服务效能与质量，也要鼓励社会各界积极参与老龄化服务；同时，更应积极探索并实践老年人力资源的开发利用，让老年群体在安享晚年的同时，也能继续为社会贡献余热。本章将阐述老龄化成本的相关概念，为后续探讨应对策略奠定坚实基础。

第一节 人口老龄化的概念

一、人口老龄化的定义

人口老龄化通常涵盖两个层面：个体老龄化和总体老龄化。

个体老龄化描述的是个人随着年龄的不断增长，身体组织以及生理、心理机能逐渐衰退的过程。随着医疗水平的提升和人均寿命的延长，国际社会普遍将60岁或65岁以上的人群界定为老龄人口。进一步地，根据年龄差异，老龄人口又可细分为低龄（60或65—69岁）、中龄（70—79岁）和高龄（80岁以上）三类。

总体老龄化则是指当一个国家或地区老年人口的占比持续上升到某一特定水平时，整个社会的人口年龄结构发生显著变化，从而进入老龄化社会的状态。

联合国编纂的权威工具书《人口学词典》认为："所谓人口老龄化，即老年人口在总人口中的比例不断提高的过程。"[①]

《人口老龄化及其社会经济后果》也对"人口老龄化"进行定义："人口老龄化是指老年人口占总人口的比例不断提高，或者青少年人口占总人口的比例不断下降的过程。"[②]

从上述定义可以看出，人口老龄化是一个复杂而深刻的动态演变过程，它描述的是一个国家或地区人口年龄结构的变化趋势。在这一过程中，由于医疗进步、生活水平提高以及生育率下降等多重因素的共同作用，老年人口在总人口中的占比持续增长，导致整体人口结构逐渐趋于老化。这种老化不仅体现在老年人口数量的增加上，更反映在社会经济、文化观念以及家庭结构等多方面的深刻变革中，对国家政策制定、社会资源配置以及经济发展模式都会产生深远的影响。

本书认为，人口老龄化就是指一个国家或地区的人口年龄结构由于老年人口占比不断增长而趋于老化的一个动态演变过程。

二、人口老龄化的指标

衡量人口总体老龄化程度，最直接且显而易见的指标无疑是老年人口在总人口中的占比，即老年人口占比。然而，除此之外，依据1975年美国人口咨询局所提出的标准，我们还可以借助少儿人口占比、老少人口比例以及人口年龄中位数等一系列相关指标来进行更为全面的评估。

在经济学领域，为了从另一个维度剖析人口老龄化的状况，老年负担系数也经常被用作一个重要的衡量指标。综合国内外的研究现状来看，在探讨人口老龄化这一议题时，老年人口占比与老年负担系数无疑是两个最为常用且核心的指标。

---

① 联合国国际人口学会. 人口学词典 [M]. 杨魁信等，译. 北京：商务印书馆，1992.
② 皮撒. 人口老龄化及其社会经济后果 [R]. 纽约：联合国经济和社会理事会，1956.

（一）老年人口占比

老年人口占比，也通常称为老年系数，是一个国家或地区 65 岁及以上老年人口数量占总人口数量的比重，可以直接反映出人口老龄化社会的进程。计算公式为：

老年人口占比 = 65 岁及以上老年人口数量 ÷ 总人口数量 ×100%

（二）老年负担系数

老年负担系数，也通常称为老年抚养负担，是一个国家或地区中被负担的 65 岁及以上老年人口数量占 15—64 岁劳动年龄人口数量的比重。老年负担系数反映了人口老龄化给社会带来的抚养负担，计算公式为：

老年负担系数 = 65 岁及以上老年人口数量 ÷15—64 岁劳动年龄人口数量 ×100%

三、老龄化社会的标准

随着社会经济的蓬勃发展和人们预期寿命的稳步延长，国际上各类组织和机构对于老龄化社会的界定标准也呈现出多样化的趋势。这些标准主要依据老龄人口的占比以及其他相关指标的综合考量，将社会划分为年轻型社会、成年型社会和老年型社会三大类。

其中，最为人们熟知的是 1956 年联合国所确立的老龄化社会划分标准。按照这一标准，当一个国家或地区 65 岁及以上的老年人口在总人口中的比重超过 7% 时，即被视为步入了老龄化社会。此外，1982 年维也纳老龄问题世界大会所提出的标准也广受国际认可，即 60 岁及以上的老年人口占比达到或超过 10%，同样意味着该国或地区已迈入老龄化社会。

而联合国还进一步根据老龄化程度的深浅，对老龄化社会进行了更为细致的划分。具体来说，当 65 岁及以上的老年人口占比在 7% 至 14% 之间时，被称为老龄化社会；当这一比例升至 14% 至 20% 时，则进入深度老龄化社会；而一旦超过 20%，则标志着该国或地区已步入超级老龄化社会的行列。这一系列划分标准，清晰地展现了随着个体老年人口占比的不断攀升，总体社会老龄化结构持续深化的过程。

表 1-1   国际上不同组织衡量人口年龄结构的标准

标准	类型	年轻型	成年型	老年型
1956 年联合国《人口老龄化及其社会经济后果》划分标准	65 岁及以上 / 总人口	4% 以下	4%—7%	7% 以上
1975 年美国人口咨询局的划分方法	65 岁及以上 / 总人口	5% 以下	5%—10%	10% 以上
	0—14 岁 / 总人口	40% 以上	30%—40%	30% 以下
	65 岁及以上 /0—14 岁	15% 以下	15%—30%	30% 以下
	人口年龄中位数	20 岁及以下	20—30 岁	30 岁以上
1982 年维也纳老龄问题世界大会划分标准	60 岁及以上 / 总人口	5% 以下	5%—10%	10% 以上

第二节   老龄化成本的概念

尽管世界各国在人口老龄化程度上存在显著的差异，然而一个不可忽视的事实是，随着全球经济的持续增长、人们预期寿命的不断提高以及生育率的持续下降，人口老龄化正逐渐演变为未来几十年内国际社会必须共同面对的一项严峻挑战。这一趋势不仅深刻影响着各国的社会经济结构，更对全球的发展速度与质量产生了举足轻重的影响。老龄化所带来的成本问题，尤为引人关注。随着老年人口的增多，养老、医疗等社会保障支出大幅增加，这无疑加大了公共财政的压力。同时，劳动力市场也可能因老年劳动力的退出而面临紧缩，进而影响经济的持续增长潜力。因此，如何有效应对人口老龄化带来的挑战，特别是如何合理控制老龄化成本，已成为国际社会亟待解决的关键问题。

一、老龄化成本的定义

人口老龄化对经济社会发展的多维度影响，表现为经济、社会等多方面的成本增加。老龄化成本，从本质上看，是人口老龄化所引发的一系列经济社会发展风险与不确定性的综合体现，这些风险和不确定性广泛渗透于经济社会的各个层面。

从更宽泛的视角来看，老龄化成本不仅涵盖因老龄化而激增的经济负担，如养老金支付、老年医疗卫生费用的攀升，还涉及由此派生出的社会风险、政治风险等复杂问题。而从狭义角度解读，老龄化成本则特指老龄化进程对经济增长带来的潜在威胁，以及社会在老年人保障与福利方面的支出扩大，这涵盖了形式多样的养老金、老年人护理与医疗费用，以及各类老年人社会福利等。

必须强调的是，老龄化成本实际上是一个增量概念。因为无论人口年轻与否，经济社会发展都会伴随一定的成本。然而，老年人口的特有属性使得老龄化社会这部分成本显得更为高昂。因此，老龄化成本特指因人口年龄结构老化，经济社会发展所需承担的额外负担与代价。

二、老龄化成本的分类

老龄化成本可以被细分为直接成本和间接成本两大类。

（一）直接成本

直接成本是由人口老龄化直接带来的经济负担。随着老年人口的持续增长，公私养老支出相应增加，这包括为老年人提供的养老金、退休金以及各种形式的社会保障补贴。同时，老年社会福利的支出也呈现上升趋势，以满足老年人日益增长的物质与精神需求。更为显著的是，由于老年人群体更易受到疾病的困扰，尤其是重病大病的发病率较高，这直接推动了医疗卫生成本的攀升。此外，随着年龄的增长，老年人的自我生活和照料能力逐渐下降，大量失能老年人需要专业的护理与照料，这无疑又增加了护理成本。这些直接成本是老龄化成本中最为显性且易于量化的部分。

（二）间接成本

间接成本更多地体现在老龄化对经济社会发展的潜在影响上。首先，劳动力老龄化是一个不容忽视的问题。随着老年劳动力的逐渐退出，劳动力市场可能面临数量上的短缺，进而影响生产效率与经济增长的潜力。其次，老龄化还可能对消费与投资产生负面影响。老年人群体在消费上往往更加保守，可能导致消费能力不振；同时，随着老年人口的增多，社会用于养老与医疗的支出增加，可能挤压其他领域的投资空间，从而影响资本的形成与积累。这些间接成本虽然不易直接量化，但它们对经济社会发展的长远影响不容忽视。

老龄化成本是一个包含直接成本与间接成本的复杂体系。直接成本主要体现在养老金、医疗、福利与护理等方面的支出增加；而间接成本则更多地关联于劳动力老龄化、消费与投资缩减等经济社会发展的潜在风险。全面理解与合理应对老龄化成本，对于促进经济社会的可持续发展具有重要意义。

三、老龄化成本的财政支出

通常而言，老龄化成本的财政支出可以通过社会支出中与老年人直接相关的部分来具体体现，这一成本主要由三大板块构成。首先，由于老年人普遍已退出劳动市场，开始领取退休金，因此，社会支出中有一大块资金被用于支付老年人的养老金，这是老龄化成本支出中最为显著且占比最大的一部分。其次，随着年岁的增长，老年人的身体机能逐渐衰退，抵抗力和免疫力减弱，导致患病风险增加，因此，社会还需承担老年人的卫生、医疗及相关的保障费用，这也是一笔不小的开支。再者，随着高龄化的加剧，老年人的自我照料能力逐渐丧失，失能和半失能的情况愈发普遍，同时他们也需要更多的精神关怀与陪伴，这就意味着社会还需为老年人提供长期照料、特殊护理以及精神慰藉等服务，这些构成了老年人的照料成本。

老龄化成本的高低与整个社会对待老年人的观念和态度紧密相关。如果社会仅仅将老年人视为资源的消费者和社会的负担，将他们看作需要被照料和护理的特殊群体，而不积极采取措施促进老年人参与经济社会生活，那么人口老龄化无疑将带来巨大的经济社会成本，导致社会难以承受。然而，如果我们能够转变观念，将老年人视为生产性资源的一部分，重视并鼓励他们积极参与经济社会生活，为他们提供必要的支持和协助，让有能力的老年劳动者继续发挥余热，那么老龄化的成本将会被大幅度地降低。这种积极、生产性的老龄化应对策略，不仅为我们提供了政策调整和实践改进的空间，也为制定积极的老龄化战略和政策提供了宝贵的启示。

第三节　我国老龄化成本的特征

我国独特的社会经济发展背景和人口老龄化特征，使得老龄化成本问题呈现出与西方国家截然不同的面貌。具体而言，我国老龄化成本的规模庞大且增长迅速，具有显著的赶超趋势，这对我国社会经济构成了巨大压力。然而，与这一严峻挑战相比，我国在应对老龄化成本方面的理论和政策准备却显得相对不足。更为复杂的是，老龄化成本在我国各地区间的分布极不均衡，受经济发展水平、人口结构、社会保障体系等多重因素影响，各地区对老龄化成本的承受能力存在巨大差异。这种不均衡的分布状况，无疑加剧了老龄化成本问题的严峻性，使得部分地区在应对老龄化挑战时面临更为艰难的困境。因此，我国亟须加强老龄化成本问题的研究，完善相关理论和政策，以更有效地应对这一前所未有的挑战。

一、老龄化成本规模大，发展速度极快

我国正面临着前所未有的老龄化问题的挑战，老年人口规模之庞大、增长速度之迅猛，均令人瞩目。从老龄化的发展阶段来看，2001 年至 2020 年，我国已步入快速老龄化的轨道；而 2022 年至 2050 年，这一进程将进一步加速，我国将进入加速老龄化的阶段；2051 年至 2100 年，我国则将迈入稳定的重度老龄化时期。若以 60 岁及以上老年人口占总人口的比重从 10% 升至 20% 所需的时间为衡量标准，法国作为世界上最早进入老龄化社会的国家，这一过程耗时长达 140 年，西方发达国家整体也用了 50 年以上。然而，在中国，这一进程却仅用了短短 20 年的时间。从老龄人口的具体规模来看，1991 年，我国 60 岁以上的老年人口已突破 1 亿大关；至 2014 年，这一数字已翻番至 2 亿；而据预测，到 2026 年，60 岁以上人口数量将进一步增至 3 亿，2037 年更将达到惊人的 4 亿，呈现出速度持续加快、规模不断扩大的严峻态势。[1]

---

[1] 中国人口与发展研究中心课题组：《中国人口老龄化战略研究》，《经济研究参考》2011 年第 34 期。

老龄化的迅速推进不可避免地会推高老龄化成本。养老支出具有其固有的刚性特征，即一旦上升便难以轻易下调，这意味着在快速老龄化的进程中，政府难以通过削减养老待遇的手段来有效减轻养老支出的压力。因此，老龄化的加速发展将直接促使养老支出迅速膨胀。同时，考虑到我国目前老年养老金的覆盖率、人均养老金待遇水平、人均享有的医疗卫生和社会服务，以及老年人的社会福利水平均处于较低状态，尽管从短期来看，人均养老支出的增长速度可能不及人口老龄化的速度，但随着时间的推移，这些支出将逐渐累积，并导致人均养老待遇和支出实现显著增长。如此一来，老年人口数量的增加与人均养老待遇的提升将共同加速支出的攀升，最终引发巨大的老龄化成本。

二、应对老龄化成本的理论准备和政策积累不足

从认识论的维度审视，人类知识的积累与深化是一个循序渐进、时间沉淀的过程。同样地，经济社会政策的形成与优化也并非一蹴而就，而需要通过不断的探索与实践，找到最为契合的政策组合与实施路径。对于老龄化政策这一关乎广泛社会层面、牵涉众多利益群体的重大议题，其前期研究、顶层设计、具体政策制定、实施及完善等各个环节，均非短期内能够轻易完成的任务。然而，我国当前面临的人口老龄化进程却异常迅猛，相当于要在短短20年内完成工业化国家可能需要50年甚至更长时间才能完成的艰巨任务。这一现实情况导致我国在应对老龄化成本方面，无论是理论准备还是政策准备，均有明显不足。

在理论研究层面，我国学者已对人口老龄化的规模、速度及趋势进行了深入且科学的探讨，并提出了诸多富有见地的观点与对策。然而，总体而言，关于人口老龄化对我国经济社会发展的短期冲击与长期影响的研究仍显不足。同时，对于人口老龄化的规模、特征及其演变规律的研究也尚待加强。此外，虽然已有学者提出了合理分担老龄化成本的理念，但如何在政府、社会、企业及劳动者等各主体间实现这一分担，以及应采取哪些具体政策、这些政策的实施顺序与发展路径等问题，仍需进一步深入研究。

在政策实践层面，我国老龄化政策的制定与实施同样面临时间紧迫的困境。政策的制定与实施往往具有阶段性特征，是特定经济社会发展阶段的产物。与多数西方国家缓慢进入老龄化社会不同，我国的老龄化进程极为迅速，

这使得我们在政策准备上显得捉襟见肘。尽管我国已出台了一些针对老年人的法律法规，如《中华人民共和国社会保险法》《中华人民共和国老年人权益保障法》等，但在积极应对老龄化的法律和政策需求方面，现有制度与规章仍显得过于宽泛，且在实践中遭遇诸多困难，缺乏具体的操作程序与实施细则。更为严峻的是，由于我国老龄化速度极快，政策制定、实施、改进及完善等各个环节均需在极短的时间内完成，这无疑给我们带来了巨大的时间压力与能力挑战。因此，如何在短时间内有效应对老龄化问题，成为我国当前亟待解决的重要问题。

三、老龄化成本区域差异、城乡差异、群体差异明显

我国各地区的人口老龄化程度正持续加深。然而，不同地区间老龄化状况与增长速度的显著差异，以及城乡老龄化的明显差异，使得各地区和城乡之间面临着截然不同的养老压力。这种压力差异进一步导致了公私养老支出的不均衡。我国区域经济发展水平的明显不平衡，既是劳动力大规模流动的结果，也是推动劳动力跨地区流动的重要因素，这直接导致了各省市养老金收支与人口老龄化规模的不一致。例如，经济发达的广东、上海、浙江、江苏等地，由于吸引了大量年轻劳动力，养老收入来源丰富，当前养老压力相对较小。而东北等老工业基地，随着大量劳动者进入退休年龄，养老压力显著增大。

我国农村经济长期滞后于城镇经济，加之大量年轻劳动力的外流，使得农村地区的养老问题更加严峻。如何统筹城乡养老资源，实现协调发展，已成为我国应对老龄化问题的关键。此外，我国养老金收入的再分配功能相对较弱，这在一定程度上加剧了不同老年人群体之间的收入差距。这种收入差距不仅体现在户籍制度制约下的城乡劳动者群体养老金差异，还体现在城镇单位从业人员中公务员、事业人员与企业职工之间的养老金差别，以及高收入者已有财富积累与低收入者无养老积蓄之间的矛盾。同时，公共社会养老事业的发展滞后、老年养护人员的短缺，也导致了养老费用的高企。

尽管近年来我国陆续提高了退休金水平，老年人特别是低收入老年人的生活状况有所改善，但由于同期劳动者工资增长速度更快，养老金替代率呈现下降趋势。再加上近几年物价水平，尤其是与老年生活密切相关的食品、医疗和劳动服务价格的快速上涨，部分老年人面临的养老风险进一步加剧。

第二章　老龄化成本分担的理论基础

第一节　社会保障理论

一、社会保障的定义与特点

（一）社会保障的定义

"社会保障"的英文原词为"social security"，直译为"社会安全"，最初在美国1935年通过的《社会保障法案》（The Social Security Act of 1935）中得以明确。随后，在1944年的第26届国际劳工大会上，《关于国际劳工组织的目标和宗旨的宣言》正式采纳了"社会保障"这一术语，并明确了国际劳工组织在全球范围内推广各类计划的重要任务之一，即扩大社会保障的覆盖范围，确保所有需要保护的人都能获得基本的收入保障和全面的医疗服务。由于国际劳工组织在后续的一系列公约和建议书中频繁使用这一概念，因此"社会保障"逐渐被全球各国广泛接受并应用。

在学术定义方面，英国《牛津法律大词典》对"social security"的阐释颇具代表性，它指出社会保障是一系列法律的总称，旨在保护个人不因年老、疾病、死亡或失业等困境而遭受损失。而《简明不列颠百科全书》则进一步阐述，社会保障是一种公共福利计划，旨在保护个人及其家庭免受失业、年老、疾病或死亡导致的收入损失，并通过提供公益服务（例如免费医疗）和家庭生活补助来提升其福利水平。社会保障的范畴涵盖了社会保险、医疗保健、福利事业以及多种维持收入的计划。

1942年，国际劳工组织对社会保障给出了更为具体的定义，即通过特定的组织为其成员面临的风险提供保障，包括为公民提供保险金、预防和治疗疾病、失业时的资助以及帮助重新就业等。而在1989年，国际劳工组织社会保障司出版的《社会保障导论》中，又将社会保障概括为一系列公共措施，旨在帮助社会成员抵御因疾病、生育、工伤、失业、残疾、年老和死亡等原因导致的收入丧失或锐减，避免陷入其所引发的经济和社会困境，同时提供医疗保险和对有子女家庭的补贴。

在中国，对于社会保障的定义也有所体现。《中国劳动人事百科全书》中明确，社会保障是由一套完整的社会保险和福利项目构成的体系，由中央政府负责管理，旨在向全体公民提供一系列基本生活保障，使其能够免遭或摆脱人生中的各种灾害。《中国民政词典》则将其定义为"国家和社会依法对社会成员的基本生活给予保障的社会安全制度"。

社会保障制度是以国家和政府为主导，通过立法手段对国民收入进行再分配，形成社会消费基金。当社会成员因年老、疾病、伤残、死亡、失业等灾难性事件而面临生存困难时，该制度将提供物质上的援助，以确保其基本生活需求得到满足。这一制度是由一系列有组织的措施、制度和事业共同构成的。

（二）社会保障的特点

社会保障是国家为每位社会成员提供的基本生存权利托底保障，它作为市场机制中"按劳分配"和"按生产要素分配"原则的重要补充，尽管在不同国家有着各自的理解和诠释，但在性质、宗旨、目标及基本内容等方面都展现出了广泛的共性。

1.广泛的社会性

社会保障作为一项强制且普遍实施的社会"安全网"，其影响力超越了"家庭"与"企业"的界限，是社会化大生产的必然产物，体现了鲜明的社会属性。这种社会性主要体现在三个方面：首先，在实施范围上，社会保障是国家在全社会层面统一推行的经济制度，其服务对象涵盖全体符合条件的公民，实现了真正的全民覆盖。其次，在资金来源与使用上，社会保障基金主要通过国家统一征收社会保障税或费的方式筹集，并依据社会统一标准分配使用，体现了资金的社会性流动特征。最后，在制度目标上，社会保障代表社会共同利益，旨在满足社会成员的基本生活需求，促进社会稳定和谐，以及实现社会公平的目标。

2. 严格的法律强制性

社会保障制度建立在国家立法基础之上，并依法强制执行，因此具有不可动摇的强制性。各国均以法律形式明确社会保障的项目、体系、基金、标准、监管等关键要素，确保无论市场环境如何变化，政府、社会保障机构及企事业单位均须履行向公民提供社会保障的法定责任。社会成员需依法参与社会保障，履行相应义务，并享受相应权利；在参与项目和享受待遇方面，社会成员无自由选择权，社会保障机构也不得拒绝或随意改变保障项目和标准。社会保障基金的筹集同样具有强制性，任何单位和个人均需按时足额缴纳，否则将承担法律责任。这种强制性为社会保障的实施提供了强有力的组织支撑。

3. 追求公平的分配原则

实现公平分配是社会保障的核心目标。社会保障的公平性体现在社会成员享受保障待遇的权利和机会是均等的。无论哪位社会成员面临基本生活危机，都有平等获得社会保障的机会和权利。社会保障的目标和作用在于弥补市场分配的不足，缩小收入差距，促进社会公平。若无社会保障制度的调节，市场经济可能导致的收入分配两极分化将对市场本身的正常运转造成负面影响，甚至引发危机。社会保障的实施对于纠正市场分配偏差、实现社会公平具有不可替代的作用。

4. 互助共济的风险分担机制

社会保障具有以丰补歉、同舟共济的互助性特点。它通过所有成员的互助共济，对遭遇风险的社会成员进行收入损失补偿。社会保障遵循社会成员共担风险的原则，通过国民收入的分配和再分配调节个人收入，实现经济上的互助。在市场经济条件下，社会成员在机会、能力、负担等方面存在差异，导致对社会保障的需求各不相同。社会保障制度通过基金的筹集和分配，保障了每个社会成员的基本生活需求，彰显了人类互助互济的精神。同时，面对市场经济中不可预测的风险和挑战，社会保障成为人们共同应对危机的重要手段。

5. 非营利性的福利性质

社会保障的福利性体现在其作为社会福利事业的非营利性上。它不仅为受保障者提供资金给付，还涵盖医疗护理、伤残康复、教育培训、职业介绍等多种社会服务。受保障者通常不直接承担全部保障费用，而是由社会保障部门统一筹集经费（包括政府财政拨款、企业和个人缴费以及社会捐赠等多渠道来源）。这种福利性质使得社会保障成为保障社会成员基本生活、提升社会福利水平的重要制度。

二、社会保障的功能与原则

（一）社会保障的功能

1. 社会保障是社会稳定的基石

社会保障体系如同一张强大的安全网，不仅为民众提供了生病、失业、年老及生存危机等全方位的生活支撑，更在深层次上增强了社会的凝聚力与和谐度。在一个完善的社会保障框架下，社会成员的生活得到了有效保障，心理更加平衡，社会公平感显著提升，人与人之间的关系也更为密切。这种氛围的营造，极大地促进了社会的和谐与安定，有效缓解了各类社会矛盾，为社会的有序运行和稳定发展奠定了坚实的基础。政府积极推行社会保障，其根本动因在于社会保障直接关系到社会的整体安全与稳定，而维护社会的安全稳定，正是政府的核心职责。社会保障通过提前预防风险、及时化解矛盾，发挥着不可或缺的稳定作用，因此被广泛誉为社会的"稳定器"、安全的"阀门"或震荡的"减震器"。

2. 社会保障是经济发展的助推器

在拉动经济增长的消费、投资和出口中，社会保障对经济的调节作用尤为显著。它主要通过消费和投资两大渠道，助力经济发展。依据凯恩斯的消费理论，消费与收入紧密相连，而社会保障的支出实质上是居民未来收入的预期体现。当社会保障体系健全、预期明确时，民众的生老病死均得到妥善安排，人们的实际预期收入随之增加，进而激发当前的消费热情，为经济增长注入强劲动力。同时，社会保障基金中的各类津贴、补助及救济金等，实际上也在提升或弥补人们的购买力，为消费市场的繁荣贡献力量。此外，社会保障基金还为国家的经济建设提供了稳定的资金来源，助力国家经济发展和民众生活改善。它作为资本市场长期、稳定的投资者，促进了资本市场的繁荣发展。在频繁的投融资活动中，社会保障基金也获得了可观的收益和回报。更重要的是，社会保障如同经济的"蓄水池"，通过有效的供求平衡机制，减少了经济的波动与震荡。

3. 社会保障是公平分配的桥梁

在现实生活中，由于劳动能力和家庭负担的差异，人们的劳动收入和家庭生活条件往往存在显著差异，甚至引发不平等和不公平现象。部分弱势群体因劳动能力弱、家庭负担重而陷入生活困境，甚至面临生存危机。特别是在市场经济的竞争环境下，国民收入差距可能进一步拉大，社会分配不公所引发的矛盾也可能愈发尖锐，进而影响社会的稳定与经济的发展。而社会保障凭借其强大的国民收入再分配功能，在促进公平分配方面展现出巨大潜力。它通过"垂直再分配"和"水平再分配"两大手段，有力地促进了社会公平的实现。一方面，"垂直再分配"通过从高收入阶层向低收入阶层的收入转移，有效调节和缩小了社会成员间的收入差距，为收入较少或丧失收入来源的人们提供了生活保障，缓解了因分配不公而产生的实际不平等；另一方面，"水平再分配"则通过在个人或家庭的不同生活阶段（如健康与患病、在职与退休）之间进行收入转移，均衡调节了人生不同阶段的收入水平，确保人们在丧失或暂时丧失劳动能力和收入时，仍能获得可靠的经济支持。在促进公平分配、缓解社会矛盾方面，社会保障发挥了尤为重要的作用。

（二）社会保障的原则

1. 权利与义务对应

社会保障体系植根于社会公平的理念，它强调权利与义务的相应而非绝对对等，实现二者的有机统一。公民要享有社会保障的权利，就必须承担起相应的义务。然而，这种权利义务关系在社会保障的不同项目中有着不同的体现。在社会保险领域，权利与义务的对等原则尤为突出。作为社会保障的对象，个体需履行缴纳个人应负的社会保险费的义务，方能获得权利主体的身份。也就是说，只有按时足额缴纳了社会保险费，个体才具备在符合条件时申请享受社会保险待遇的资格。相比之下，社会救助和部分社会福利项目则更多地倾向于特定社会群体，其费用由全体社会成员共同承担。这种受益方与支付方在权利义务关系上的不对等性，正是为了改善弱势群体的生存状况，让更广泛的国民能够共享经济社会发展的成果。

国家作为社会保障的构建者与实施者，承担着不可推卸的责任与义务。

国家通过立法明确社会保障制度的架构与运行规则，并根据经济发展状况适时调整社会保障政策。同时，国家为社会保障提供兜底责任，但并非承担全部责任。企业在社会保障中也扮演着重要角色，它们必须依法为员工办理社会保障参保手续，并按时足额缴纳企业应负担的保险费，同时代扣劳动者个人应缴部分。企业还享有要求社会保障机构提供政策咨询服务、就相关争议提起诉讼或仲裁、监督社会保障机构工作人员工作等权利。个人则应当履行按时足额缴纳社会保险费的义务，并在符合申领条件时，按要求提交相关材料以享受社会保障待遇。

2. 公平与效率结合

现代社会保障制度的诞生，旨在以政府对社会公平的重视来消除市场机制因过度追求效率而导致的社会分配不公及其自身无法解决的弊端。在社会保障体系中，我们不能片面强调公平而忽视效率，而应实现公平与效率的有机结合。这是因为公平与效率之间存在着对立统一的关系，它们通过经济发展而间接相连。效率是公平的前提，而公平则是效率的保障。

首先，效率是推动社会生产力发展、创造物质财富与改善人民生活的强大动力。缺乏坚实经济与物质基础支撑的"公平"只是空谈，而损害经济发展与劳动者积极性的"公平"更不可取。只有在高效率的基础上，公平才得以真正实现并具备物质保障。因此，公平以效率为前提。其次，当社会因财富分配不公且缺乏基本生活保障而陷入动荡时，即使效率再高也难以形成强大的生产力。此时，效率便成为空谈。若社会保障体系发展过度，超出了经济发展的承受能力，其增长速度超越了劳动生产率和工资的增长速度，将会削弱工资对劳动者的激励作用，导致效率提升缺乏内在动力。因此，只有提供适度的社会保障，通过保障劳动者的工作、身心健康和劳动力再生产的顺利进行，通过国民收入再分配缩小市场初次分配造成的收入差距，并在一定程度上缓解社会成员之间的分配不公现象，才能减轻劳动者的负担、解除其后顾之忧，从而营造社会安定团结的局面，调动劳动者的积极性，促进经济发展、提高效率和实现经济效率的可持续性。因此，公平是效率的保障。

3. 与经济发展水平相协调

社会保障的项目设置、适用范围、支付标准等应与国家的经济发展水平和承受能力相协调，这一原则也被称为适度原则。如果社会保障水平过低，将无法有效保障公民的生活需求，不利于社会的稳定与发展，也会降低劳动者的积极性，最终对社会经济发展产生不利影响。相反，如果社会保障水平过高、支出增长过快，将会给国家带来沉重的负担，影响经济发展和国家竞争力。社会保障具有刚性特征，一旦保障标准确定便难以降低。因此，在一定时期内，社会保障水平主要受社会生产力水平、消费水平以及社会伦理道德标准等因素的制约。

三、社会保障的体系与模式

（一）社会保障体系

纵观全球多数国家，社会保障体系普遍由两大核心板块构成：基本社会保障制度与补充保障。前者作为社会保障的基石，由国家立法统一规范并主导实施，涵盖了社会保险、社会救助、社会福利三大基本支柱，以及部分国家特别为军人设立的社会保障制度；后者则作为前者的有益补充，主要在政府的支持下，依托民间力量和市场机制运作，通过企业年金、慈善事业、互助保障等多种形式，共同织就一张全面而灵活的社会保障网。

1. 社会保险

社会保险，作为现代工业文明的标志性制度，依据权利与义务相对应的原则，通过多渠道筹集资金，为参保者提供在年老、疾病、工伤、失业、生育等风险面前的物质帮助，确保其基本生活保障，减轻或避免经济损失。社会保险体系由基本养老保险、基本医疗保险、工伤保险、失业保险和生育保险五大险种构成，共同守护着劳动者的全生命周期。其核心地位不仅体现在覆盖对象的广泛性上，更在于其承担了劳动者可能遭遇的所有导致工资收入损失的风险。社会保险的强制性和有偿性，确保了制度的公平性和可持续性，成为衡量一个国家社会保障制度健全与否的重要指标。

2. 社会救助

社会救助，是国家和社会对陷入生存困境的公民提供的"及时雨"，旨在保障其最低生活需求。这一制度针对的是社会中最脆弱、最易受生活困境影响的群体，通过最低生活保障、特困人员救助、灾害救助、专项救助等多种形式，给予被救助者财物接济和生活扶助。社会救助的资金主要来源于国家财政和社会成员的自愿捐赠，其无偿性体现了国家对公民生存权的兜底责任。然而，作为最低层次的社会保障，社会救助的待遇水平相对较低，且救助对象具有特定性，是社会保障体系中不可或缺但并非万能的组成部分。

3. 社会福利

社会福利，从广义上讲，是面向全体社会成员，旨在改善其物质和文化生活的各项措施；狭义上则更侧重于为困难群体提供带有福利性质的社会支持。社会福利的内容广泛而深入，涵盖了教育、住房、职业、老年、儿童、妇女、残疾人等多个领域，由政府、企业、民间等多方力量共同推动。社会福利的全民性和普惠性，使其成为提升社会成员生活质量、促进社会和谐稳定的重要力量。随着工业社会的发展，社会福利制度日益完善，不再局限于物质生活的改善，而是更关注精神生活的丰富和个人全面发展的支持。

4. 军人保障

军人保障，作为社会保障体系中的特殊组成部分，专门为军人及其家属设计，旨在全面保障军人在服役期间及退役后的各项权益。军人保障制度包括社会优待、退役安置、伤亡抚恤等多个方面，体现了国家对军人这一特殊职业群体的关怀和尊重。军人保障不仅关乎军人的切身利益，更是维护国家安全和社会稳定的重要保障。

5. 补充保障

补充保障，作为基本社会保障制度之外的补充力量，具有非政府主导、非强制性的特点。它涵盖了员工福利、企业年金、慈善事业、互助保障等多种形式，由社会团体、雇主等多元主体举办，个人自愿参与。补充保障的灵活性和多样性，为不同需求的社会成员提供了更多的选择空间，是对基本社会保障制度的有益补充和完善。在现代社会保障体系中，补充保障发挥着越来越重要的作用，成为多层次社会保障体系中不可或缺的一部分。

（二）社会保障模式

社会保障制度的模式深受各国独特的社会保障理念及国情的影响，展现出在内容、保障水平及运行机制上的多样性。这些模式的形成并非偶然，而是各国经济、政治、社会结构及历史文化等多重因素交织作用的结果。基于各国社会保障制度的具体实践，我们可以将其归纳为四种主要模式：社会保险型、福利国家型、强制储蓄型以及国家保险型。

1. 社会保险型模式

社会保险型模式历史悠久，其源头可追溯至 19 世纪 80 年代的德国，是社会保障领域中的先驱。该模式的核心在于社会保险，其资金来源于劳动者、雇主和国家的三方共同贡献。劳动者与雇主所缴纳的社会保险费，被汇聚成养老、医疗、失业、工伤、生育等多项社会保险基金，为劳动者在面临各类风险时提供坚实的经济保障。当劳动者遭遇不幸时，这些基金将为他们提供必要的支持，且基金在受保成员间进行灵活调剂，以满足不同个体的需求。德国的成功实践为其他国家树立了典范，随后，法国、美国、日本等众多发达国家，以及许多发展中国家纷纷效仿，制定了各自的社会保险法规，并确立了以社会保险为主导的社会保障框架。

经过长期的实践与发展，社会保险型模式已展现出强大的生命力和适应性。其显著特点包括：

（1）以劳动者为核心。该模式主要服务于工薪劳动者，针对他们可能面临的年老、疾病、工伤、失业等风险，设计了全面的保险项目，旨在确保劳动者在陷入困境时能够维持基本生活。同时，部分情况下，这种保障还会惠及劳动者的家庭成员。

（2）责任共担。社会保险型模式强调雇主与劳动者共同承担缴费责任，同时国家也给予一定的财政支持，形成了一种风险共担、责任共分的保障机制。

（3）权利与义务并重。劳动者享受社会保险的权利与其缴纳社会保险费的义务紧密相连。社会保险的待遇水平往往与个人的缴费金额和收入状况挂钩，不参加社会保险或未履行缴费义务者，将无法享受相应的保障待遇。

（4）现收现付。社会保险基金的筹集主要采用现收现付方式，既体现了权利与义务的对等性，也强化了责任分担的意识。在追求公平的同时，也注重效率。

然而，这种模式也面临着人口老龄化和就业结构变化带来的挑战，如养老金支付高峰期的资金压力等。因此，需要对此保持高度警惕，并采取有效措施进行防范和应对。

2. 福利国家型模式

福利国家型模式的根源可追溯至 20 世纪 40 年代末的英国。它起源于贝弗里奇计划，该计划深受阿瑟·塞西尔·庇古的福利经济学理论影响。1948年，随着一系列社会保障法律的颁布与实施，英国正式宣布成为福利国家，威廉·贝弗里奇也因此被誉为"福利国家之父"。此后，西欧、北欧等诸多国家纷纷效仿，相继宣布建立福利国家，这一模式在全球范围内风靡一时，尤其在 20 世纪 60 年代达到了鼎盛。

福利国家型模式的核心特征在于：

（1）政府主导与全面保障。在此模式下，政府不仅是社会保障的主要财政支柱，更承担着实施、管理与监督的全方位责任。社会保障项目繁多，待遇标准优厚，几乎涵盖了社会成员从出生到去世的所有福利需求。个人通常只需缴纳极少费用，甚至无须缴纳，而福利开支则主要由政府和企业共同承担。

（2）普遍覆盖与全民共享。福利国家型社会保障秉持"普遍性"和"全民性"的基本原则，致力于确保每个社会成员都能享有高质量的生活。这种保障不仅限于被保险人本人，还惠及其家属；同时，它也不局限于某一特定的社会保险项目，而是涵盖了所有可能影响合理生活水平的事件，以最适宜的方式提供全面保障。

（3）法制完善与充分就业。福利国家拥有完备的社会保障法律体系，依法实施并设立了多层次的社会保障法律监督体系。国家积极采取措施促进就业，通过政府力量强制消除导致失业的各种因素，以实现充分就业的社会目标。

（4）累进税制与高税收支撑。为了实现社会财富的再分配，避免财富过度集中，福利国家采用了累进税制。同时，为了维持高水平的福利支出，国家必然需要依靠高税收来提供资金支持。这种税制设计不仅体现了社会公平，也是福利国家得以持续运行的重要经济基础。

然而，尽管福利国家型模式在提供全面保障、促进社会公平方面取得了显著成就，但也面临着税收负担重、政府财政压力大、经济效率可能受影响等挑战。因此，在享受福利国家带来的福祉的同时，也需要关注其潜在的副作用，并探寻更加可持续、高效的社会保障路径。

3. 强制储蓄型模式

强制储蓄型社会保障模式，滥觞于 20 世纪 50 年代中期的新加坡，其核心理念在于强调个体的自我责任与积累，而非传统意义上的互助共济。此模式以国家立法作为框架，采取强制措施从劳动者的工资中扣除一部分，专门用于其未来的养老需求。在这种机制下，劳动者的养老资金完全依赖于个人的储蓄积累，而非群体间的风险分散或互助。

在强制储蓄型模式中，每位参与者都拥有一个独立的个人账户，雇主与劳动者本人所缴纳的费用直接计入此账户，并随着岁月的流逝逐年累积。这些资金将锁定直至劳动者达到退休年龄，方可领取使用。因此，该模式实质上实现的是劳动者个人生命周期内收入与负担的纵向均衡，其保障重点聚焦于养老领域。

尽管强制储蓄型模式在养老保险方面展现出了独特的优势，尤其是其长期积累性和稳定性，但它并不适用于所有类型的社会保障项目。事实上，除了新加坡成功地将这一模式扩展至医疗、住房等多个领域，构建起了综合性的社会保障体系之外，其他采用此模式的国家大多仅将其局限于养老保险的范畴之内。这既反映了该模式在特定领域的适用性，也揭示了其在全面社会保障体系构建上的局限性。

4. 国家保险型模式

国家保险型模式是一种独特的社会保障体系，起源于苏联，并在 20 世纪中期被众多社会主义国家广泛采纳和效仿。这一模式深深植根于公有制经济基础之上，与高度集中的计划经济体制紧密相连，其核心在于政府全面承担并直接向国民提供社会保障服务。该模式的根本目的，在于全方位满足无劳动能力者的基本生活需求，同时积极维护劳动者的身心健康，确保其具有持续的工作能力。

国家保险型模式的主要特征包括：

（1）国家制度保障。社会保障被明确纳入国家宪法，成为一项基本国家制度。公民所享有的社会保障权益，由生产资料公有制提供坚实保障，并通过一系列社会经济政策的落地实施得以具体实现。

（2）政府与企业共担责任。社会保障的支出责任主要由政府和企业共同承担。所需资金来源于全社会的公共资金，由国家统一调配并无偿提供。由于国家已预先规划并预留了社会保障费用，因此个人无须额外缴纳社会保障费。

（3）全民覆盖。该模式的保障对象覆盖全体公民。所有具备劳动能力的人都被鼓励积极参与社会劳动，并在劳动过程中获得相应的社会保障。同时，对于无劳动能力的社会成员，国家也提供必要的物质保障，确保其基本生活需求得到满足。

（4）工会参与管理与决策。在工会的主导下，公有经济部门的雇员成为社会保险的主要对象。保险费由所在单位统一承担，而各类社会保险项目则由统一的组织机构——工会进行经办，并与工人代表共同参与管理，以确保社会保障事业的公平、公正与高效运行。

四、社会保障的主要经济理论

（一）国家干预主义的社会保障理论

1. 德国新历史学派

在 19 世纪末的德国，工业革命如火如荼，但随之而来的劳资冲突和社会不公问题也日益凸显。特别是在 1873 年经济危机后，中产阶级的困境、失业潮和贫困问题成为社会焦点。德国新历史学派在此背景下应运而生，他们主张国家应超越传统角色，不仅要维护秩序和军力，更要直接介入经济和社会生活。该学派提出，通过立法手段实施社会保险、救济措施、劳资和谐及工厂监管，是国家推动经济和社会改革的必由之路。俾斯麦政府接受并践行了这些理念，使德国成为全球首个建立现代社会保险制度的国家。新历史学派的思想不仅促进了德国的社会进步，也为其他国家提供了宝贵的借鉴，成为西方资本主义国家社会保障制度的早期思想基石。

2. 福利经济学

20 世纪初，福利经济学作为经济学的新分支在英国崭露头角，其奠基人庇古通过《福利经济学》一书，系统阐述了福利的概念和增进途径。庇古认为，福利是个人满足感的总和，而经济福利则是可用货币衡量的部分。他提出两大命题：一是国民收入总量增长能提升社会福利；二是国民收入分配越均衡，社会福利越大。因此，庇古主张通过增加生产和公平分配来增进福利。后续的新福利经济学在批判和继承庇古理论的基础上，进一步丰富了福利经济学的内涵。这些理论为英国等西方国家推行普遍福利政策提供了坚实的理论基础，对社会保障制度的构建和完善产生了深远影响。

3. 凯恩斯主义

20 世纪 30 年代的大萧条对传统自由主义经济理论构成了严峻挑战，凯恩斯主义应运而生。凯恩斯在《就业、利息和货币通论》中提出了有效需求理论和国家干预经济的主张。他认为，市场自动调节已无法应对资本主义的困境，必须由国家通过财政政策、金融政策等手段来刺激经济增长和实现充分就业。凯恩斯特别强调了社会保障在稳定经济中的重要作用，主张通过扩大公共福利支出、提高居民生活水平来增加有效需求。凯恩斯主义不仅开创了现代宏观经济学的新纪元，也为西方国家政府干预经济、完善社会保障制度提供了理论支撑。

4. 瑞典学派

20 世纪 20 至 30 年代，瑞典学派在经济学界崭露头角。该学派主张将国有化、福利国家和市场经济相结合，强调政府在经济稳定、公共服务提供和收入财富分配中的责任。瑞典学派的代表人物如缪尔达尔、林达尔等，提出了通过累进税率实现分配均等化的主张，并认为国家应承担起环境保护、公共物品供给等职责。在这些理论的指导下，瑞典建立了一套完善的社会福利制度，成为福利国家的典范。瑞典学派的社会民主主义理论不仅深刻影响了瑞典的社会发展，也为其他国家提供了宝贵的借鉴。

5. 布莱尔的"第三条道路"

20 世纪末，面对传统资本主义和改良资本主义的困境，布莱尔提出了"第三条道路"的理念。这一理念旨在寻求市场自由主义和福利国家思想之间的平衡，既承认私有制和市场经济的优势，又强调政府在社会稳定、公正和福利中的责任。布莱尔主张通过高额累进税限制私人资本过度集中，同时建立社会保障制度来消除贫困、实现收入公平分配和充分就业。他强调终身教育的重要性，鼓励人们通过储蓄和教育提升自我能力，而非过度依赖福利。布莱尔的"第三条道路"不仅为英国的社会保障制度改革提供了新思路，也对其他西方国家的社会政策产生了深远影响。它强调了政府在社会保障中的积极作用，同时也注重个人的责任和自我能力的提升。

（二）经济自由主义的社会保障思想

经济自由主义的思想源头来自 18 世纪的英国经济学家亚当·斯密，他被誉为经济自由主义的奠基人。在经济自由主义的广阔天地里，供给学派、德国社会市场经济理论以及新自由主义理论各自独树一帜，对社会保障问题进行了深刻的探讨与论述。

1. 供给学派

20 世纪 70 年代中期，全球经济"滞胀"现象频发，尤以美国为甚，传统凯恩斯主义的需求管理政策显得力不从心，备受质疑。在此背景下，供给学派应运而生，成为反对凯恩斯主义的中坚力量。阿瑟·拉佛、裘德·万尼斯基、保罗·罗伯茨等供给学派的领军人物，尖锐地指出社会福利金实质上是对就业者的一种高边际税率征税。他们分析，当一个家庭领取福利金后，其就业收入的增加会直接导致福利金的减少，并需承担额外的税赋。经过这番"剥夺"，实际净收入的增加微乎其微，甚至可能为零。供给学派进一步批判，社会福利制度无异于对最贫困群体征收了一种隐性的、沉重的税，扼杀了他们改善生活的希望。由于穷人依赖劳动收入为生，而富人则可依靠财富积累，因此累进税制并不能有效地实现财富从富到贫的转移。更糟糕的是，过高的边际税率会抑制企业的资本积累，削弱其创新动力，阻碍经济的长远发展。

2. 德国社会市场经济理论

德国社会市场经济理论兴起于 20 世纪 30 年代，路德维希·艾哈德、亚历山大·吕斯托夫、米勒·阿尔马克等人是其杰出代表人物。二战后，这一理论对德国社会保障事业的蓬勃发展产生了深远影响。该理论强调，在保障市场自由竞争和私有资产主导地位的同时，必须对国家干预进行严格限制。它倡导将市场自由竞争原则与社会均衡原则相融合，追求物价稳定、充分就业、国际收支平衡以及稳健的经济增长与社会福利目标的和谐统一。德国社会市场经济理论主张政府在经济利益和经济权利分配上应体现公平原则，并根据财政状况实施经济人道主义政策，确保人们在特殊情况下仍能获得基本生活保障。它倡导建立一种既遵循经济规律又兼顾社会因素的社会保障制度，旨在实现大众福利，缩小贫富差距，让更多人分享经济繁荣的成果。

3. 新自由主义理论

新自由主义理论，又称新古典学派理论，于 20 世纪 70 年代风靡一时。它主张自由竞争，但反对自由放任；倡导国家适度干预经济，却反对过度调节经济。新自由主义理论坚信市场是解决社会保障问题的最有效媒介。它强调以市场为导向，让人们在接受社会保障服务时拥有更多选择和更大的自由度。该理论鼓励个人树立自我保障意识，强调家庭应承担起对成员福利的责任。

新自由主义理论对欧美国家庞大而低效的社会保障机构提出了尖锐批评，主张社会保障应走私有化和民营化道路。这一理论反映了欧美中产阶级对于个人利益保障的深切关注以及对"福利国家"制度的不满。中产阶级担心过于慷慨的社会保障制度会损害他们的利益，增加他们的负担；同时，他们也不希望社会保障制度被完全摒弃，只是不满于集体性保障措施过多地限制了他们的选择和自由。然而，尽管新自由主义理论在20世纪70年代曾风靡一时，但其在实践中的推行却遭遇了重重困难。整个80年代，欧美国家的社会保障制度基本处于停滞状态，新自由主义理论所设想的变化并未如期发生。

（三）马克思主义社会保障理论及其中国化

马克思与恩格斯在深入剖析资本主义发展规律的同时，也对社会保障理论进行了系统而深刻的研究。他们不仅揭示了社会保障对于社会稳定与公平正义的重要性，还深入阐释了社会保障基金的本质属性、构成要素及资金来源，明确了社会保障基金的用途，并强调了社会保障制度在实际运行中的有效性。

在列宁的卓越领导下，至1922年年底，苏俄成功构建了一种前所未有的社会保障制度。这一制度以国家保险为核心，广泛惠及基层群众，实现了工人阶级及广大劳动者享有社会保障的历史性突破。苏俄的这一创举，不仅为世界上第一个社会主义国家的社会保障制度奠定了坚实基础，也为其他社会主义国家在建设社会保障体系方面树立了典范。

自新中国成立以来，我国各时期的领导人均高度重视社会保障工作，将其视为关乎国计民生的大事。他们密切关注社会保障问题，为构建和发展具有中国特色的社会保障体系倾注了大量心血，作出了不可磨灭的贡献。党的十八大报告更是明确提出，要坚持全覆盖、保基本、多层次、可持续的原则，以增强公平性、适应流动性、保证可持续性为着力点，全面构建覆盖城乡居民的社会保障体系。这一方针为完善我国社会保障体系提供了根本遵循和行动指南。

党的十九大进一步深化了对社会保障体系建设的认识。报告指出，要按照兜底线、织密网、建机制的要求，全面建成覆盖全民、城乡统筹、权责清晰、保障适度、可持续的多层次社会保障体系。同时，会议明确了中国特色社会主义进入新时代的历史定位，确立了以人民为中心的习近平新时代中国特色社会主义思想，并规划了国家发展的基本方略和走向社会主义现代化强国的战略步骤。这为深化社会保障改革、全面建成中国特色社会保障体系提供了更为宏大的时代背景和历史使命。

党的二十大则在此基础上进一步强调了织密社会保障安全网、满足人民群众多层次多样化需求的重要性。会议充分肯定了新时代以来我国社会保障体系建设取得的显著成就，并明确指出要持续推动社会保障事业的发展，以更好地保障和改善民生、维护社会公平、增进人民福祉。同时，会议也指明了未来的发展方向和目标，即不断推动社会保障事业迈向高质量发展新阶段。

第二节　福利多元主义理论

一、福利多元主义的产生

福利多元主义是 20 世纪 80 年代以来西方社会政策研究领域的新兴范式，其诞生根植于 20 世纪后半叶西方国家所面临的福利国家危机。二战结束后，西方国家致力于构建全面且高水平的社会福利体系，福利国家制度应运而生，并逐渐覆盖全民，使得各个收入群体日益依赖政府的福利支持。政府在这一进程中扮演了至关重要的角色，福利制度的不断扩张成为西方社会的一大特征。

然而，好景不长，经过近 30 年的蓬勃发展，20 世纪 70 年代的石油危机给西方福利国家的经济带来了沉重打击，经济滞胀、失业率攀升、贫富差距拉大等问题接踵而至，福利国家由此步入了紧缩时代。与此同时，人口老龄化、失业等社会问题相互交织，进一步加重了福利体系的压力。民众对社会福利的需求激增，养老负担日益沉重，福利国家的财政收支严重失衡，陷入了前所未有的困境。

在此背景下，西方福利国家的高福利制度成为众矢之的。自20世纪70年代起，随着经济的衰退，越来越多的人开始质疑福利国家的合理性，从"摇篮"到"坟墓"的全面福利制度开始动摇。人们对政府在福利制度中的角色进行了深刻反思，政府的合法性、经济及财政状况、政府扩张等问题成为批判的焦点。

面对福利国家的危机，理论界开始不断探索新的出路。正是在这样的批判与反思中，福利多元主义理论应运而生。它提出了一种全新的解决思路，旨在应对福利国家所产生的种种问题。1978年，英国沃尔芬德在题为"志愿组织的未来"的报告中首次提出了福利多元主义的概念，主张将志愿者纳入社会福利提供者的行列，将这一理论应用于社会政策的实践之中。[①] 这一概念的提出，迅速在社会政策及其相关领域引起了广泛关注，并逐渐发展成为一种具有深远影响力的理论范式。福利多元主义的兴起，标志着西方国家在寻求福利制度改革与创新的道路上迈出了重要的一步。

二、罗斯的福利多元主义

罗斯（Rose R.）是首位对"福利多元主义"进行明确界定的学者。1986年，他在其著作《相同的目标、不同的角色——国家对福利多元组合的贡献》中，对福利多元主义的概念进行了阐述与剖析。[②] 罗斯强调，"福利国家"这一表述往往让人误解：人们误以为福利供应完全是政府的职责。他明确指出，虽然政府在福利供应中发挥着核心且不可或缺的作用，但它绝非唯一或独揽此任的主体。实际上，家庭、市场与国家三者共同构成了社会福利的多元来源，它们各自提供的福利汇总成了社会的整体福利，即社会总福利。

罗斯主张，福利是全社会共同努力的结果，雇员、家庭、市场以及国家都应承担起提供福利的责任。将市场和家庭排除在外，仅依赖国家来承担全部福利责任是不恰当的。社会总福利是由家庭（H）、市场（M）和国家（S）三者共同提供的福利总和，这可以用公式 TWS=H+M+S 来表示，其中 TWS 代表社会总福利。

---

①Gilbert. *Welfare pluralism and social policy*：*In Midge*，*Tracy*，*M. B. & Liver more*，M.（Eds.），Hand book of Social Policy[M]. *Thousand Oaks*，CA：*Sage Publications*，2000.

②Rose R. *Common Goals but Different Roles*：*The State's Contribution to the Welfare Mix*. In Rose，R. & Shiratori，R.（Rd）. The Welfare State East land West[M]. *Oxford*：*Oxford Universily Press*，1986.

罗斯认为，国家虽然是福利供应的主要力量，但并非唯一来源。市场同样在福利供应中发挥着重要作用，而家庭则自始至终都是福利的提供者之一。忽视家庭和市场的作用，仅强调国家的福利责任是片面的。每个福利供应者都有其自身的优势和局限，只有家庭、市场和国家三者相互协作，形成合力，才能充分发挥各自的长处，弥补不足。这便是罗斯所提出的"福利多元主义"理论。从罗斯的观点来看，他采用了"三分法"来分析福利供应者，即福利供应者由家庭、市场和国家三部分组成。

三、伊瓦斯的福利三角和福利四分法

以罗斯的研究成果为基础，德国学者伊瓦斯进一步深化了福利理论，先后提出了"福利三角"与"福利四分法"两个重要概念。1988 年，伊瓦斯首次将国家、市场、家庭这三个共同构成社会福利整体的要素称为"福利三角"。他强调，这一分析框架需置于多元的政治、经济、文化及社会背景之中考量，因为这些背景因素的不同会直接影响三个供给主体在福利供应中应承担的份额。

从"福利三角"的主体构成来看，国家政府代表公共组织，市场则对应正式组织，而家庭则是私人的非正式组织。这三者各自承载着不同的价值：国家追求的是保障与平等，市场则强调选择与自主，家庭则体现了团结与共有。社会成员作为行动者，在家庭、市场与国家之间建立起互动关系，与这三方主体产生着经济、社会及政府关系上的不同联结。例如，市场通过提供就业福利与社会成员发生联系，个人努力与社区互助则构成了非正规福利的核心，而国家则通过正规的社会福利制度对社会资源进行再分配。

伊瓦斯还指出，在特定的文化、政治、经济和社会背景下，当市场失灵时，国家提供的福利与家庭提供的福利能够共同分担社会成员所面临的风险。随后，在对"福利三角"研究范式的深入反思与修正中，伊瓦斯提出了"福利四分法"。这一新范式强调，社会福利的来源应包括社区、民间社会、市场及国家四个部分，即在原有的"福利三角"基础上增加了"民间社会"这一要素。这一理论创新进一步丰富了福利多元主义的理论内涵与实践应用。"福利四分法"特别凸显了"民间社会"在福利供应中的独特作用，尤其是其在整合社会福利时，民间社会的社会资本发挥了至关重要的桥梁作用。它

不仅在不同层面上连接了拥有各异价值追求的政府、市场和社区，还促进了私人利益、局部利益与公共利益的和谐统一。

与伊瓦斯的"福利四分法"有所差异，约翰逊也倡导采用一种"四分法"。他在"福利三角"的框架上增加了"志愿组织"，并强调福利多元主义的核心理念是福利供应的非垄断性。他认为，家庭以及志愿组织等非正式组织在福利供应过程中起到了举足轻重的作用。吉尔伯特对福利多元主义的看法与约翰逊不谋而合。他指出，福利多元主义的结构包含两大要义：一是社会福利的总体供应由政府、志愿组织、非正式组织及商业组织这四个部门共同承担；二是这四个部门既嵌入福利国家的私人领域，也涉及公共领域，并遵循各自不同的市场规则。尽管这四个部门各自独立，但它们仍与资本主义经济市场存在交叉与重合。

"福利多元主义"的"三分法"与"四分法"之间并无绝对的界限。无论采用哪种方法，都是对福利供应模式的深刻反思。这些方法的共通之处在于，它们都强调了福利供应应当多元化，福利的提供者不仅限于国家和市场，还可以包括个人、家庭、志愿组织、民间组织等多元主体。福利多元主义的核心价值在于，它革新了公共服务供应的主体结构，打破了传统上认为福利供应仅依赖政府的固有观念，从而极大地丰富了福利供应的渠道。经过多年的理论发展与实践探索，福利多元主义已经牢固确立了其在西方社会政策理论中的主流地位。

第三节　生命周期理论

生命周期理论，亦被称为生命周期假说，是由美国经济学家弗朗科·莫迪利安尼（Franco Modigliani）、理查德·布伦伯格（Richard Brumberg）以及阿尔贝托·安多（Alberto Ando）共同提出的一种消费函数理论。这一理论在经济学和金融学领域中占据举足轻重的地位，它为老龄化成本研究提供了坚实的理论基础。

一、生命周期理论的基本观点

（一）核心观点

生命周期理论的核心观点在于，理性的消费者会基于自己预期的总收入和财产，来精心规划整个生命周期内的消费与储蓄，力求实现消费的最佳配置，从而达到效用最大化。这一理论着重强调，个人或家庭的消费与储蓄决策并非仅仅由当前的收入所决定，而是深受未来可能获得的收入以及整个生命周期中收入变化的影响。

为了更具体地阐述这一观点，生命周期理论将人的一生细分为三个关键阶段：年轻期、中年期和老年期。在这三个阶段中，每个阶段的消费与储蓄行为都展现出其独特的模式和特征。

（二）基本假设

生命周期理论是建立在以下几个基本假设之上的：

（1）理性消费者。消费者被视为理性的经济人，他们能够以合理且明智的方式运用自己的收入来做出消费与储蓄的决策，旨在实现一生效用的最大化。

（2）收入的可预期性。消费者有能力预测自己在整个生命周期中的收入变化轨迹，这涵盖了工作时期的稳定收入以及退休后的养老金等收入来源。

（3）储蓄的目的。储蓄被赋予了多重意义，它不仅是为了维持退休后日常生活的消费开支，还承载着实现遗产动机和赠予动机的深远考量。

（4）利率为零的简化假设。在生命周期理论的简化模型中，为了便于分析，通常假设储蓄无法带来利息收入，即利率被设定为零。这一假设虽然简化了模型，但并未削弱主要结论的准确性和适用性。

（5）偏好稳定的消费水平。消费者倾向于维持稳定且均匀的消费水平，以避免在生命周期的某个阶段因收入波动而导致需求无法得到满足。

二、生命周期理论的具体分析

（一）年轻期

在年轻期，个人往往处于职业生涯的起步阶段，因此收入相对较低。然而，由于对未来收入的乐观预期，年轻家庭通常会选择将大部分收入用于消费，甚至不惜举债以满足当前的消费需求。在这一阶段，消费往往超出收入，家庭储蓄寥寥无几，甚至可能出现负储蓄的情况。

具体而言，年轻人在职业生涯初期需要承担诸多生活压力，如购房、购车、结婚以及生育等重大人生事件。这些支出往往超出了他们当前的收入水平。同时，年轻人对未来收入持有乐观态度，相信随着职业生涯的发展，收入将会逐步增加。因此，他们更愿意在当前进行更多的消费，以享受生活的美好。此外，年轻人通常具有较高的风险承受能力，他们更愿意通过借贷来平滑消费，以维持稳定的生活水平。

（二）中年期

进入中年期后，个人的职业生涯逐渐步入正轨，收入也达到了巅峰。在这一阶段，家庭消费占收入的比重开始逐渐降低，取而代之的是更多的储蓄行为。中年家庭会积极积累财富，以满足退休后的消费需求或偿还年轻时期的债务。

中年期是个人职业生涯的黄金时期，收入稳定且丰厚。在这一阶段，家庭通常会通过多年的辛勤工作积累起一定的财富，为退休后的生活做好充分准备。同时，中年人也开始更加关注遗产动机和赠予动机，他们希望为自己的后代留下丰厚的遗产或在生前给予他们必要的支持。因此，中年期的家庭会更加注重储蓄和投资，以实现财富的保值增值。

（三）老年期

在老年期，个人退休后收入显著减少，家庭主要依赖退休后的养老金以及中年期所积累的储蓄来维持消费水平。由于养老金往往难以完全覆盖全部消费需求，因此这一阶段的消费往往再次大于收入。

老年期是生命周期中的最后一个阶段，个人的劳动收入几乎消失殆尽。在这一阶段，家庭主要依靠储蓄和养老金来维持基本的生活水平。尽管老年人的支出可能会因消费惯性和已有储蓄的存在而暂时保持较高水平，但随着时间的推移和储蓄的逐渐消耗，他们的支出最终会趋于下降。然而，由于养老金的有限性，老年人的支出仍然可能大于收入，导致他们需要动用储蓄来弥补差额。

三、生命周期理论的数学表达

生命周期假说的消费函数可以精练地表示为：$C = \alpha W + \beta Y$。在这个公式中，C代表消费，W代表财富（这涵盖了财产收入和储蓄等），Y则代表劳动收入。α和β分别表示财富和劳动收入的边际消费倾向，它们反映了消费者对不同收入来源的反应敏感度。

这个公式深刻地揭示了消费与财富和劳动收入之间的紧密联系。长期来看，由于财富和劳动收入同时增加，并且财富与可支配收入的比率保持相对稳定，因此长期平均消费倾向也趋于稳定。然而，短期来看，由于资本市场的价格波动、经济环境的变迁以及个人收入状况的变化等因素，财富与可支配收入的比率可能会发生显著变化，从而导致短期消费的波动。

生命周期理论还揭示了消费与储蓄之间的动态关系。在年轻期，由于消费大于收入，家庭需要通过借贷或动用前期储蓄来弥补差额，因此储蓄为负或增长缓慢。进入中年期后，随着收入的增加和消费占比的下降，家庭开始积极储蓄，为退休后的生活做准备。而在老年期，随着收入的减少和消费的相对稳定，家庭需要动用储蓄来维持生活水平，因此储蓄逐渐减少甚至耗尽。

四、生命周期理论的应用价值

生命周期理论为消费函数的研究提供了新的视角和解释。它解释了长期消费函数的稳定性以及短期消费波动的原因，为我们深入理解个人或家庭的消费行为提供了有力的理论支撑。与凯恩斯消费函数理论相比，生命周期理论更加注重消费者对未来收入的预期以及整个生命周期中的收入变化对消费行为的影响，这一观点更加符合现实情况。生命周期理论不仅具有深远的理论意义，还在金融、经济政策以及社会福利等多个领域展现出了广泛的应用价值。

在金融领域，生命周期理论为退休规划、家庭财务规划等提供了重要的理论依据。它帮助个人或家庭在不同生命周期阶段制订合理的消费和储蓄计划，以实现一生效用的最大化。例如，在年轻期，个人可以更加积极地投资风险较高的资产以获取更高的回报；在中年期，则需要更加注重资产的稳健增值和风险控制；而在老年期，则需要合理安排支出和储蓄，以确保退休生活的质量稳定。

生命周期理论对货币政策和财政政策的分析具有重要意义。政策制定者需要充分考虑到个人或家庭在不同生命周期阶段的消费和储蓄行为，以制定更加有效的经济政策。例如，在制定货币政策时，央行需要关注不同年龄段消费者的储蓄和投资行为对货币需求的影响；在制定财政政策时，政府则需要考虑如何通过税收优惠、社会保障等措施来引导消费者做出合理的消费和储蓄决策。

生命周期理论对社会保障和养老保险制度的设计也具有重要意义。它帮助政策制定者深入理解个人或家庭在不同生命周期阶段对社会保障和养老保险的需求，从而制定更加公平和可持续的社会福利制度。例如，通过完善养老保险体系，可以确保老年人在退休后能够获得稳定的收入来源，从而维持基本的生活水平；同时，通过提供遗产税和赠与税等税收政策，可以引导中年人在积累财富的同时，为后代留下合理的遗产。

第四节　财政可持续性理论

财政可持续性理论是探讨一个国家或地区财政体系长期稳定运行能力的核心理论框架。在快速变化的经济社会环境中，财政可持续性不仅关乎政府当前的经济活动能否顺利进行，更直接影响到未来公共服务的提供、经济政策的实施以及社会的整体福祉。随着全球人口老龄化的加剧、经济结构的转型以及国际环境的复杂多变，财政可持续性面临的挑战日益严峻。深入理解财政可持续性理论，对于制定科学合理的财政政策、保障经济社会的稳定发展具有重要意义。

一、财政可持续性的内涵

财政可持续性是一个全面而深远的概念，它关乎国家、地区或组织财政系统的持久稳定与良性发展。此概念着重于确保财政在长期维度上能够实现均衡，推动经济持续增长，高效利用各类资源，有效防控财政风险，并且兼顾当前需求与未来世代的福祉诉求。

财政可持续性是一个多维度、综合性的概念，它关乎国家、地区或组织财政体系的长期稳健与健康发展。

（1）长期财政平衡是财政可持续性的基石。这意味着财政体系需在长期内保持收支平衡，避免过度依赖债务融资，从而确保财政状况的稳定与健康。长期财政平衡的实现，不仅有助于提升财政体系的抗风险能力，更能有效预防财政危机的发生，为经济社会的持续发展提供坚实的财政支撑。

（2）经济增长是财政可持续性的另一重要方面。一个可持续的财政体系应当能够促进经济的健康增长，通过制定和执行科学合理的财政政策，激发创新活力，吸引投资，扩大就业，从而推动整体经济的蓬勃发展。经济增长为财政收入提供了可持续的基础，使得财政体系能够更好地应对未来的挑战。

（3）资源的合理利用同样是财政可持续性的关键要素。这要求公共支出必须实现优化配置，确保有限的资源能够被投入最具效益的领域，实现经济效益与社会效益的最大化。同时，对可再生资源和环境的保护也至关重要，以确保财政体系的可持续发展与生态环境的和谐共生。

（4）降低财政风险是财政可持续性的重要保障。为了实现这一目标，需要建立有效的监管机制，建设强有力的财政制度，以及实施高效的风险管理和危机响应机制。这些措施能够确保财政体系在面临外部冲击时能够迅速适应，有效应对，从而维护财政体系的稳定与可持续发展。

（5）满足代际需求是财政可持续性的长远考量。财政体系不仅应关注当前时期的需求，更应着眼于代际的福祉。通过确保公共资源的可持续利用，满足后代在教育、医疗和社会福利等方面的基本需求，财政体系才能真正实现代际的可持续发展。

二、财政可持续性的原则

财政可持续性是衡量财政体系长期稳健与健康发展的标尺，其实现离不开一系列核心原则的遵循与实践。这些原则不仅构成了财政决策的基础框架，也指引着财政体系向着更加公平、绿色、高效的方向发展。

（一）长期平衡原则

长期平衡原则是财政可持续性的基石，强调的是财政体系在长远视角下的收支平衡。这要求政府在制定财政政策时，必须超越短期政治周期的束缚，以经济长期发展的稳健基础为考量。长期赤字的累积和债务的膨胀，不仅会削弱财政体系的抗风险能力，还可能对经济增长和社会稳定构成潜在威胁。因此，政府需要制定科学合理的财政政策，确保财政收支在长期内保持平衡，为经济的持续增长和社会的和谐稳定提供坚实的财政支撑。

（二）社会公正原则

社会公正原则是财政可持续性在价值观层面的体现。财政决策不仅关乎经济利益的分配，更关乎社会公平与正义的实现。在财政资源的分配过程中，政府应充分考虑不同社会群体的需求和权益，确保资源的合理分配，缩小贫富差距，促进社会的公正与和谐。这要求政府在制定财政政策时，既要注重经济效益，也要兼顾社会效益，实现经济与社会发展的良性互动。

（三）环境可持续性原则

环境可持续性原则将财政决策与生态环境保护紧密相连。在全球气候变化和环境问题日益严峻的背景下，财政体系必须承担起推动绿色发展的重任。这要求政府在财政规划和执行中，充分考虑生态系统的保护、可再生能源的利用以及碳排放的降低，通过财政政策的引导和支持，促进经济与环境的协同发展，实现经济效益与生态效益的双赢。

（四）透明度和问责制原则

透明度和问责制原则是财政决策公正和合理的重要保障。政府和财政机构应当主动向公众公开财政信息，确保决策过程的透明度，让公众对财政状况有清晰的了解。同时，建立有效的问责机制，对决策者的行为进行监督和评估，确保财政决策的科学性、合理性及合法性。这不仅能够提高公众对政府的信任度，还能够提高财政决策的质量和效率。

（五）风险管理原则

风险管理原则是财政决策中不可或缺的一环。面对复杂多变的国内外经济环境，财政体系必须具备较强的风险管理能力。这要求政府在制定财政政策时，充分考虑外部冲击的可能性，建立强有力的储备和危机响应机制，以确保财政体系在面临风险时能够迅速适应、有效应对，从而维护财政体系的稳健性和安全性。

（六）公共支出优化原则

公共支出优化原则强调了财政支出效益的最大化。政府应在优化资源配置的基础上，对各个领域进行综合评估，确保公共支出的有效性和可持续性。这要求政府在进行财政支出时，既要注重投入产出的效率，也要考虑支出的长期效益，实现财政资源的合理配置和高效利用。遵循这一原则，政府可以进一步提高财政支出的质量和效果，为经济社会的持续发展提供有力的财政支持。

三、财政可持续性的挑战

财政可持续性是衡量一个国家或地区财政体系长期稳健与健康发展的重要指标，正面临着前所未有的挑战。在全球经济一体化、人口老龄化加剧、气候变化影响日益显著以及科技飞速发展的背景下，财政可持续性的实现变得愈发复杂和艰难。财政可持续性所面临的挑战有以下四点：

（1）全球经济和政治的不确定性是财政可持续性面临的首要挑战。贸易摩擦的频发、金融市场的波动以及国际政治格局的动荡，都可能对财政系统产生重大冲击。这些不确定性因素不仅影响财政收入的稳定性，还可能增加财政支出的压力，如应对经济衰退的财政刺激措施、对受冲击行业的救助等。因此，政府需要建立更加灵活稳健的财政政策框架，增强财政体系的抗风险能力，以应对可能遭遇的外部冲击。

（2）人口老龄化对财政可持续性的挑战同样不容忽视。随着全球人口结构的转变，人口老龄化已成为一个不可忽视的社会现象。这一现象不仅关乎个体的生活质量和社会的福祉，更对财政的可持续性构成了严峻的挑战。人口老龄化，即老年人口在总人口中的比例不断上升，它像一把双刃剑，既反映了社会进步和医疗水平的提高，也带来了财政压力和经济发展的新问题。人口老龄化对财政可持续性的影响首先体现在财政收入的减少上。随着劳动年龄人口的减少，个人所得税的税基逐渐缩小，政府的税收收入相应减少。同时，老年人口的劳动参与率和收入水平普遍较低，这也进一步减少了政府的税收来源。在财政支出方面，人口老龄化导致社会保障支出大幅增加。老年人口对养老保险、医疗保险等社会保障福利的需求日益增加，政府需要投入更多的资金来满足这些需求。此外，随着老年人口的增多，政府在医疗、养老等公共服务方面的支出也将不断增加，进一步加大了财政压力。这种收支失衡的状况，如果得不到有效的控制和管理，将严重威胁财政的可持续性。人口老龄化对财政可持续性的影响还体现在经济结构的调整上。随着老年人口的增多，消费结构和产业结构也将发生相应的变化。老年人口的消费需求更加偏向于医疗、保健、养老等服务，这将推动相关产业的发展，但同时也可能抑制其他产业的发展。这种经济结构的调整可能对政府的财政收入和支出产生深远的影响。一方面，政府需要调整税收政策，以适应新的消费结构和产业结构；另一方面，政府也需要加大对老年产业的投入，以满足老年人口的需求，这都将对财政的可持续性产生影响。

（3）气候变化和自然灾害也是财政可持续性面临的重要挑战。极端天气事件和自然灾害的频发，不仅造成经济上的直接损失，还可能引发财政体系的连锁反应。为了降低气候变化对财政可持续性的影响，政府需要制定适应性政策，如加强防灾减灾体系建设、推动绿色能源发展等。同时，政府还应建立灾害风险分担机制，通过保险、救助等方式减轻灾害对财政体系的冲击。

（4）科技的快速发展对财政可持续性同样产生了深远影响。一方面，科技进步推动了经济的快速增长，为财政收入提供了更多来源；另一方面，科技的快速发展也可能导致就业结构的转变和税收制度的调整。为了应对这一挑战，政府需要密切关注科技发展的趋势，及时调整财政政策，如鼓励创新、优化税收结构等，以适应科技发展的需求。

面对这些挑战，财政可持续性的实现需要政府、国际组织以及企业机构的共同努力。政府应加强财政管理和风险控制，建立健全的财政风险预警和应对机制；国际组织应加强合作与协调，共同应对全球性挑战；企业机构则应积极参与社会责任承担，推动可持续发展。

第三章　人口老龄化发展现状与态势

据相关权威机构预测，至 2050 年，全球老年人口数量预计将攀升至 20.2 亿，而中国老年人口则将突破 4.8 亿大关，几乎占据了全球老年人口的四分之一。这标志中国的人口红利期已在 2015 年悄然结束，而人口惯性仍将推动总人口数量缓慢增长至 2030 年左右。人口老龄化的浪潮不仅深刻影响着老年群体本身，带来了养老、医疗、社会服务等多方面的社会压力，更对整个社会的经济发展、文化繁荣与稳定格局产生了广泛而深远的影响。

相较于城市地区，农村地区的老龄化趋势显得尤为突出，农村养老问题也因此变得更为严峻。农村居民的养老难题不仅关乎个体福祉，更是一个涉及经济发展、社会稳定、村民素质提升、农村现代化进程加速以及社会主义新农村建设的综合性问题。它要求我们在多个维度上进行深入思考与探索，以寻找切实有效的解决方案。全面而系统地研究老龄化对中国经济社会的影响，具有重要的意义。这不仅有助于我们更准确地把握老龄化带来的挑战与机遇，还能为政府制定相关政策、企业调整市场策略以及社会各界共同参与养老事业提供有力的理论支撑与实践指导。

第一节　我国人口老龄化的发展状况

一、我国人口老龄化的历史与现状

（一）第一阶段：20 世纪 50—60 年代

在新中国成立之初，我国正步入经济恢复与发展的关键阶段，这一时期，民众的物质生活条件和医疗卫生状况得到了显著改善，从而带动了出生率的显著上升和死亡率的明显下降。这一变化直接导致了老年人口与少儿人口数量的快速增长。图 3-1 直观地展示了自我国首次进行全国人口普查以来（直至 2022 年），老年人口系数（65 岁及以上老年人口占总人口的比重）与少儿人口系数（0 至 14 岁儿童占总人口的比重）的历年变迁情况。[①]

通过观察图 3-1，我们可以清晰地看到，在 1953 年，我国 0 至 14 岁的少儿人口在总人口中的占比高达 36.3%，这一比例竟是同年 65 岁及以上老年人口比重的整整 9 倍之多。

进入 1959 年，老年人口系数有所上升，达到了 4.9%。纵观整个 20 世纪 50 年代，尽管老年人口系数与少儿人口系数均呈现出上升趋势，但老年人口在总人口中的比例始终维持在 5% 以下，这反映了当时我国人口结构年轻化的特点。

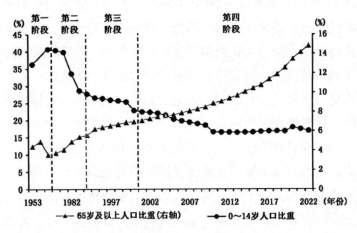

图 3-1　我国历年 0—14 岁少儿人口比重和 65 岁及以上老年人口比重

数据来源：根据我国国家统计局发布的年度数据和联合国人口统计数据计算所得。

然而，在 20 世纪 60 年代初，我国遭遇了严重的三年困难时期，经济遭受重创，人口发展态势也随之发生了戏剧性的逆转。在这一时期，由于老年人口相对于中青年人口而言，对外界环境突变的适应能力较弱，因此他们在总人口中的占比下降得更为显著。根据 1964 年第二次全国人口普查的数据，

[①] 在此需明确，本书所提及的老年人口系数，具体指的是 65 岁及以上老年人口在总人口中所占的比例，而少儿人口系数则是指 0 至 14 岁儿童在总人口中的占比。

0 至 14 岁的少儿人口在总人口中的比例攀升至 40.7%，而 65 岁及以上的老年人口所占比例则下滑至 3.6%，与 1959 年相比，老年人口系数减少了 1.3 个百分点。

这一数据变化清晰地揭示出，截至 1964 年，中国的人口年龄结构依然保持着年轻化的特征。随后，在 20 世纪 60 年代后期，随着经济形势的逐步好转，我国迎来了一次新的出生高峰。尽管这一时期死亡率也有所下降，但死亡人数的减少远远无法抵消低年龄群体人口的快速增长，因此，老年人口系数依然维持在 5% 以下的较低水平。这一时期的人口结构变化，为后续的经济社会发展奠定了特定的人口基础。

（二）第二阶段：20 世纪 70—80 年代

步入 20 世纪 70 年代，我国人口发展迎来了历史性的转折。新中国成立以来，人口的迅猛增长给国家的经济、社会、环境以及资源等多方面带来了巨大压力，这使得人们开始深刻意识到控制人口数量的紧迫性与重要性。在此背景下，计划生育政策应运而生，成为我国人口政策的重要组成部分。这一政策的实施，标志着我国人口增长模式从过去的无计划、高速增长，转变为有计划、可控的减速增长。与此同时，随着医疗卫生条件的改善和生活水平的提高，人口平均预期寿命不断延长，这一变化进一步促使少儿人口系数逐渐下降，而老年人口系数则相应上升。

1982 年，我国进行了第三次全国人口普查，数据显示，0 至 14 岁的少儿人口在总人口中的占比已降至 33.6%，而 65 岁及以上的老年人口占比则上升至 4.9%。到 1987 年，这两个比例进一步调整为 28.7% 和 5.4%。这一系列数据清晰地表明，自 20 世纪 70 年代以来，我国的人口年龄结构正在经历从年轻型向成年型的转变。这一转变不仅反映了我国人口政策的成效，也预示着未来在养老、医疗、社会保障等方面将面临新的挑战与机遇。

（三）第三阶段：20 世纪 90 年代

1990 年，我国开展了第四次全国人口普查，结果显示 65 岁及以上的老年人口比重已攀升至 5.6%，标志着我国人口年龄结构正式迈入典型的成年型阶段。此后，人口老龄化现象日益显著，国家正加速向老年型社会过渡。这一深刻转变主要由两大因素驱动：

一方面，随着计划生育政策的深入实施和生育观念的逐渐转变，少生、优生的理念逐渐深入人心。出生率从 1990 年的 2.1% 显著下降至 2000 年的 1.4%，相应地，0 至 14 岁少年儿童在总人口中的比重也由 27.69% 减少至 22.89%。这一变化直接反映了生育政策对人口结构产生的深远影响。

另一方面，我国经济、医疗卫生事业的迅猛发展以及生活环境的持续改善，使得人口死亡率大幅下降。同时，随着人们健康意识的增强和保健措施的普及，平均预期寿命不断延长。这些因素共同作用，推动了老年人口比重的持续上升。

到 1999 年，我国 65 岁及以上的老年人口已接近 8679 万，占全国总人口的 6.9%，距离老龄化国家的标准（7%）仅一步之遥。而在紧接着的 2000 年第五次全国人口普查中，65 岁及以上老年人口的比重已经跨过 7% 的门槛，同时 0 至 14 岁少年儿童人口的比重进一步降至 22.9%。这一系列数据清晰地表明，我国自 21 世纪之初便正式步入了人口老龄化国家的行列，面临着前所未有的老龄化挑战与机遇。

（四）第四阶段：2000—2022 年

迈入老龄化社会后，中国的人口年龄结构持续老化，这一趋势在 2010 年底的第六次全国人口普查数据中得到了鲜明体现。数据显示，我国的新生儿出生率进一步下滑至 1.2%，0 至 14 岁少年儿童在总人口中的比重也显著降低至 16.6%。与此同时，65 岁及以上的老年人口在总人口中所占的比重已高达 8.9%，与第五次人口普查相比，增加了 1.9 个百分点（具体数据参见表 3-1）。

2022 年，我国 65 岁及以上的老年人口占比已攀升至 14.9%，与 2010 年相比，上升了整整 6 个百分点，这标志着我国已经踏入了深度老龄化社会的门槛（即 65 岁老年人口比重超过 14%）。从增长率的维度来看，2010 年至 2022 年间，全国 65 岁及以上人口在总人口中所占的比重年均增长率达到了 4.37%，而 15 至 64 岁人口所占比重的年均增长率则为 -0.73%。这一正一反的增长态势，预示着我国将在不远的将来迎来老龄化高峰，对社会保障、养老服务、医疗健康等多个领域构成严峻挑战。因此，必须未雨绸缪，积极应对老龄化带来的各种问题和挑战。

表 3-1　中国人口年龄结构变化

年份	0—14 岁人口比重（%）	65 岁及以上人口比重（%）	老少比（%）	年龄中位数（岁）
1953	36.3	4.4	12.2	22.7
1964	40.7	3.6	8.8	20.2
1982	33.6	4.9	14.6	22.9
1990	27.7	5.6	20.1	25.3
2000	22.9	7.0	30.4	30.8
2010	16.6	8.9	53.6	40.6
2020	17.9	13.5	75.4	38.7
2022	16.9	14.9	88.2	—

资料来源：根据七次全国人口普查和人口抽样调查数据计算所得。

二、人口老龄化的区域差异

计划生育政策的推行，有效地控制了我国人口的无序增长，促使我国人口再生产类型实现了从传统型向现代型的转变，同时在年龄结构上也从成年型逐渐过渡为老年型。然而，由于我国地域广阔、人口众多、民族多元，各地区在执行计划生育政策时，无论是内容还是力度上都存在不小的差异，这导致了我国各地区人口年龄结构在前期就呈现出多样化的特点。此外，各地区经济发展水平的不均衡，特别是公共卫生服务水平的显著差异，进一步加剧了区域间人口老龄化程度的差距。

图 3-2 与图 3-3 共同描绘了自 1990 年以来，我国东部、中部、西部地区 65 岁及以上老年人口比重的变化趋势。[1] 历次人口普查的数据均清晰地显示出，中国的人口老龄化进程呈现出显著的梯度差异，即东部沿海地区的老龄化速度明显快于西部地区。以具体地区为例，东部地区的上海早在 1979 年就率先进入了老龄化社会，而相比之下，西部地区的新疆则直到 2015 年才正式步入老龄化社会的行列，这一时间差异充分反映了我国人口老龄化发展的区域不平衡性。

[1] 本书对东部、中部、西部地区的划分遵循 2013 年国家统计局发布的标准。东部地区包括 11 个省（直辖市），分别为北京、天津、河北、辽宁、上海、江苏、浙江、福建、山东、广东、海南；中部地区包括 8 个省份，分别为山西、吉林、黑龙江、安徽、江西、河南、湖北、湖南；西部地区包括 12 个省（自治区、直辖市），分别为内蒙古、广西、重庆、四川、贵州、云南、西藏、陕西、甘肃、青海、宁夏、新疆。

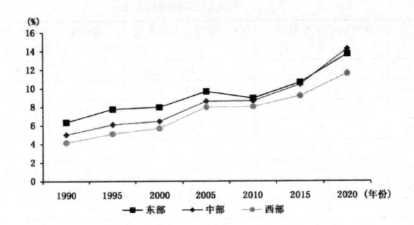

图 3-2　1990—2020 年我国东部、中部、西部地区老年人口占总人口的比重变动情况

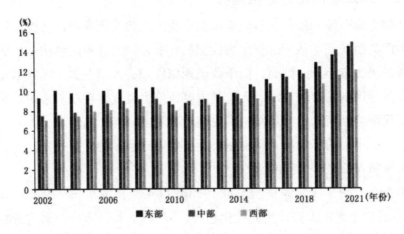

图 3-3　2002—2021 年我国东部、中部、西部地区老年人口占总人口的比重变动情况

　　从绝对数值来看，1990 年东部地区 65 岁及以上的老年人口在总人口中的占比为 6.35%，这一比例比中部地区高出 1 个百分点，比西部地区高出 2 个百分点。至 1995 年，东部地区该比例已达 7.76%，标志着其率先步入老年型社会。相比之下，中西部地区直到 2002 年才跨越 7% 的门槛，显示出东部地区在老龄化进程上领先中西部地区十多年。这一差异主要归因于东部沿海地区更为发达的经济状况、优越的医疗卫生条件以及较早推行的计划生育政策。

　　到了 2005 年，除西藏、青海、宁夏、新疆外，其余各省（自治区、直辖市）65 岁及以上老年人口在总人口中的占比均已超过 7%，全国平均比重达到 7.7%，这标志着我国整体上已迈入老龄化社会，而东部沿海地区则已进入深度老龄化阶段。尽管直至 2010 年前，东部地区的老龄化程度始终保持比中西部地区高出 1 至 2 个百分点，但自 2000 年后，地区间的老龄化差异开始逐渐缩小。2010 年，东部地区该比重首次出现下降，为 8.95%，仅比中部地区高出 0.3 个百分点。随后，东部、中部、西部地区的老龄化程度均迅速加深，至 2021 年，中部地区的老龄化程度已达 14.99%，超越了东部地区，而西部地区 65 岁及以上老年人口在总人口中的占比也达到了 12.14%。

从增长率的角度分析，2000 年前东部沿海地区的 65 岁及以上老年人口占比年均增长率略高于中西部地区。然而，至 2000 年左右，三大区域间的老龄化差异达到峰值后，趋势出现逆转。西部地区的老龄化速率开始超过中部地区，进而超过东部地区，即东部沿海地区的老龄化增长速度逐渐放缓，而中西部地区则逐渐加快。可以预见，未来三大区域的老龄化程度将趋于一致。截至 2021 年，东部、中部、西部地区的 65 岁及以上老年人口在总人口中的占比分别为 14.54%、14.99%、12.14%，这一差异与各地区的人口总量及户籍管理制度等因素密切相关。

在省份层面，老龄化程度的差异同样显著。上海在 1979 年便率先出现人口老龄化，而西藏直至 2021 年仍未进入老年型社会，其老龄化率仅为 5.81%。在中西部地区，湖南、四川、重庆率先步入老年型社会，且老龄化程度甚至超过了当时（1995 年）东部地区的福建、海南。综上所述，虽然人口老龄化在总体上呈现出由东向西逐渐降低的趋势，但也存在个别省份的特殊情况。这主要是由于人口老龄化程度与地区经济发展水平、人口迁移等因素紧密相连，使得中西部某些地区的人口老龄化程度甚至高于东部地区的某些省份。

三、人口老龄化的未来发展趋势

截至 2024 年，我国 60 岁及以上人口达 3.1 亿，65 岁及以上人口达 2.2 亿，已进入中度老龄化社会。预计到 2035 年前后，老年人口将突破 4 亿，占总人口比例超 30%；2050 年左右达 5 亿以上，占比超 40%。至本世纪末，老龄化率将长期维持高位。

联合国在 2019 年同样进行了相关研究，并预测中国人口将在 2030 年达到峰值，之后逐渐减少。据其预测，到 2050 年，中国人口总数将维持在 14 亿左右，与当前水平相近。然而，令人关注的是，60 岁及以上的老年人口在总人口中的占比将高达 34.6%（具体见图 3-4）。相比之下，同期全球老年人口在总人口中的比例仅为 21.4%，这凸显了中国人口老龄化的严峻形势。尽管各种预测在具体数值上可能存在细微差异，但在人口变动的基本趋势上，各方预测均保持了较高的一致性。①

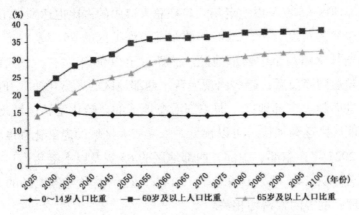

图 3-4　2025—2100 年中国人口老龄化程度预测

65 岁及以上人口在总人口中的占比从 7% 翻倍至 14%，标志着一个国家或地区已从老龄化社会步入了深度老龄化社会。多数发达国家经历这一过程都超过了 45 年，诸如法国耗时长达 130 年，瑞典用了 85 年，而澳大利亚和美国则大约用了 79 年。然而，全国老龄工作委员会预测，中国仅需 27 年即可完成这一转变，并且在未来很长一段时间内，其老龄化速度仍将维持较高水平。

近年来，中国政府已经开始调整人口政策，从计划生育转向鼓励生育，但生育率并未出现显著回升。这表明人口老龄化是一个不可逆转的长期趋势。因此，可以预见，在不久的将来，中国将成为世界上老年人口数量最多、老龄化速度最快的国家之一。这一人口老龄化问题无疑将给中国的经济和社会发展带来全方位且严峻的挑战。

---

① 联合国经济和社会事务部.2019 年世界人口展望［R］.纽约：联合国经济和社会事务部人口司，1992.

第二节　我国人口老龄化的特征与成因

一、我国人口老龄化的特征

（一）人口老龄化进程较快，用时较短

根据国际公认的标准，当一个国家 65 岁及以上的老年人口占总人口的比重达到 7% 时，即标志着该国进入浅度老龄化社会；比重达到 14% 时，则意味着该国已进入深度老龄化社会；而比重达到 20% 时，则表明该国已步入超级老龄化社会。人口老龄化是一个全球性的趋势。对于发达国家而言，它们过渡到浅度老龄化社会通常需要 50 至 100 年的时间，而从浅度老龄化社会过渡到深度老龄化社会则往往需要几十年甚至一百年（如瑞典用了 85 年，英国则用了 45 年）。再从深度老龄化发展到超级老龄化，所需时间一般在十几年到几十年之间不等，例如法国经历了 28 年（1990 年至 2018 年），德国则是 36 年（1972 年至 2008 年），而日本则仅用了 11 年（1995 年至 2006 年）。

查阅中国的人口普查数据，我们可以发现，在 1953 年的第一次人口普查中，65 岁及以上老年人口占总人口的比重仅为 4.41%；到了 1990 年的第四次人口普查时，这一比例已经上升至 5.57%；而在 2000 年的第五次人口普查中，该比例更是攀升至约 7%，这标志着中国正式进入了浅度老龄化社会。此后，这一比例持续上升，到 2010 年的第六次全国人口普查时，已经达到了 8.87%；而到了 2020 年的第七次人口普查时，这一比例更是进一步上升至 13.5%。截至 2022 年底，该比例已经超过了 14%，高达 14.9%，这意味着中国已经迈入了深度老龄化社会。

中国从进入浅度老龄化社会到深度老龄化社会，仅用了大约 21 年的时间，这一速度甚至超过了此前人口老龄化进度最快的日本。按照这个速度推算，中国预计将在 10 年后进入超级老龄化社会。可以预见，在 2050 年左右，中国将成为世界上人口老龄化程度最高的国家之一。

（二）老年人口数量较大

人口老龄化问题的严峻性，不仅体现在老年人口占总人口的比重上，还体现在老年人口的绝对数量上。1990 年，中国 60 岁及以上的老年人口已经达到了 1 亿；到了 2000 年，这一数字增长至 1.28 亿，占总人口的 9.84%；2010 年，老年人口数量进一步攀升至 1.78 亿，占比达到 13.26%；而到了 2022 年，老年人口已增至 2.8 亿，占比高达 19.8%。联合国预测，到 2050 年，中国 60 岁及以上的老年人口在总人口中的比重将高达 34.6%。

更值得关注的是，由于中国人口老龄化的累积效应，老年人口不仅数量庞大，而且呈现出明显的高龄化趋势。通常，我们将 60—69 岁的老年人定义为低龄老人，70—79 岁的为中龄老人，而 80 岁及以上的则为高龄老人。当前，中国 80 岁及以上的高龄老人正以年均 5% 的速度增长，这一增速甚至超过了总老年人口的增长速度。同时，90 岁及以上的超高龄老人更是以 7% 的速度在增长。

具体来看，1990 年中国 80 岁以上的高龄老人总数为 801 万，到了 2000 年这一数字已经增长至 1201 万，年均增长率为 3.6%。而到了 2010 年，高龄老人数量更是达到了 2099 万，到了 2021 年则进一步增长至约 3772 万。从 1990 年至 2021 年，中国 80 岁及以上高龄老人数量的年平均增长速度高达 5.1%，这一增速远高于世界平均水平的 3.3%。

（三）人口老龄化在空间上不平衡

中国人口老龄化在空间分布上展现出显著的不平衡性，主要体现在两大方面：一是农村与城市之间老龄化程度的显著差异；二是东、中、西部地区间的老龄化差异。

首先，中国的人口老龄化呈现出城乡二元结构特征。根据第七次人口普查数据，乡村地区 60 岁及以上、65 岁及以上的老年人口占比分别为 23.81% 和 17.72%，而在城镇地区，这两个比例分别较乡村地区高出了 7.99 个百分点和 6.61 个百分点。这种差异部分源于城市计划生育政策的执行更严格，以及城市在医疗技术和生活水平上的优势，导致城市尤其是大城市的人口老龄化现象相对超前。然而，近年来农村劳动生产率提升和大量青年人口向城市流动，虽然在一定程度上缓解了城市的老龄化压力，却加剧了农村的老龄化问题，使得农村未来将面临更为严峻的老龄化挑战。

其次，中国人口老龄化的区域差异与经济发展差异紧密相连，从东部到西部呈现出阶梯状下降的趋势。东部地区（如北京、上海、江苏、浙江等）大多在1995年之前就已进入老年型社会，属于中高度老龄化地区，特别是上海，早在1979年就已迈入老年型社会。中部地区（如山西、吉林、安徽等）目前处于老年型社会，属于中度和中低度老龄化地区。而西部地区（如新疆、宁夏、甘肃等）则刚刚进入老年型社会，属于初级老龄化地区。值得注意的是，新疆于2015年才正式进入老年型社会，与上海相比，时间相差了整整36年。近年来，中国人口老龄化在空间上的不平衡进一步显现，总体呈现出城乡反转、东部经济发达地区老龄化程度高于西部经济落后地区的情况。

（四）人口老龄化超前于经济发展水平

人口老龄化是人口发展的必然趋势，是经济发展达到特定阶段的必然结果，同时也是人类文明进步的一个重要标志。通常而言，人口老龄化与经济发展水平之间存在着正向关联，即随着人均国民收入的增加，老年人口在总人口中的比重也会相应提升。当人均国民收入达到某一水平后，人口结构便会开始出现老龄化现象。在多数情况下，经济发展、出生率下降和人口老龄化这三者是相互伴随、大致同步的。例如，日本在20世纪70年代迈入老龄化社会时，其经济发展水平已经跻身发达国家之列。

经济发展水平与老龄化程度之所以相对应，很大程度上是因为建立和维持一个完善的老年保障体系需要坚实的经济基础作为支撑。然而，由于中国实行了计划生育政策，其人口转变过程并非自然演进，而是与其他国家存在显著差异。当前，中国尚未完全具备构建完善社会保障体系的经济实力，以应对与发达国家相似的人口老龄化挑战。中国的人口老龄化远远超前于经济发展水平。

二、我国人口老龄化的形成原因

（一）死亡率降低与寿命延长：人口老龄化的催化剂

随着经济的持续增长、医疗技术的日新月异、生活水平的显著提升以及健康意识的普遍增强，中国人口的死亡率实现了历史性的下降。从1949年的20‰高位，到2022年已降至7.37‰，这一变化不仅反映了国家发展的巨大成就，也深刻影响了人口结构。与此同时，人均预期寿命的延长成为不可逆转的趋势。从 20 世纪 40 年代的 35 岁，到新中国成立初期的 44.59 岁，再到改革开放初期的 67.9 岁，直至 2021 年攀升至 78.2 岁，这一连串数字背后，是无数家庭幸福生活的延长，也是社会进步的有力见证。然而，死亡率的下降和寿命的延长，也直接推动了老年人口数量的增加，从而加速了人口老龄化的进程。

（二）生育率下滑：人口老龄化的核心驱动力

在死亡率趋于稳定后，生育率的下降成为推动人口老龄化的主要因素。回顾历史，半个世纪前，受鼓励生育政策等因素影响，中国人口生育率一度飙升，1949 年达到 36‰，1954 年进一步增至 37.97‰，1963 年更是达到峰值 43.6‰。这段时期，大量劳动力涌入市场，给社会带来了就业压力。中国自 20 世纪 70 年代末开始实施计划生育政策，该政策有效地降低了生育率。1976 年至 1985 年间，死亡率稳定在 7‰ 左右，而出生率则大幅降至 20‰。此后数十年，出生率持续下滑，至 2022 年已降至 6.77‰，创下历史新低。

生育率的长期低迷，直接导致了人口老龄化问题的凸显。同时，随着社会经济的发展和教育水平的提升，人们的生育观念发生了深刻转变。从追求生育数量到注重生育质量，特别是女性受教育程度提高，使得她们更加倾向于发展职业，进一步降低了生育意愿。尽管政府近年来积极调整生育政策，先后放开单独家庭和非独家庭生育二孩的限制，但新生人口数量仅在 2016 年出现短暂回升，随后又恢复下降趋势。2020 年新生婴儿数量降至 1200 万，2021 年全面放开生育三孩政策后，2022 年新生婴儿数更是跌至 956 万，自中华人民共和国成立以来，新生婴儿数量首次跌破 1000 万大关。这表明，低生育率和人口老龄化快速发展的趋势，在短期内难以得到根本性逆转。

（三）区域间人口迁移：影响人口结构但非老龄化主因

人口迁移，包括国际迁移和国内迁移，是人口流动的重要形式。然而，对于中国这样的人口大国而言，国际迁移对人口结构的影响相对有限。在国内层面，人口迁移主要表现为从农村向城市、从经济不发达地区向经济发达地区的流动。2020 年，中国流动人口规模达到 3.76 亿，大量农村家庭因此成为"空巢家庭"。这种迁移确实改变了区域间的人口结构，但并未对全国的人口年龄构成产生决定性影响。

死亡率降低与寿命延长、生育率下滑是推动中国人口老龄化的两大核心因素。相比之下，区域间的人口迁移虽然对人口结构有所影响，但并非老龄化的主要原因。面对人口老龄化的严峻挑战，中国需要综合运用政策手段，既在提高生育率上下功夫，也在完善养老保障体系、促进老年人就业等方面做出努力，以实现人口与经济的可持续发展。

第三节　人口老龄化发展态势国际比较

在全球化浪潮下，人口老龄化已成为世界各国共同面临的重大挑战，不同国家和地区在这一过程中展现出了不同的发展态势。中国是世界上人口最多的国家，其老龄化进程尤为引人关注。当我们将目光投向国际舞台，会发现中国的人口老龄化之路并非特例。在东亚，日本、韩国等国家同样在从中等收入国家迈向高收入国家的进程中，遭遇了快速老龄化的洗礼，它们的经验与教训为中国提供了宝贵的借鉴。而在遥远的西方，那些早已步入老龄化社会的发达国家，更是以其深厚的历史积淀和多样的应对策略，在全球老龄化版图中占据着一席之地。通过对比中国老年人收入与东亚发达国家的差异，以及剖析中国人口老龄化与西方发达国家的异同，我们不仅能更清晰地洞察自身的发展特点，还能在国际比较的视野下，探寻出更适合中国国情的老龄化应对之道。

一、中国老年人收入与东亚发达国家比较

中日韩三国在从中等收入国家向高收入国家转变的过程中都有快速老龄化的表现。中国 1997 年成为中等收入国家，2011 年跨入中等偏上收入国家行列，2024 年进入中高收入国家行列。日本在 20 世纪 60 年代初成为中等收入国家，80 年代中后期成为高收入国家；韩国 20 世纪 70 年代后期成为中等收入国家，到 20 世纪 90 年代中后期进入高收入国家行列。与此相对应，中国 2000 年进入老龄化社会；日本 1970 年进入老龄化社会，1995 年进入老龄社会；韩国 1980 年老龄化率为 3.9%，之后老龄化速度加快，2000 年进入

老龄化社会，2017 年进入老龄社会。[①]

从中等收入向高收入国家和人口年龄结构的双重转变过程中，中日韩三国老年人的收入呈现何种变化，又有哪些共同规律和国别特征？共同富裕不仅包括高收入水平，而且包含低收入差距，因此在共同富裕的视域下，老年人收入是一个融收入水平、收入结构和收入差距于一体的复杂体系。收入水平是指老年人绝对收入的多寡和相对收入的高低，是衡量一个经济体富裕或贫困的基本标准。收入差距是判断一个经济体收入分配是否公平、均等的关键核心指标，收入结构则指老年人收入的来源及其各自在总收入中所占的比重。由于不同来源的收入不仅存在水平差异，而且分布情况各不相同，收入结构的变动不仅会影响收入水平的高低，而且会影响收入差距的敛散情况。

（一）中日韩老年人收入状况的演变历程

1. 老年人收入水平的演变

虽然在经济发展的早期，日本和韩国未曾展开大规模老年人收入状况调查，我们无法获知当时日本和韩国老年人的整体收入水平状况，但从一些文献可以发现当时日本、韩国老年人收入水平较低，很多老年人处于绝对贫困的状态。[②] 与此类似，在进入中等收入阶段之前，中国老年人的收入水平也较低：1992 年《中国城乡老年人供养体系调查》显示，1991 年城市老年人年平均收入为 2053 元，农村老年人年平均收入仅为 832 元。[③]

随着日本和韩国逐渐从中等收入国家迈入高收入国家行列，其老年人收入水涨船高：1976 年日本老年人年均收入为 3256 美元，1985 年上升到 9433 美元，到 2020 年进一步达到 19398 美元；韩国 1987 年老年人年均收入为 1974 美元，2000 年为 6602 美元，2020 年为 11774 美元。中国在处于中上收入阶段的 2014 年老年人平均收入为 2940 美元，与日本处于中上水平的 1976 年老年人相若，明显高于进入中上收入阶段的 1987 年的韩国。这表明在类似的收入阶段，中国老年人的平均收入水平并不低于日本和韩国。

① 世界银行世界发展报告编写组.1998/99 年世界发展报告：知识与发展 [M].蔡秋生，等译.北京：中国财政经济出版社，1999.

② 坂脇昭吉，中原弘二.现代日本社会保障 [M].杨河清译.北京：中国劳动社会保障出版社，2006.

③ 熊必俊.关于我国老年人口收入的研究 [J].人口与发展，2005（S1）：10.

表 3-2　中日韩不同发展阶段老年人收入水平与相对比例

发展阶段		中国	日本	韩国
进入中等收入阶段	收入水平	2940 美元 （2014 年）	3256 美元 （1976 年）	1974 美元 （1987 年）
	相对比例	90%	72%	—
进入高收入阶段	收入水平	—	9433 美元 （1985 年）	6602 美元 （2000 年）
	相对比例	—	105%	65.8%

2. 老年人收入结构的演变

在经济发展的早期阶段，家庭或家族内部的转移、慈善或救济是中国、日本和韩国老年人的主要收入来源；老年人也会力所能及地从事经济性活动，获得报酬。随着国民收入水平提高，各国陆续建立现代社会保障体系，老年人收入结构得以改变。但现代社会保障制度创立时严格遵循精算与最低保障精神，兼之生产主义模式的社会福利特征，直到 20 世纪 70 年代，日本和韩国老年人仍然主要依靠继续工作的劳动收入、个人和家庭的储蓄或者子女供养维持生活，养老金等公共转移收入的绝对和相对水平都较低。

在迈入高收入国家阶段，日本和韩国老年人养老金等公共转移收入持续增长，劳动收入比重有所下降。日本养老金等收入的比重从 1976 年的 37.7% 上升到 1985 年的 51.1%，劳动收入比重则相应从 45.1% 下降到 39.5%。[①] 类似地，直到 20 世纪 80 年代初期，韩国老年人公共转移收入仅占其总收入的 6%，工作收入占 24%，而个人储蓄和家庭转移则占 70%；[②] 到 1995 年，韩国老年人家庭转移收入的占比下降到 28.2%，公共转移支付则上升到 29.2%。[③]

表 3-3　中日韩不同经济发展阶段老年人的收入来源结构[④]

收入来源	中等偏上收入阶段			高收入阶段	
	日本（1976）	韩国（1985）	中国（2015）	日本（1985）	韩国（1995）
公共转移收入	37.7	6	35.26	51.1	29.2
工资性收入	45.1	24	23.47	39.5	35

---

① 吕学静. 日本社会保障制度 [M]. 北京：经济管理出版社，2000.

② 世界银行. 防止老龄危机：保护老年人及促进增长的政策 [M]. 劳动部社会保险研究所译. 北京：中国财政经济出版社，1996.

③ 金渊明. 韩国社会保障论争 [M]. 陈倩译. 北京：中国劳动社会保障出版社，2010.

④ 全国老龄工作委员会办公室编. 第四次中国城乡老年人生活状况抽样调查数据开发课题研究报告汇编 [M]. 北京：华龄出版社，2018.

续 表

收入来源	中等偏上收入阶段			高收入阶段	
	日本（1976）	韩国（1985）	中国（2015）	日本（1985）	韩国（1995）
家庭转移收入	17.2	64	36.68	9.4	28.2
其他收入		6	4.59		7.6

中国、日本和韩国的情况表明在经济发展的不同阶段，老年收入来源结构呈现不同变动规律（见下图3-5）。在国家处于中等收入乃至高收入阶段之前，大多数老年人仍然与子女同住，家庭内部转移和劳动收入是老年人的主要收入来源。随着经济持续发展和福利国家兴起，家庭转移支付和劳动收入比重下降，公共转移支付收入（包括公共养老金和各种老年救助和福利支出）比重则趋于上升。而老年人收入水平究竟是快于还是慢于整体国民的收入增长，很大程度上取决于公共转移支付和劳动收入的增长速度。

进入21世纪，随着人口老龄化程度持续加深和经济增长速度趋缓，老年人收入结构将进一步变化。在21世纪初，在经历了30乃至40年的持续下降之后，日本和韩国等发达国家老年人劳动参与率转而开始上升，进而老年人工资收入的比重上升。同时，在中、高等收入阶段启动的个人养老金体系改革也逐渐实现待遇兑付，个人养老金（强制性和自愿性）收入比重也趋于上升。公共转移收入比重的变动趋势则恰恰与此相反：经济发展早期，公共转移收入比重较低，20世纪50至90年代趋于上升，进入21世纪之后又有所下降。

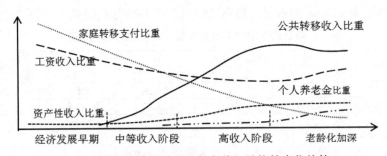

图 3-5 经济发展过程中老年人收入结构的变化趋势

3. 老年人收入差距的演变

老年人身体状况、心理状况、知识技能状况、家庭状况和资产状况千差万别，这导致其收入差距普遍较大。现有文献一般使用基尼系数和相对贫困率（这里的相对贫困率按照低于社会平均收入水平的 50% 来统计）来观察老年人的收入差距。在经济发展的早期，由于老年人整体收入比较低，收入差距可能较低；进入中等收入阶段之后，劳动收入差距扩大，老年人的收入差距也趋于扩大；进入高收入阶段后，随着养老金体系等社会保障制度的发展和反就业歧视政策的推进，老年人收入差距可能下降。

表 3-4 显示 1985—2018 年日本老年人再分配后的基尼系数在 0.338 与 0.369 之间，且呈下降趋势。按照收入等级列示的老年家庭收入分配调查数据也表明在 1972—1995 年间，日本老年人收入差距明显缩小：1972 年有 32.5% 的老年家庭收入位于最低收入层次，且有 93% 的老年家庭收入在平均水平以下；到 1998 年，位于最低收入层次老年家庭的比例下降到 3.6%，且各收入层大致均匀分布，老年人收入分配格局明显改善。

表 3-4　1985-2020 年日本老年人和青壮年人的基尼系数变化

年份		1985 年	1995 年	2000 年	2020 年
老年人基尼系数	初始收入	0.498	0.605	0.648	0.684
	再分配后收入	0.369	0.369	0.359	0.338
	下降幅度（%）	25.9	39.0	44.6	50.6
青壮年人（18-64 岁）基尼系数	初始收入	0.341	0.373	0.385	0.391
	再分配后收入	0.304	0.319	0.334	0.323
	下降幅度（%）	10.9	14.5	13.2	17.4

韩国与中国老年人收入差距较大。韩国老年人基尼系数长期在 0.4 上下波动，明显高于整体国民水平：1996 年韩国老年人基尼系数为 0.38，2010 年为 0.40，2019 年为 0.4；[1]1990 年其全体国民收入基尼系数为 0.26，目前约为 0.33，老年人收入差距明显高于整体国民水平。中国老年人收入差距也较大，且高于整体国民水平。有研究认为 2015 年中国老年人收入基尼系数高达 0.66，而当年全社会的收入基尼系数则为 0.47。

（二）中日韩老年人收入演变的规律和特征

在人口与经济双重转变过程中，中日韩三国老年人收入演变表现出一些共同规律。首先，从收入水平看，在中等收入阶段，三国老年人的绝对收入水平都较低；随着经济发展，老年人收入呈现持续增长特征，只是增长速度有所区别。其次，从收入结构看，以养老金为核心的社会保障收入的比重趋于上升，家庭内部转移收入和劳动报酬收入的比重趋于下降，进而出现养老

---

[1] 洪埛骏. 韩国贫困新问题与收入保障政策的争论 [J]. 社会保障评论，2022（6）.

金收入、劳动报酬收入和家庭转移收入等多支柱共存的老年收入格局。再次，从收入差距看，在中等收入阶段，劳动收入、家庭转移收入乃至社会保障的收入差距都较大，导致老年人收入差距较大，高于整体国民；进入高收入阶段之后，社会保障和税收再分配之前的老年收入差距仍然较大，且老年人绝对贫困率和相对贫困率高于整体国民。

但中日韩三国老年人收入也表现出鲜明的国别特征。一是老年人相对收入的变化差异巨大：日本老年人与整体国民同步进入高收入阶段，而韩国在成为高收入国家后的相当长的一段时间里，老年人收入仍较低。20 世纪 70 年代，日本老年人平均收入仅为国民平均收入的 72%；在中等收入向高收入转变过程中，日本老年人收入水平增长加快，到 20 世纪 80 年代中后期，老年人平均收入甚至稍稍超过国民平均收入。与日本不同，韩国无论是在进入高收入阶段之前，还是进入高收入阶段之后的 2000 年，其老年人收入仅为整体国民平均收入的三分之二左右，老年人并没有与整体国民同步进入高收入行列。与日本和韩国相比，中国老年人的相对收入水平呈下降态势，国民收入分配呈现出不利于老年人的分配格局。在进入中等收入国家之时，中国老年人的相对收入较高：2000 年中国城镇老年人平均收入为城镇居民平均收入的 118.2%，农村老年人人均可支配收入是农村居民人均可支配收入的 72.4%。但随着经济快速发展，虽然老年人的绝对收入持续增长，但其与全体国民收入的比率则呈现下降趋势：城镇老年人收入与城镇居民平均可支配收入的比率从 2000 年的 118.2% 下降到 2020 年的 65%；农村老年人则从 2000 年的 72.4% 下降到 2020 年的 59.6%。

二是与日韩相比，中国老年人城乡收入结构差异明显。表面上，中国老年人收入结构与日本和韩国类似阶段差异并不大，但中国城乡老年人收入来源差异巨大：城镇老年人社会保障收入一支独大，市场性收入比重明显较低，而农村老年社会保障收入比重偏低（见表 3-5）。20 世纪 80 年代，我国城镇老年收入有 63% 来自社会保障，15% 来自市场收入，17% 来自家庭转移；而农村老年人收入有 51% 来源于市场劳动，仅 5% 来自社会保障，38% 来自家庭转移。到 2016 年，城镇老人社会保障收入的比重上升到 73.4%，市场收入和家庭转移收入则下降到 7.6% 和 9.9%；而农村老人社会保障收入的占比上升到 30.8%，市场收入和家庭转移收入则下降到 33% 和 25%。虽然城乡老年人收入结构有所改善，但城镇老年人养老金一支独大，乡村老年人公共养老金收入比重偏低的情况并没有得到根本扭转。

表 3-5　不同时期我国城乡老年人收入来源结构情况

单位：%

时间	农村老年人				城镇老年人			
	市场收入	社保收入	家庭转移	其他	市场收入	社保收入	家庭转移	其他
1985 年	51.0	5.0	38.0	6.0	15.0	63.0	17.0	5.0
2005 年	39.8	14.5	37.1	8.6	9.6	80.2	7.0	3.2
2010 年	38.6	21.5	31.5	8.4	9.1	80.4	2.8	7.7
2015 年	33.0	30.8	25.0	11.2	7.6	73.4	9.9	9.1
2020 年	33.1	32.4	24.6	9.9	6.5	73.8	9.7	10.0

三是在迈入高收入阶段的过程中，三国在社会保障和税收再分配后的老年人收入差距各不相同。虽然早期日本老年人收入差距和相对贫困率较高，但进入高收入阶段之后，日本老年人的收入差距明显缩小，老年收入基尼系数下降到 0.3，且其老年人的相对贫困率也下降到 20%。韩国老年人的收入差距并没有随经济增长得到改善。无论是在中等收入阶段，还是进入高收入阶段，甚至直到当前，韩国老年人收入基尼系数都超过 0.4，老年人相对贫困率接近 40%，是 OECD（经济合作与发展组织）国家中最高的。

一些数据和迹象表明，中国老年人收入差距可能并没有随着经济发展而得到明显改善。中国城镇老年人平均从 1991 年的 2053 元增长到 2020 年的 28506 元，增长了 12.9 倍；农村老年人平均收入则从 832 元增长到 10215 元，增长了 11.3 倍。由于城镇老年人收入增长高于农村老年人，城镇老年人平均收入与农村老年人平均收入的比例从 1991 年的 2.5∶1 上升到 2020 年的 2.8∶1。虽然从 2000 年以来城镇与农村老年人的收入差距有所降低，但直到目前，城乡老年人之间的收入差距仍然高于进入中等收入阶段之前。

从共同富裕的视角来看，在中等收入向高收入阶段转变的过程中，日本老年人收入水平较高，且收入差距较小，韩国老年人收入水平虽然不低，但其收入差距较大，因此日本老年人的共同富裕程度要明显高于韩国。就中国而言，要推动老年人共同富裕，需要同时解决老年人收入水平低和收入差距大这两个问题，因为韩国的经验表明，老年人收入水平可能会随整体国民收入水平的提高而相应提高，但其收入差距并不能自然缩小。中日韩老年人收入演变情况的比较说明，缩小老年人收入的差距要比提高老年人收入水平更困难、更具挑战性。

（三）中日韩老年人收入增长政策的演变

收入来源的独特性使老年人收入水平、结构与差距情况与经济政策密切相关。从收入来源的角度来看，首先，养老金制度结构和参数都影响老年人的收入，如养老金增长率的变化将影响养老金的替代率。其次，高龄劳动者就业政策会改变老年人劳动力市场行为和工资水平，进而影响老年人的收入。再次是国民收入增长政策，老年人收入通常会随着国民收入的整体增长而提升。刘易斯提出经济发展的实质就是现代部门的不断扩张和传统部门的不断萎缩。因此，笔者主要关注中日韩三国乡村发展和城乡一体化经济政策。

1. 中日韩三国养老退休政策演变及现状

日本分别在 1929 年、1941 年和 1944 年颁布《恩赐年金法》《劳动者年金保险法》《厚生年金保险法》，建立覆盖劳动者的养老金制度；1961 年制定《国民年金法》，实现"全民皆年金"；1985 年颁布《年金修改法》，完善养老金制度框架，时至今日改革仍然在路上。中国 2010 年颁布《中华人民共和国社会保险法》，确立了以基本养老保险为基础，企业年金和职业年金为补充，个人养老金相辅相成的多层次养老保险体系。韩国 20 世纪 60 年代开始针对不同职业的劳动者建立养老金制度；1988 年创立国民养老金计划（NPS），2014 年实施基础年金制度，逐渐形成了以第一支柱为主体、第二和第三支柱特色发展、零支柱保障低收入老年家庭的多支柱养老金体系。表3-6 列示了中日韩三国养老金制度结构与主要参数。

表 3-6 中日韩三国养老金制度结构与主要参数

参数	中国	日本	韩国
制度结构	城镇职工/城乡居民基本养老保险+企业年金/职业年金+自愿性个人养老金	国民年金+职业关联的公共养老金支柱+自愿性个人养老金计划	基础年金+国民年金+职业关联的公共养老金支柱+自愿性个人养老金计划
缴费率	雇主16%，雇员8%	雇主9.15%，雇员9.15%	雇主4.5%，雇员4.5%
替代率	城镇职工50%，城乡居民<5%	55.8%（公共养老金+个人）	31.4%（公共养老金）
缴费年限	最低15年，全额40年	最低10年，全额40年	最低10年，全额40年

参数	中国	日本	韩国
覆盖率	城乡居民 >95%，城镇职工 80%	国民年金 92%	国民年金 57%
退休年龄	男 60 岁，女干部 55 岁，女工人 50 岁；城乡居民 60 岁	标准退休年龄 65 岁，最低提前退休年龄 60 岁	标准退休年龄 62 岁，最低提前退休年龄 57 岁

2. 中日韩三国高龄劳动力就业政策的演进

为应对人口老龄化，中日韩三国都启动了延迟退休年龄、鼓励高龄劳动者继续就业的政策，但各国政策启动时间和进展差异明显。日本高龄劳动者就业政策始于 1963 年的《老年福利法》，其规定国家和地方自治体应该为希望工作的老年人提供就业和参与经济社会活动的机会；1971 年颁布《高龄者雇佣稳定法》，促进 45 岁以上劳动者就业；接着持续修订《高龄者雇佣法》，将退休年龄提高到 65 岁，2021 年的《改定高年龄者雇佣安定法》则提出将退休年龄提高到 70 岁。韩国在 20 世纪 90 年代开启高龄劳动力就业支持政策。进入 21 世纪，韩国先后实施"老年人工作事业岗位"项目、老年人才银行等措施，推动高龄劳动者继续就业。在中国，《中华人民共和国劳动法》（2018 年修订）、《中共中央国务院关于加强新时代老龄工作的意见》等文件提出鼓励老年人参与经济社会活动，2024 年正式出台渐进式延迟法定退休年龄政策，将男职工、女干部和女工人退休年龄分别提高到 63 岁、58 岁和55 岁。

表 3-7　中日韩三国高龄劳动市场政策

政策	中国	日本	韩国
延迟退休政策	退休年龄提高到 63 岁、58 岁和 55 岁	将退休年龄从 60 岁提高到 65 岁，并计划提高到 70 岁	2013 提高到 60 岁；2013～2033 提高到 65 岁
消除雇佣障碍	提出积极老龄化社会的主张，从顶层设计上提出支持老年人参与经济活动	①提高强制退休年龄；②制定继续雇佣 60～64 岁老年人的政策；③简化固定员工保护法律；④反对年龄歧视	①消除强制退休年龄；②反对年龄歧视；③为老年人提供更灵活多样化的工作安排

续 表

政策	中国	日本	韩国
提高雇佣机会		①给雇主提供继续雇佣老年人津贴；②给将强制退休年龄提高到65岁的雇主补助；③给雇佣60～64岁老人比例超过15%的雇主补助；④工资收入低于60岁之前25%的60～64岁劳动者提供最高15%的补助；⑤高龄雇佣服务：实施职业互换计划、产业雇佣安全中心，设立老年职业经验利用中心、老年雇佣支持中心	①要求企业55岁员工的比例超过6%；②给予60岁劳动者提供每月2.4%工资补贴；③给雇佣高龄劳动者的雇主14%工资补贴；④给雇主提供高达28%的工资水平培训津贴；⑤设立老年就业特别中心、人才银行等，为老年人提供培训和高质量岗位机会

3. 中日韩三国城乡均衡发展政策

刘易斯提出经济发展的实质，就是现代部门的不断扩张和传统部门的不断萎缩，也就是城乡二元经济逐渐一体化的过程。中日韩在经济发展过程中都表现出如下特征：经济发展早期，农村劳动力占据主要部分；随着经济发展，非农就业快速增长，并逐渐占据主导地位。在此过程中，三国在发展城镇现代经济部门的同时，都注重城乡差距和乡村发展，并提出、实施了乡村发展政策措施，只是三国经济发展过程的差异性导致其城乡差距处于不同的发展阶段。

日本城乡一体化政策始于20世纪50年代，以扩大土地规模经营、合并村镇、开展基础设施建设为施政主线，先后出台《农地法》《农业协同组合法》《建设促进法》《农业基本法》等法律，确立农户对耕地的所有权，创立农协，加大对落后山区的基础设施建设支持力度，极大改善了农村基础设施和农户经济收入水平。20世纪70年代后期至90年代，日本颁布《综合保养地区整备法》《农山渔村余暇法》《农山渔村旅宿型休闲活动促进法》等，鼓励扩大农业生产规模，发展乡村旅游，促进城乡交流。进入21世纪，日本陆续颁布《粮食、农业、农村基本法》《农工商合作促进法》等，政策重心从农业生产转移到粮食、农业和农村三者并重上来，推动了生态农业、有机农业的快速发展。

20 世纪 50 年代中期开始，随着城市经济快速发展，韩国农村日渐落后，农民收入水平较低，且城乡收入差距日益扩大，导致城乡发展日益失衡。韩国于 1971 年启动"新村运动"，旨在推动工农业齐头并进，提高农业产值和农民收入，1973 年至 1978 年，约 50% 的政府投资通过"新村运动"分配到农村，集中于基础设施、公共卫生、环境保护以及成人教育等方面。到 20 世纪 80 年代、90 年代侧重于促进农村人力资源开发，改善农业产业结构，如 1999 年制定《农业、农村及食品产业基本法》。进入 21 世纪，韩国开始大力发展农村旅游业，促进城乡交流，当前韩国大力促进农业"六次产业化"和"农村融复合产业化"。

改革开放以来，中国乡村发展政策经历了 4 个阶段。确定家庭联产承包责任制、分离土地所有权与经营权以及在农业和农村发展中引入市场机制是第一阶段（1978—1991 年）的主要特点。1992 年我国确立社会主义市场经济的改革目标，1993 年将农村基本经营制度纳入宪法，逐步取消农产品统派统销制度，扩大农产品市场调节范围，初步建立了农产品市场体系。进入 21 世纪，鉴于城乡收入差距有所扩大（城乡居民平均收入比率从 1978 年的 2.6 ∶ 1 上升到 2002 年的 3 ∶ 1），保护农业生产、支持农民增收、减轻农民负担和促进农业发展成为第三阶段（1999—2012 年）乡村发展政策的主要内容。党的十八大报告提出，促进人的全面发展，逐步实现全体人民共同富裕，我国乡村发展政策进入逐步实现共同富裕的第四阶段。党的十九大提出乡村振兴战略，要求坚持农业农村优先发展，加快推进农业农村现代化，标志着我国城乡发展政策由城乡统筹发展向城乡融合发展的战略转变。党的二十届三中全会提出逐步提高城乡居民基本养老保险基础养老金，加快补齐农村养老服务短板等要求，为实现农村老年人共同富裕既奠定了坚实的物质基础，又提供了充足的制度保障。

二、中国人口老龄化与西方发达国家比较

西方国家是最早经历人口老龄化的地区，且当前其老龄化程度在全球范围内也处于领先地位。根据联合国《世界人口展望》的数据记载，法国于

1851 年率先迈入老龄化社会，当时 60 岁及以上老年人口占比达到了总人口的 10.1%。随后，众多欧洲国家如瑞典、挪威、英国等也相继步入老龄化阶段。到了 20 世纪 70 年代，老龄化趋势开始跨越欧洲，向亚洲和美洲等地区蔓延，并逐渐演变为一个全球性的现象。步入 21 世纪后，全球人口老龄化的步伐更是显著加快。

尽管发达国家拥有雄厚的经济实力作为后盾，但人口老龄化所带来的一系列问题，诸如劳动力资源紧缺、劳动生产率下滑以及养老金支付压力增大等，仍然对其经济增长构成了严峻的挑战。因此，可以说，"人口老龄化"已成为 21 世纪全球各国共同面临的一项重大课题。通过对比我国与主要发达国家在老龄化发展态势上的差异，我们可以为深入研究老龄化所带来的社会经济成本提供宝贵的参考依据。这样的对比分析不仅有助于我们更全面地理解老龄化的影响，还能为制定应对老龄化挑战的政策措施提供有力的依据。

（一）人口老龄化起步慢、速度快

中国的人口统计学家强调，相较于发达国家，中国所面临的人口老龄化问题更为严峻。这一挑战不仅体现在老年人口数量的庞大上，更在于其增长速度的惊人。中国步入老龄化社会的时间相对较晚，始于 2000 年——与之相比，法国早在 1865 年就已迈入老龄化社会，当时 65 岁及以上的老年人口比例就超过了 7%，现今更是成为超老年型国家，老年人口比例已超 15%。瑞典紧随其后，在 19 世纪便步入了老龄化，1890 年 65 岁以上老年人口占比就达到了 7%，如今也已成为"超老年型"国家。而英国、德国和美国则分别在 1930 年、1945 年相继进入老龄化社会。然而，中国的人口老龄化进程却异常迅速，从成年型国家过渡到老年型国家的时间，仅为其他发达国家的四分之一，预计其进入老龄社会的重度阶段所需要的时间也将远少于其他发达国家。

在过去，人们曾认为人口老龄化的主要原因是死亡率和生育率的下降。但随着稳定人口理论的不断完善和人口预测技术的广泛应用，特别是计算机技术的飞速发展，西方人口学家通过大量实证研究得出，生育率的下降才是人口老龄化的决定性因素，而非死亡率的下降。近年来，中国经济的迅猛增长以及严格的计划生育政策，使得人口生育率长期低于自然更替水平，从而加剧了人口老龄化的速度。这表明，除了经济因素外，政策导向、文化背景、社会观念以及生活方式等也对发展中国家的生育率产生了深远影响。

与发达国家的老龄化进程相比，中国的人口老龄化呈现出独有的特征——飞速发展。自20世纪50年代以来，中国在和平稳定的环境中不断提升生活水平和医疗保障水平，特别是70年代以来有效实施的人口政策，导致出生率急剧下降。与发达国家相比，中国少儿人口比重从1950年的37%迅速降至2000年的16.3%，这一变化仅用了50年时间。同时，中国人的平均预期寿命也从1930年的不足40岁稳步增长到2000年的71.4岁，增长了30多岁。这使得老年人口规模迅速扩大，老年人口比例迅速上升，从而凸显了中国的人口老龄化问题。在1980年至2000年的短短20年间，中国的人口年龄结构已从成年型转变为老年型。

（二）人口转变、生育率转变模式不同

根据布莱克的"五段式"模式，中国的人口变迁历程清晰可见。在20世纪上半叶及更早的时期，中国处于高位静止（HS）阶段，1949年时，出生率高达36.00‰，死亡率也为20.00‰，人口在高出生率与高死亡率的平衡下缓慢增长。随后，在1950年至1971年间，尽管1959至1961年的经济危机带来了出生率与死亡率的波动，但总体而言，经济快速发展、医疗技术革新以及死亡率的持续下降，推动中国进入了布莱克模式的初期扩张（EE）阶段，人口特征转变为高出生率与低死亡率，人口增长速度显著加快。

进入2000年后，中国步入了布莱克模式的后期扩张（LE）阶段，出生率逐渐降低，人口增长速度趋于平缓。这一转变主要归因于经济的持续增长、生活水平的不断提升以及计划生育政策的有效实施。

然而，与欧美国家相比，中国的人口过渡，尤其是生育过渡，呈现出截然不同的特点。从出生率3%的变动至2%，仅是中国人口变化的一个侧面。考察全球各国出生率从3%降至2%的临界年份，法国率先完成了人口结构的转变，随后是瑞士、瑞典、英国、美国、德国等发达国家，这一过程耗时16至42年不等。而中国则在经历一段时间的下降后，仅用4年（与日本相似，日本为5年）便完成了这一转型，远快于西欧和美国等发达国家。因此，中国的人口转型路径独具特色，主要得益于经济的快速发展和计划生育政策的推动，使得人口结构在短时间内发生了显著变化。

（三）人口老龄化进程中面临的经济负担

人口老龄化通常被视为经济社会发展到一定程度的自然现象，是社会进步的一个标志。在发达国家中，这种人口结构的转变往往伴随着经济的高度发达，是城市化和工业化进程推进到特定阶段的必然结果。这些国家步入老龄化社会时，人均 GDP 普遍超过了 5000 美元，有的甚至超过 10000 美元。

然而，中国的人口老龄化路径与发达国家截然不同。它更多的是计划生育政策实施的结果，这一政策在短时间内迅速改变了中国的人口结构，而经济发展却未能与之同步。当中国踏入老龄化社会时，人均 GDP 仅为 1000 美元，老龄化给社会带来的经济压力显得尤为沉重。从人类发展指数（一个由联合国提出的综合反映社会发展水平的指标）来看，中国在 2010 年左右达到了 0.8，此时的中位年龄已经是 34.5 岁，与 20 世纪 90 年代后期的美国相当。但经济发展水平上，中国却远远落后于美国，差距大约为 100 年。对比日本，当其在 1967 年人类发展指数同样达到 0.8 时，中位年龄为 28 岁，且正处于步入老龄化社会的初期阶段。由此可见，中国在经济社会发展水平上虽属世界平均水平，但在人口老龄化方面却显著超前。

2013 年，中国老年人口已突破 2 亿大关。据专家预测，到 2033 年，这一数字将超过 4 亿，其间老年人口将以每年约 1000 万的速度增长。至 2050 年，老年人口将达到峰值 4.83 亿，占亚洲老年人口的 2/5，相当于全球老年人口的 1/4，甚至超过发达国家老年人口的总和。同时，80 岁以上高龄老人的数量也将从目前的 2100 万激增至 1.08 亿，占总人口的比重将从 11.4% 上升至 22.3%。其中，生活不能自理的高龄老人占比高达 30% 以上，90 岁以上老人更是高达 50% 以上。

面对 21 世纪中叶如此严峻的人口老龄化挑战，预计届时中国的人均国内生产总值仍将仅处于目前中等发达国家的水平。这凸显了老龄化进程与经济发展不同步的长期矛盾。发达国家的老龄化经验表明，养老支出与老年人口规模及收入水平密切相关。中国人口老龄化快速发展，与经济发展阶段不相符，给养老保障体系带来了前所未有的挑战，其带来的经济负担不容忽视。因此，中国未来的养老问题形势严峻，需尽早谋划应对之策。

（四）失能"空巢"老人保障面临多重挑战

在老龄化加速与家庭结构小型化的双重作用下，我国养老服务体系正经历着前所未有的转型压力。尽管"十四五"期间养老床位总量已突破813万张，较2020年新增近百万张，但最新数据显示，我国失能老年人已达3500万，占老年人口的11.6%，这对专业照护床位的需求形成持续挤压。当前每千名老人拥有床位数虽提升至约28张，但仍显著低于发达国家50-70张的水平，且护理型床位占比尚需向55%的目标冲刺。

空巢化趋势更凸显养老困境。截至2025年，我国60岁以上空巢老人比例突破50%，农村地区因青壮年外流导致空巢率进一步上升。春节期间超2500万老人独守空巢的调研数据，折射出传统家庭养老功能的弱化趋势。值得注意的是，第一代独生子女父母正集体步入老年，0—30岁独生子女群体规模达1.58亿，"421"家庭结构下的养老压力，正通过代际传递形成新的社会矛盾。

政策应对呈现体系化布局，民政部正构建"一刻钟养老服务圈"，通过县乡村三级网络实现服务全覆盖；三类养老机构分类发展策略日益清晰，兜底保障型机构重点服务"三无"老人，普惠型机构满足工薪阶层需求，市场型机构满足高端养老需求。青岛、珠海等地创新"养老机构＋社区卫生服务中心＋三甲医院"医养联合体模式，为失能老人提供全流程健康管理服务。

面对2030年空巢老人或破2亿的预测数据，老龄化与少子化、残疾化叠加效应持续发酵。那些经历丧子之痛、配偶离世的孤寡老人，正成为最需要制度托底的脆弱群体。政府与社会需共同编织保障网络，不仅要有制度设计的刚性支撑，更要有人文关怀的柔性浸润，方能让"老有所依"从愿景化为现实，让每位老人都能在时代变迁中安享晚年。

第四节　我国应对人口老龄化的战略布局

在2012年召开的党的十八大会议明确提出："社会保障是保障人民生活、调节社会分配的一项基本制度"。这是党中央首次在纲领性文件中将社会保障提升到"基本制度"的高度，强调其对社会公平和民生保障的核心作用。

自党的十八大以来，以习近平同志为核心的党中央始终秉持问题导向的工作原则，对养老服务业及老龄产业的未来发展提出了一系列富有创新性的理论见解和实践判断。党中央深刻认识到人口老龄化的严峻挑战，并据此做出了一系列具有前瞻性的战略部署，旨在积极应对人口老龄化带来的社会问题，推动养老服务业和老龄产业的健康发展，确保每一位老年人都能享受到有尊严、有质量的晚年生活。

一、确立积极养老的根本目标

习近平总书记强调："满足数量庞大的老年群众多方面需求、妥善解决人口老龄化带来的社会问题，事关国家发展全局，事关百姓福祉，需要我们下大气力来应对。"[①]

总书记的深刻阐述不仅凸显了当前做好老龄工作的紧迫性与重要性，而且为积极应对人口老龄化确立了清晰的目标与定位。在此背景下，"积极应对人口老龄化"理念应运而生，成为我国老龄工作的核心指导思想，它不仅开辟了党的老龄工作理论建设的新篇章，还作为马克思主义中国化的最新理论结晶，极大地丰富了党的治国理政思想体系，为新时期养老工作提供了根本遵循与行动指南。

2015年10月，党的十八届五中全会通过的《中共中央关于制定国民经济和社会发展第十三个五年规划的建议》中，首次在中央层面正式提出"积极开展应对人口老龄化行动"的战略目标。该建议倡导弘扬敬老、养老、助老的社会风尚，并明确要建设以居家为基础、社区为依托、机构为补充的多层次养老服务体系，推动医疗卫生与养老服务的深度融合，探索建立长期护理保险制度，同时全面放开养老服务市场，鼓励各类市场主体通过购买服务、股权合作等方式增加养老服务和产品的有效供给。这一举措标志着我国在应对人口老龄化方面迈入了一个全新的发展阶段。

2016年10月，习近平主持召开中央全面深化改革领导小组第二十八次会议，并发表重要讲话。会议审议并通过了《关于全面放开养老服务市场提升养老服务质量的若干意见》，强调要积极应对人口老龄化趋势，加速推进养老服务业的供给侧结构性改革，以满足老年人日益增长的多元化养老服务需求。

随后，2017年1月，民政部等十三个部门联合发布《关于加快推进养老服务业放管服改革的通知》，旨在进一步激发社会力量参与养老服务业发

① 习近平：推动老龄事业全面协调可持续发展 [N].人民日报，2016-05-29.

展的活力，培育并打造一批具有品牌影响力、连锁化运营、规模化发展的养老服务企业和社会组织。同年 2 月 28 日，国务院印发《"十三五"国家老龄事业发展和养老体系建设规划》，明确提出了坚持党委领导、政府主导、社会参与、全民行动的原则，全面加强全社会积极应对人口老龄化的各项工作。

至 2021 年 12 月，国务院再次印发《"十四五"国家老龄事业发展和养老服务体系规划》，进一步细化和明确了积极应对老龄化社会挑战的具体举措与实施路径。

以习近平同志为核心的党中央所确立的"积极应对人口老龄化"重要战略目标，是马克思主义基本原理与我国老龄化实际国情深度融合的产物，是习近平新时代中国特色社会主义思想的重要组成部分，更是马克思主义中国化进程中的最新理论成果，为新时代我国老龄事业的发展指明了方向，提供了强大的理论支撑与实践指导。

二、构建多层次养老服务体系

针对我国人口老龄化及养老服务供给状况，习近平总书记强调："要积极发展养老服务业，推进养老服务业制度、标准、设施、人才队伍建设，构建居家为基础、社区为依托、机构为补充、医养相结合的养老服务体系。"[①]

这是新时代背景下我国养老服务体系的一次重大革新与飞跃，标志着养老服务从基础的"托养服务"迈向了更为全面、深入的"医养融合服务"，实现了质的飞跃。这一转变不仅精准回应了老年人多元化、多层次的养老服务需求，更体现了对健康老龄化理念的深刻践行。养老服务体系的构建也由此前的补缺型、碎片化模式，逐步向体系化、制度化、多元化的全新格局转变。

2017 年，党的十九大胜利召开，大会报告中明确提出要"积极应对人口老龄化，构建养老、孝老、敬老的政策体系和社会氛围，大力推进医养结合，加速老龄事业与产业的蓬勃发展"。这一战略部署紧密贴合新时代的历史使命，深刻反映了我国社会主要矛盾变化下的理论创新成果，为以习近平同志为核心的党中央科学应对人口老龄化提供了核心要义与理论指引。

2019 年 3 月，国务院办公厅发布《关于推进养老服务发展的意见》，从深化"放管服"改革、拓宽投融资渠道、促进就业创业、扩大消费、提升服

① 习近平：推动老龄事业全面协调可持续发展 [N]. 人民日报，2016-05-29.

务质量、加强基础设施建设等六大维度全面发力，旨在健全多层次养老服务体系，确保在保障基本养老服务全覆盖的基础上，有效满足老年人多样化、多层次的养老服务需求。我国养老服务体系由此实现了从特殊困难老年人向全体老年人、从单一居家养老向居家社区机构协调发展、从政府主导向社会力量多元参与的三大转变，致力于构建中国特色、多层次、全方位的养老服务体系，让每一位老年人都能享受到"老有所养、老有所依、老有所乐、老有所安"的幸福晚年。

党的十九届四中全会进一步明确了坚持和完善中国特色社会主义制度，推进国家治理体系和治理能力现代化的宏伟目标。在此次会议上，习近平总书记重申了积极应对人口老龄化的重要性，并提出了构建养老、孝老、敬老政策体系和社会环境，推进医养结合，加快老龄事业和产业发展的具体要求。这充分体现了以"健康为中心"的老龄化应对策略，以及"全生命周期"的核心理念在养老服务体系构建中的核心地位。

基于此，2019 年 11 月 21 日，中共中央、国务院联合印发了《国家积极应对人口老龄化中长期规划》，这一规划作为我国积极应对人口老龄化的战略性、综合性、指导性文件，明确了战略目标与具体任务，为新时代养老服务体系的发展指明了方向。

面对新的人口结构变化与快速推进的人口老龄化进程，我们亟须树立全新的养老理念，构建积极、健康、完善的养老服务体系。这要求我们不断完善多方面支持、全面覆盖、透明公开、延续性强的养老服务系统，实现养老保险、养老福利、养老救助与养老慈善公益的有机衔接，确保无论是城镇居民还是农村老人都能平等享受积极养老的福利，将老年人对幸福晚年的向往转化为实实在在的保障，全面满足其基本物质需求、医疗保障、日常照护等多元化需求，注重公平与多元发展，为"积极应对人口老龄化"理念奠定坚实的基础。

三、完善顶层设计和制度建设

近年来，我国人口老龄化的步伐显著加快，预计在 2030 年前后将迎来老龄化的高峰。借鉴国际经验，人口老龄化作为一个不可逆的趋势，要求我国必须在劳动力市场改革、社会保障体系的完善、老龄产业的蓬勃发展、教育政策的调整以及创新型国家建设等多个维度上，加速推进顶层设计，以积极姿态应对人口老龄化的挑战。在这一关键时期，以习近平同志为核心的党中央站在实现中华民族伟大复兴中国梦的历史高度，以及推动国家全面发展大局的战略视角，对老龄工作的顶层设计进行了全面深化和细化，进一步完善了老龄化应对及养老服务发展的顶层规划。

习近平总书记指出："有效应对我国人口老龄化，事关国家发展全局，事关亿万百姓福祉。要立足当前、着眼长远，加强顶层设计，完善生育、就业、养老等重大政策和制度，做到及时应对、科学应对、综合应对。"①

习近平总书记高度重视人口老龄化的应对工作，将其提升至国家战略层面，并着重强调"加强顶层设计"的重要性，创新性地提出了"及时、科学、综合"的应对策略。在顶层设计的引领下，我国老龄化应对工作实现了三大转变：一是思路上的"应急补缺"向"超前规划"转型；二是理念上的"被动适应"向"积极应对"升级；三是方法上的"一体化推进"向"分类指导、因地制宜"转变。自党的十八大以来，我国已出台超过300项政策配套措施，为老龄化应对工作提供了坚实的制度保障。

2013年9月，《国务院关于加快发展养老服务业的若干意见》的发布，标志着我国养老服务业进入"加速跑"阶段。尽管每千名老年人拥有的养老床位数持续攀升，但面对当前人口老龄化的严峻挑战，养老服务业的发展仍显滞后，存在有效供给不足、监管缺失、服务质量参差不齐等问题。为此，需进一步明晰政府、社会、市场的角色定位，充分发挥社会力量的积极作用，逐步完善"居家为基础、社区为依托、机构为补充、医养相结合"的养老服务体系，并建立"保险、福利、救助相衔接的长期照护保障制度"，为经济困难的高龄、失能老人提供长期照护补贴，以实现"老有所养"的宏伟目标，满足老年人多元化、个性化的养老服务需求。

2024年12月，中共中央、国务院印发的《关于深化养老服务改革发展的意见》明确提出："优化居家为基础、社区为依托、机构为专业支撑、医养相结合的养老服务供给格局。"这不仅是对传统"居家养老模式"的创新与超越，更标志着我国向"多元化""社会化""市场化"养老模式的转型。政府、社会、家庭共同承担养老责任的机制正逐步形成，而"医养结合"模

---

① 习近平：加强顶层设计完善重大政策制度，及时科学综合应对人口老龄化 [N]. 人民日报，2016-02-24.

式的推广则精准满足了老年人对"高质量养老"的迫切需求，既体现了我国的制度优势，又达到了老年人的健康养老与高质量发展的目标。

近年来，随着养老服务顶层设计的不断完善，一系列配套政策相继出台。2015 年，民政部等十部门联合发布《关于鼓励民间资本参与养老服务业发展的实施意见》，为民间资本进入养老领域提供政策支持；同年，国务院办公厅转发卫生计生委等部门《关于推进医疗卫生与养老服务相结合的指导意见》，鼓励社会力量兴办医养结合机构。2016 年，习近平在中共中央政治局第三十二次集体学习时，对老龄工作的多个方面提出了具体要求，包括完善老龄政策制度、养老和医疗保险制度等。

2016 年 6 月，《人力资源社会保障部办公厅关于开展长期护理保险制度试点的指导意见》的发布，标志着我国长期护理保险制度试点工作的正式启动。随后，2016 年 12 月，《国务院办公厅关于全面放开养老服务市场提升养老服务质量的若干意见》出台，进一步放宽了养老服务市场准入，激发了市场活力。近年来，我国持续加大政府资金投入，加强养老设施建设，为养老服务提供了坚实的硬件支撑。

为进一步完善我国社会保障体系，为重度失能人员提供长期护理保障，2020 年 9 月，《国家医保局、财政部关于扩大长期护理保险制度试点的指导意见》正式发布，新增 14 个试点城市（区），标志着我国长期护理保险制度试点工作取得了新的进展。

2024 年 1 月 15 日，《国务院办公厅关于发展银发经济增进老年人福祉的意见》发布，旨在促进养老服务与相关产业融合发展，推动养老事业与养老产业协同发展，为老年人提供更加优质、便捷的养老服务。

四、充分发挥老年群体的作用

我们应以积极的态度面对老龄社会，正视人口老龄化作为经济社会发展必然产物的现实，并且要充分认识到，老年人群体实际上是社会的珍贵资源，他们在工作与生活的诸多方面依然能够发挥重要作用，展现自身价值。对此，习近平总书记指出："要着力发挥老年人积极作用。要发挥老年人优良品行在家庭教育中的潜移默化作用和对社会成员的言传身教作用，发挥老年人在化解社会矛盾、维护社会稳定中的经验优势和威望优势，发挥老年人对年轻人的传帮带作用。"①

为了应对老龄社会的到来，我们必须积极推动老年人角色从单一的"被养护"向"养护与发挥价值"并重转型。这一转型的核心在于树立并培育"积极老龄观"，即既要满足老年人日益增长的多样化需求，又要妥善解决人口老龄化带来的挑战，从而促进我国老龄事业的全面、协调与可持续发展。"积极老龄观"的核心要义是积极看待老龄社会、老年人和老年生活。老龄社会是不同年龄群体共生共融的社会，而且人人都会老，都将面临老年生活，因此"积极老龄观"内含着全龄友好的底蕴。

2016年12月，《经济日报》刊登的《积极推动老龄事业发展》一文指出，"老年人属于社会特殊群体，老年人权益保障工作是一项庞大的社会系统工程。应坚持党委领导、政府主导、社会参与、全民行动相结合，坚持应对人口老龄化和促进经济社会发展相结合，坚持满足老年人需求和解决人口老龄化问题相结合，努力挖掘人口老龄化给相关产业带来的机遇，努力满足老年人日益增长的物质文化需求。保护老年人合法权益，逐步建立国家、社会、家庭和个人相结合的养老保障机制，实现老有所养、老有所医，老有所学、老有所为、老有所乐，保障老年人有一个幸福安康的晚年，使老年人能够共享社会发展进步的文明成果，推动老龄事业全面协调可持续发展"。

深挖老年人潜能，不仅能够激发老年人的积极心态，实现其个人价值，还能在一定程度上缓解劳动力资源紧张的状况，特别是当劳动力成本上升成为经济发展新挑战时，身体健康、技能娴熟的"银发劳动力"将成为宝贵的资源补充。为此，需要采取一系列措施：

第一，完善政策体系，制定并实施老年人人力资源开发的长远规划，从顶层设计上为老年人再就业提供政策支持。

第二，破除法律障碍，修订相关法律法规，消除老年人进入劳动力市场的制度壁垒，保障其合法权益。

第三，拓宽就业渠道，探索多样化的老年人就业模式，如灵活就业、顾问咨询、志愿服务等，同时提升其就业技能。

第四，出台激励措施，制定具体的扶持政策，鼓励企业和社会组织聘用老年人，为其创造更多就业机会。

---

① 习近平：推动老龄事业全面协调可持续发展 [N]. 人民日报，2016-05-29.

加强老年人力资源的开发与利用，是积极应对人口老龄化挑战、减轻家庭与社会负担、提升整体人力资本水平的关键策略。通过践行"老有所为"的理念，我们不仅能促进经济的持续健康发展，还能维护社会的和谐稳定。为此，我们必须深刻理解老龄问题的内在规律，统筹各方力量、资源与手段，形成应对老龄化的强大合力，确保及时、科学、综合地应对这一全球性挑战。

五、应对人口老龄化是国家战略

随着我国社会主要矛盾的转化，当前老龄工作的核心已聚焦于如何响应并满足老年人对美好生活日益增长的向往，确保他们能够健康、幸福地享受晚年生活。2019 年 11 月，中共中央与国务院联合印发的《国家积极应对人口老龄化中长期规划》，不仅清晰界定了应对老龄化的战略目标，还详细规划了实现这些目标的具体路径与任务。

2020 年 10 月，党的十九届五中全会更是将"积极应对人口老龄化"提升至国家战略的高度，这标志着在党的正式文件中，老龄化问题首次被赋予了如此重要的战略地位。其中的"积极"二字，不仅体现了对老龄化挑战的主动应对态度，也指明了社会治理的新方向——即如何更有效地满足老年人的养老服务需求，成为应对老龄化的核心要务。这一战略部署，作为习近平新时代中国特色社会主义思想的关键组成部分，对"十四五"时期乃至整个社会主义现代化强国建设进程产生了深远影响。

在此背景下，我们需紧扣高质量发展主题，以深化供给侧结构性改革为突破口，着力构建一个积极、健康且多元的养老服务体系。这不仅是对老年人福祉的切实保障，也是实现第二个百年奋斗目标——全面建成社会主义现代化强国的坚实支撑。

以习近平同志为核心的党中央明确指出，各级党委和政府要高度重视并切实做好老龄工作，贯彻落实积极应对人口老龄化国家战略，把积极老龄观、健康老龄化理念融入经济社会发展全过程。具体而言，2022 年，我国初步建立起了积极应对人口老龄化的制度框架；至 2035 年，这一制度应更加科学、有效；而到了 21 世纪中叶，则应形成一套与社会主义现代化强国地位相匹配的、成熟完备的应对人口老龄化制度体系。这一系列目标与规划，不仅彰显了我国对老龄化问题的深刻认识与前瞻布局，也为未来老龄事业的发展指明了方向。

第四章　养老服务体系建设与政策现状

第一节　家庭养老体系

在我国，家庭养老不仅是一种源远流长的传统习俗，也是一项历史悠久的制度安排。在往昔的农业社会里，家庭既是生产劳作的基本单元，也是消费生活的核心场所，它集养老、育儿、教育、生产、消费、交换等多重功能于一体。就养老而言，家庭成员既是老年人经济来源的坚强后盾，也承担着照料老年人日常生活的重任，直至他们生命的终点。在这样的模式下，赡养老人、照顾老人的责任与义务被牢牢地统一在家庭之中，由家庭成员共同承担。

一、基本概述

家庭养老是中国根深蒂固的传统养老模式，其精髓在于养老的物质需求与生活上的悉心照料均由家庭成员承担。这一模式巧妙地将"在家养老"与"子女养老"两者相融合，而当这两者出现分离时，便预示着传统养老方式的变革，同时也是家庭养老功能逐渐削弱、面临诸多挑战的开端。

家庭养老不仅在中国占据举足轻重的地位，在全球范围内也深受重视与推崇。1982 年，联合国在维也纳召开第一次老龄问题世界大会，会上通过了《维也纳老龄问题国际行动计划》草案，该草案明确指出，应依据社会的价值观念及家庭中老年成员的实际需求，全力协助、保护并强化家庭的功能。到了 1991 年，《联合国老年人原则》再次重申了老年人应尽量在家居住的重要性，并强调他们应得到家庭与社区基于各自文化价值体系所提供的关怀与保护。这背后所蕴含的深意是，养老绝非仅仅满足老年人物质层面的需求，精神层面的慰藉同样不可或缺。家庭不仅为老年人提供了生活上的坚实保障，更通过无微不至的照顾，让他们感受到家的温暖与亲情的呵护。

在家庭养老的框架下，老年人所能获得的照顾主要源自家庭成员，这包括伴侣、子女、子女的配偶、孙辈以及兄弟姐妹等。在这张非正式的照顾网络中，子女无疑扮演着举足轻重的角色。他们为老年人提供的照顾涵盖了经济上的支持、日常生活的照料、精神上的慰藉以及生病时的护理等多个方面。这种照顾不仅发生在家庭内部，有时也会延伸到家庭之外，如在医院中家属的陪伴与照料。在老年父母与成年子女之间的互动中，蕴含着深厚的传统文化因素，如父母与子女间的互惠互利以及子女对父母的赡养义务等。研究表明，在家庭照顾的背景下，子女与父母之间的日常互动与支持对老年人的身心健康具有显著影响。

然而，由于文化传统与价值观念的差异，东西方子女在赡养父母的方式上呈现出截然不同的风貌。中国的家庭养老具有其独特的内涵与特色，在实施居家养老时，我们需充分挖掘并利用这些特色，以更好地服务于老年人。在中国，子女与父母之间形成了一种"反哺模式"，即下一代对上一代承担起赡养的责任。这一模式深深植根于传统的伦理文化之中，体现了养儿防老的均衡互惠原则，并成为维系家庭经济共同体的重要纽带。然而，自 20 世纪 80 年代中国城市经济体制改革以来，一种"逆反哺模式"悄然兴起，即年迈的父母在经济上支持子女的一种反向抚育关系。尽管如此，在中国，家庭成员尤其是子女照顾父母仍被视为天经地义之事，这一传统价值观被世代传承并推崇。

家庭照顾至今仍是中国城乡老年人照顾的主体力量，尤其是在老年人因疾病或年迈而需要照顾时。这一现象是中国几千年传统文化不断积淀并产生深远影响的结果。传统的道德伦理观念一直支撑着这种代代相传的、具有血缘联系、地缘联系、经济联系以及其他联系的老年人与子女之间的社会关系。即便老年人与成年子女并未同住一处，他们之间依然存在着千丝万缕的联系。随着交通与通信条件的不断改善，子女无论身处何地，都能为父母提供长期或日常的生活照顾。成年子女作为老年人非正式支持网络中的核心力量，其家庭支持对于老年人的照顾具有重大意义。尽管越来越多的老年人可能不再与子女共同生活，但地理上的距离并未完全阻碍子女对父母的照顾。然而，客观而言，地理上的隔离确实给成年子女照顾老人带来了诸多不便与挑战。

照顾老人是一项烦琐而细致的工作，它不仅是一系列责任与义务，更需要深深的关爱与情感。在众多的照顾者中，子女的角色尤为突出。国外的研究普遍指出，除了配偶之外，子女是老年人最主要的照顾者与支持来源，而女儿在照顾父母方面往往承担着比儿子更多的责任。总而言之，无论是过去、现在还是未来，家庭养老在中国养老服务体系中都发挥并将继续发挥基础性的作用。

与社会养老相比，家庭养老具有其独有的特点与优势。首先，在社会基础方面，家庭养老依托于由几代人共同组成的大家庭，而社会养老则将个人、企业与国家视为一个整体，并在此基础上建立养老保险制度。其次，在经济基础方面，家庭养老以以家庭为生产组织的小农经济为支撑，而社会养老则是现代社会化大生产与信息时代的产物。再者，在思想基础方面，家庭养老根植于对老一代人的孝敬及由此产生的赡养责任，而社会养老则体现了现代人类文明的社会互助精神。最后，在原则方面，家庭养老遵循的是养儿防老、积谷防饥、各尽所能的传统理念，而社会养老则秉持公平与效率相结合的原则。

尽管家庭养老具有成本低、易管理、适应性强等优势，但其安全程度相对较低。相比之下，社会养老则需以更低的成本、更有效的管理去实现更高的安全系数。因此，在构建养老服务体系时，我们应充分考虑家庭养老与社会养老的各自优势与不足，实现两者的有机结合与互补，以更好地满足老年人的多元化需求，让他们能够安享晚年、幸福度日。

二、家庭养老面临的挑战

随着社会生产与分配方式的不断演变，家庭这一社会基本单元的结构与功能亦发生了深刻的变化。曾经，家庭是生产与生活的双重载体，而今，其生产功能已逐渐剥离，转向更广阔的社会领域。这一转变，直接影响了老年人的经济保障方式，退休金、养老金、老年保险以及个人积蓄等，已悄然成为现代老年人经济支撑的主流。然而，家庭在日常生活保障方面的作用，相较于经济赡养的转变，却显得滞后且复杂。特别是在女性高劳动参与率的背景下，家庭养老的人力资源显得尤为匮乏。

当前，老年人群体中不健康者的比例偏高，他们对照料的需求日益增加，同时，精神层面的需求也不容忽视。家庭养老所面临的挑战，主要体现在以下几个方面：

第一，家庭规模的小型化趋势日益明显。从 20 世纪 80 年代初至今，我国家庭的平均规模持续缩小，核心家庭逐渐成为主流。如今，虽然核心家庭的比重有所下降，但独居老人、单亲家庭、丁克家庭以及隔代家庭的数量却在快速增长。家庭规模的缩小和核心家庭的增多，直接导致了纯老年家庭数量的增加。生育率的下降和居住方式的代际分离，使得子女在照料老年父母时面临诸多困难。独生子女的出现，更是让独生子女父母的养老问题变得尤为棘手。居住方式的代际分离，不仅让经济供养成为问题，更让老年人在生活照料、精神慰藉等方面面临诸多困难。

第二，家庭养老的基础有所削弱。在现代化进程的冲击下，传统的家庭养老功能逐渐弱化。一方面，社会竞争日益激烈，许多子女忙于工作和事业，无暇顾及家中的老人；另一方面，在独生子女家庭中，"代际倾斜"现象屡见不鲜。许多青年夫妇将有限的精力、时间和财力都投入到了子女的教育和成长上，忽视了老年父母的需求，产生了"重幼轻老"的现象。这对老年父母的心理健康和生活质量都造成了负面影响。特别是在城市地区，老人生活照料的问题尤为突出，子女个人工作与照料父母之间的矛盾日益加剧。

第三，老年人平均期望余寿的延长，也给家庭养老带来了更大的压力。随着医疗水平的提高和生活条件的改善，老年人的平均期望余寿不断延长。然而，高龄化也带来了新的问题。随着年龄的增长（特别是过了 75 岁之后），老年人的健康状况逐渐恶化，患病率、伤残率上升，自理能力下降。他们需要更多的日常护理、生活照料和社会服务。虽然余寿增加了，但带病期也在延长，这无疑加重了家庭养老的负担。

三、发展趋势

未来，老年人口高龄化将是不可逆转的趋势。可以预见的是，21 世纪我国人口老龄化所带来的养老问题将不仅仅局限于经济供养方面。随着老年人口数量的增加和年龄结构的变化，生活照料和精神慰藉方面的问题也将日益突出。因此，我们需要重新审视和构建养老体系，以适应社会变革和老年人口结构的变化。这既需要政府、社会、家庭等多方面的共同努力，也需要我们不断探索和创新养老模式和服务方式。

养老功能在家庭与社会间的流转、更迭及拓展，是历史演进的必然趋势。未来我们或将见证两种并行发展、相辅相成的养老模式：

家庭养老虽仍占据主导地位，但其功能的逐渐弱化已是不争的事实。这一趋势要求我们必须加大力度发展社会化的助老服务，这主要包括社会扶助与社区服务两大板块。社会扶助涵盖了各类志愿者活动及慈善事业，它们往往以无偿的形式，彰显着人道主义的光辉；而社区服务则更为广泛，从日常的家务琐事如洗衣、做饭、购物，到精神层面的陪伴如读报、聊天，乃至专业的日常照料，均可涵盖其中，且通常是有偿服务。在此背景下，托老所作为一种社会化助老的新模式，或许能成为满足老年人需求、减轻家庭负担的优选。

随着家庭养老模式的可持续性受到挑战，我们亟须积极推动社会化养老事业的发展，以实现养老功能的全面转移与替代。其中，老年公寓的兴起与公寓养老模式的推广便是典型代表。此外，自费入住养老院等做法同属此列。值得注意的是，公寓养老并非完全割裂了家庭联系，它有时只是自我养老或子女养老在现代社会的一种新形态，亦可视为家庭养老的一种创新模式。特别是当养老公寓地理位置优越，便于子女探望，实现"分而不离"，加之公寓内部管理体系完善，那么这样的养老方式无疑将成为许多家庭的首选。

第二节　机构养老体系

一、机构养老的概述

机构养老，作为一种专为老年人设计的居住与服务模式，指的是老年人入住养老机构，其居住费用由家庭或社会养老保障体系来承担。这种养老方式，也被称为集中养老，它涵盖了敬老院、养老院、护理院以及老年公寓等多种形式，旨在为老年人提供长期的护理、食宿以及全方位的照料服务。

在机构养老中，长期护理是至关重要的一环。它特别针对那些因各种原因导致部分或完全失能、失智的老年人，根据他们的功能状况或自我照顾能力，提供个性化的、不同程度的照顾措施。这些措施旨在帮助老年人维持自尊、自主与独立性，确保他们能够享有高品质的晚年生活。长期护理的内容比较广泛，既包括日常的起居照顾，如饮食、洗浴、穿衣等，也涵盖专业的医疗与护理服务。

老年人从家庭搬入养老机构，这一行为实质上构成一种迁移。这种迁移不仅改变了老年人的居住地，更在户籍管理体系中可能引发户口的变动，如原居住地户口的注销。此外，研究表明，老年人在选择是否入住养老机构时，其决策机制与迁移行为的发生机制有着高度的相似性。

因此，我们可以将迁移分析中的一系列概念与工具，如推力、拉力以及成本—效益分析等，巧妙地应用于对机构养老的研究中。养老机构对老年人而言，具有诸多吸引力，如优越的居住条件、周到的生活照顾、完备的医疗设施以及和谐的人际关系等，这些因素共同构成了吸引老年人入住的"拉力"。

然而，家庭作为老年人传统的养老场所，始终具有其独特的魅力，如家人间的温馨团聚、熟悉的社区氛围以及长期形成的社区网络等。但与此同时，家庭也可能存在一些不利于老年人生活的因素，如家庭关系的疏离、居住环境的不适宜以及经济收入的拮据等，这些因素构成了推动老年人离开家庭、选择机构养老的"推力"。通过深入分析这些推力与拉力的相互作用，我们可以更全面地理解老年人选择机构养老的动因，并为他们提供更加贴心、更加适合的养老解决方案。

二、机构养老面临的问题

（一）供不应求与资源闲置的双重困境

在当前我国老龄化进程日益加速的背景下，机构养老作为养老体系的重要组成部分，却面临着供不应求与资源利用率不高的双重矛盾。据统计，目前我国在机构中养老的老年人仅占老年群体的 1% 左右，而高达 99% 的老年人仍然选择居家养老。这一数据不仅揭示了机构养老资源的稀缺性，也反映了我国养老模式单一、机构养老发展滞后的现状。

按照国际标准，"平均每千名老人占有养老床位 50 张"是一个国家或地区机构养老发展水平的基准。然而，我国老年人对养老床位的需求却远远超出了这一标准。据测算，全国老年人共需养老床位 800 万张，但目前实际的床位仅有 266.2 万张，床位缺口高达近 540 万张。这一巨大的缺口，无疑加剧了机构养老的供需矛盾，使得许多有入住意愿的老年人难以找到合适的养老机构。

然而，令人困惑的是，尽管床位缺口巨大，但并非所有养老机构都能满员运营。部分养老机构入住率低迷，有的甚至仅达到五六成，甚至二三成。这种社会福利机构发展过程中的矛盾现象，究其原因，主要在于老年人支付能力不足、对传统家庭养老方式的偏爱以及对养老机构服务质量的担忧。这些因素共同导致了老年人及其家庭在面临机构养老选择时的犹豫与徘徊，进而造成了养老床位的闲置与浪费。

机构养老的供不应求与资源利用率不高并存的问题，不仅加剧了老年人的养老难题，也造成了社会资源的浪费。一方面，真正有需求的老人因床位紧张或费用高昂而无法入住养老机构；另一方面，已建成的养老机构却因入住率低而难以维持运营，形成了"住不起、住不满"的尴尬局面。这一矛盾的存在，无疑对机构养老的可持续发展构成了严峻挑战。

（二）养老机构自我发展能力薄弱，运营压力巨大

自我发展能力不强是当前我国养老机构普遍面临的问题。由于入住率不高，养老机构在经济上往往入不敷出，陷入运营困境。收费过高，老年人难以承受；收费过低，机构又难以维持日常运营。这种两难境地，使得无论是公办还是民办的养老院都面临着巨大的生存压力。

在运营成本方面，电费支出是养老机构的一大负担。尽管有关部门曾规定养老院的电费应按居民用电价格收取，但在实际操作中，许多养老机构并未能享受到这一优惠政策，导致电费成本居高不下，给企业运营带来极大压力。此外，人员工资也是养老机构运营成本的重要组成部分。随着老年人口数量的不断增加和养老服务的日益专业化，养老机构对护理人员的需求也在不断提高，而护理人员的高薪聘请又进一步推高了养老机构的运营成本。

对于民办养老机构而言，其经营压力更大。与公办养老机构相比，民办养老机构在硬件设施、资金和医疗技术等方面存在明显差距。这使得民办养老机构在吸引老年人入住、提供优质服务以及应对突发事件等方面面临更多困难。因此，如何提升民办养老机构的自我发展能力，成为当前亟待解决的问题。

（三）养老机构服务功能分离，难以满足多元化需求

我国养老机构服务功能结构单一，难以满足老年人日益增长的多元化需求。调查发现，近一半的养老机构表示只接收自理老人或以接收自理老人为主，不收住失能老人。这一现状不仅限制了养老机构的服务范围，也剥夺了失能老人享受机构养老服务的权利。

随着年龄的增长，老年人的健康状况逐渐下降，医疗和护理成为他们最为关注的需求。然而，当前我国养老机构尚未实现功能分类，护理型养老机构数量偏少。多数入院的老人属于亚健康病患或处于失能半失能状态，他们需要专业的、全天候的照顾。然而，由于养老机构缺乏医疗功能或医疗水平有限，许多老人在生病时无法得到及时有效的治疗与护理，不得不选择离开养老机构寻求医疗途径。

此外，老年人在精神文化方面的需求也难以得到满足。养老机构所提供的服务多集中在满足老人基本的物质生活需要上，而在心理支持、精神慰藉以及文化娱乐等方面则相对匮乏。这种单一的服务模式不仅影响了老年人的生活质量，也制约了养老机构的持续发展。

（四）机构养老缺乏家居认同与亲情滋养

老年人难以适应机构养老的一个重要原因就是缺乏家的感觉和自由。机构养老虽然能够为老年人提供基本的生活照料和医疗服务，却无法给予老年人家庭所特有的温暖与亲情。在养老机构中，老年人需要适应孤独而标准化的集体生活，这与他们在家中感受到的自由与温馨形成了鲜明的对比。

机构护理的标准化和程序化虽然能够提高服务效率，却往往忽视了老年人的个性化需求和心理感受。许多老年人在养老机构中感到孤独、无助和失落，他们渴望得到家人的关心和陪伴，渴望在熟悉的环境中安度晚年。然而，由于种种原因，这种愿望往往难以实现。

因此，在提升养老机构服务质量的过程中，应更加注重老年人的心理健康需求。通过加强心理支持、开展文化娱乐活动以及建立与家人的定期沟通机制等方式，为老年人营造一个温馨、舒适、有归属感的养老环境。同时，也应鼓励家庭成员积极参与老年人的养老生活，让老年人在享受机构服务的同时，也能感受到家庭的温暖与亲情。

（五）专业人才短缺是制约养老机构服务质量提升的关键因素

随着我国老年人口数量的不断增加和养老服务的日益专业化，全社会对老年护理员和管理人才的需求也在不断增加。然而，当前我国专业的老年护理员和管理人才却严重短缺，这成为阻碍养老机构服务质量提升的关键因素。

据统计，我国 60 岁以上老年人口已达到 2.16 亿，约占总人口的16.70%。其中，需要长期照料和护理的老年人约占 19.60%，近 4000 万人。按照 1 ∶ 4 的护理人员配置标准计算，我国需要 1000 万护理人员来满足老年人的护理需求。然而，目前持证的专业护理人员仅有 2 万左右，根本无法满足实际需求。

此外，护理人员的周转率也非常高，许多老年公寓的人员周转率甚至高达 100%，个别老年公寓甚至高达 140%。这种高周转率不仅影响了护理人员的稳定性和专业性，也给养老机构的运营带来了极大不确定性。

因此，政府部门应加强对老年护理员和管理人才的培养与引进工作。通过制订相关的行业职业规划、设立专项培训基金以及加强与专业学校的合作等方式，为养老机构输送更多专业人才。同时，也应提高护理人员的待遇和地位，降低人员流失率，确保养老机构的稳定运营和持续发展。

（六）农村养老机构的非规范发展

随着我国农村人口老龄化速度的加快，农村养老问题日益凸显。近几年来，随着农村大批青壮劳动力外出打工，农村中空巢老人、孤寡老人日渐增多。为了满足这些老年人的养老需求，居家养老院、居家养老服务站等民办养老机构在农村应运而生。

然而，由于农村养老机构的发展起步较晚、缺乏规范的管理和监管机制，许多机构存在不规范性。一些机构缺乏政府部门出具的安全鉴定书及消防许可证，存在严重的安全隐患；一些院站规模小、设施简陋，无法满足老年人的基本生活需求；还有一些机构在服务质量和收费标准上存在不规范行为，损害了老年人的合法权益。

面对这些挑战，政府部门应加强对农村养老机构的监管力度，制订完善的管理制度和规范标准，确保农村养老机构的健康有序发展。同时，也应鼓励和支持社会力量参与农村养老事业的建设和发展，为农村老年人提供更多的养老选择。此外，还应加强农村老年人的养老保障体系建设，提高他们的养老保障水平和生活质量。

三、推动机构养老发展的策略

面对机构养老当前所面临的诸多挑战，我们需要采取系统性的解决方案。这要求政府、市场与社会三方面携手合作，借助市场机制，构建一个多元化的机构养老体系。该体系以"公有民办"为基石，"民办公助"为主体，同时辅以市场化养老作为重要补充，旨在为老年人提供无偿、低偿及有偿等多层次的养老服务。为了促进机构养老的健康发展，以下策略值得考虑：

一是树立注重老年生命质量与生活品质的养老观念。成功的机构养老应追求居家化、宜老化、品质化及人文化的目标。在居住层面，应营造"机构如家"的温馨氛围；在设施环境上，需确保安全、便捷与舒适；在服务品质上，应追求"品质养老"，提供专业且规范的养老服务与产品；在精神层面，则应关注老年人的全面需求，尤其是情感方面的需求。

二是专业化、标准化、规范化及职业化是机构养老未来的发展方向。其中老年护理院的发展尤为重要。政府部门需不断更新养老机构的管理办法与审计机制，实现宏观管理与具体实施细则的有机结合。机构养老的标准化不仅涉及行业职业标准，还包括品牌标准。在老年护理院的发展中，应坚守安全、康复、尊严、舒适及安心的原则。

三是鼓励多元化投资，扩大机构养老规模，培育旗舰企业，并延伸养老产业链。政府部门不仅应鼓励国内私营企业投资养老机构，还应开放中外合作、合资及外商独资兴办养老机构的渠道。通过建立产业联盟，实现资源共享与无障碍养老。政府应持续加大公共投入，扶持机构养老的长期发展，并综合考虑养老事业的整体布局，精准划分不同自理能力的老年人群体。

四是政府与机构应共同探索双红利导向型的社会企业发展模式，平衡社会效益与经济效益。老龄产业既是慈善产业，也是道德产业，养老机构可视为"社会企业"，既追求道德红利（如企业品牌与社会效益），也追求商业红利（如市场利润与经济效益）。机构养老的福利化应体现社会福利与市场福利的结合，基于社会企业与非营利机构的定位，为中低收入老年人提供服务。品质与观念是制约机构养老发展的两大因素，因此机构养老应以品质环境与优质服务为核心竞争力，相关部门则应通过品牌战略引领养老服务业的发展。

五是养老的机构支持、家庭支持与社会支持应有机结合。老年人入住养老机构并不意味着家庭赡养责任的免除。家庭养老的社会化是养老职能的转移，而非责任的放弃。家庭在精神赡养方面的作用无法被养老机构替代，家庭亲情支持或朋辈友情支持对于提升老年人的生命质量与生活品质至关重要。机构养老与居家养老的品质服务体系有共同的价值追求：亲情化体现人文目标，福利化体现社会目标，专业化体现行业目标，社会化体现机制目标。这"四化"共同构成了品质养老的坚实保障。

第三节　社区养老体系

社区是由特定地理区域、人口构成、社会组织结构以及社会文化氛围四大要素相互交织而成的空间实体，扮演着连接国家、社会与个人的桥梁角色。随着家庭在养老方面承受能力的减弱，老年人养老需求的不断攀升，以及老年人社会化服务资源的相对不足，即便老年产业发展得再蓬勃，众多老年人仍倾向于依赖那些地理位置接近、便捷可达且人际关系紧密的社区养老服务。社区养老模式让老年人在维系原有生活的同时，还能充分利用社区内老年人之间互帮互助的优势，这一模式对于老年人自身、家庭、国家乃至整个社会而言，均构成了最为理想的选择。社区养老与居家养老的有机结合，将构筑起一个既广泛普及又充满活力的养老服务体系。

一、社区养老的概念

关于社区养老的概念，学术界存在多种阐释，以下为两种具有代表性的理论界定：

梁新颖将社区养老阐释为，由社区组建专门的养老服务机构，针对生活自理能力受限或完全不能自理的老年人，提供既具成本效益又切实有效的生活服务。此模式下的社区养老服务，可被视作家庭养老的一种适应性调整，同时也是社会养老的一种灵活实践，旨在填补家庭养老的不足，并融合家庭与社会养老的双重优势。①

史柏年则主张，社区养老是一种依托社区特色而展开的照料模式，其服务功能与实现方式介于家庭关怀与机构照料之间。社区通过调配服务人员与资源，使老年人在熟悉的环境中享受正规服务，从而规避机构养老可能带来的隔离感。②

本书对社区养老的理解，侧重于将家庭养老与机构养老的优势在社区层面实现最佳融合，让老年人在家中居住的同时，能够享受到社区服务人员提供的全方位服务。具体而言，社区养老以居家养老为主，社区机构养老为辅；而在居家老年人的日常照料上，又强调上门服务为主、托老所服务为辅，形成了一种整合社会各界资源的综合养老模式。

社区所提供的养老服务，是在政府政策扶持、社会广泛参与、市场机制运作的基础上，逐步构建起来的。它以家庭养老为核心，社区服务为支撑，专业化服务人员为骨干，为居家老年人提供包括生活照料、医疗保健、精神陪伴、文化娱乐等在内的多元化服务。具体服务形式如社区开设的老年餐桌、设立家庭病床、提供上门家政服务等。在费用方面，采取以福利为主导的收费模式，根据老年人的经济状况收取合理费用。社区养老不仅满足了老年人居家养老的意愿，也有效缓解了因子女不在身边而导致的照料缺失问题。

二、社区养老的必要性

（一）家庭养老功能渐显不足

随着时代的不断进步，传统的家庭养老模式正遭受前所未有的挑战。人口老龄化趋势的加剧、年轻人跨地域的职业流动、生活方式的转变以及计划生育政策的历史影响，共同作用于家庭的代际关系，使其发生了深刻的变化。家庭在提供人力照顾方面显得力不从心，即便能够提供照顾，也往往难以满足老年人对专业护理的需求。同时，家庭照顾的连续性也因资金短缺等问题而受到影响，养老问题逐渐从家庭内部事务转变为一个亟待解决的社会问题。

（二）机构养老面临诸多难题

机构养老模式同样面临诸多困境。首先，机构养老缺乏家庭般的温馨氛

---

① 梁新颖.家庭养老社会化问题探路［J］.社会科学辑刊，2000（04）：46-48.

② 史柏年.中国社会养老保险制度研究［M］.北京：经济管理出版社，1999.

围，难以满足老年人居家养老的心理需求。其次，现有养老机构的数量远远无法满足庞大的社会需求，导致一床难求的现象普遍存在。再者，许多养老机构的设施简陋，服务人员的专业素养和服务质量参差不齐，难以保证机构的可持续发展。最后，社会养老机构提供的服务往往过于单一，无法满足老年人日益增长的个性化需求。

鉴于机构养老无法完全填补家庭养老的空缺，且我国是在经济条件尚未完全成熟的情况下进入老龄社会，因此寻找一种能够弥补家庭养老与机构养老不足的养老模式显得尤为迫切。社区养老作为一种新兴的养老方式，以其独特的优势为老年人的晚年生活提供了更加理想的选择。

（三）社区养老展现显著优势

与传统的家庭养老相比，完善的社区养老服务在专业性方面具有明显优势。社区养老服务人员经过专业的培训和选拔，具备扎实的老年服务技能和知识，能够为老年人提供更加专业、细致的照顾服务。

与机构养老相比，社区养老在便利性和成本效益方面更具优势。老年人无须离开熟悉的社区环境，在家中即可享受到来自社区的全方位照顾，既节省了交通费用和时间成本，又降低了养老的整体花费。以社区医疗服务为例，老年人可以在社区医院就医，避免了到大医院排队挂号的烦琐流程，同时社区医院还能提供上门医疗服务，极大地方便了老年人就医。此外，社区养老还顺应了养老社会化的趋势，与社区建设紧密结合，为老年人社区养老工作的开展提供了有力的保障。

三、社区养老存在的问题

（一）社区养老资金筹措难

随着服务需求的不断增长，资金短缺已成为制约我国社区服务事业，特别是社区养老服务事业发展的重要因素。社区养老作为社区服务的关键环节，同样面临资金筹措难的问题。其资金来源通常包括政府财政拨款、自筹资金及服务收入三部分。然而，在实际操作中，这三方面均存在不同程度的问题：政府财政拨款受地方财力限制，难以充分满足社区养老的需求；自筹资金方面，社会捐助的积极性和力度均有待提升；服务收入方面，老年人及其家庭支付意愿和能力相对有限。

（二）社区养老服务设施亟待完善

养老服务设施的完善程度直接关乎服务质量和老年人需求的满足情况。本书所指的社区养老服务设施，涵盖了老年福利院、老年文化娱乐中心、托老所等关键设施。尽管各社区在应对老龄化挑战时，对老年服务设施的设置日益重视，但设施不完善的问题依然突出。部分社区的养老服务设施仅是为了响应政策要求而设，未能充分考虑老年人的特殊需求，如防碰撞、防滑等安全措施缺失。此外，社区医疗卫生服务设施的建设也存在不足，规模和数量难以满足老年人就医需求，医疗人员技术水平不均，导致老年人不得不舍近求远，前往大医院排队就医，既耗时费力又增加经济负担。

（三）社区工作人员专业能力有待提升

当前，我国许多社区的服务人员以下岗失业人员或仅凭爱心和经验工作的临时工为主，整体文化水平不高。他们在处理社区日常事务和人际交往方面虽有一定经验，但在老年人照料方面的专业能力却相对不足。社区工作人员队伍中缺乏专业技术人员，且由于报酬较低，工作积极性受到一定影响。这种现状不仅制约了社区养老服务的质量和效率，也影响了老年人的生活质量和幸福感。

（四）社区内社会互助机制尚不健全

社会互助是指社会成员基于自愿原则参与帮助他人的活动，并在需要时能够获得他人帮助的社会行为。在社区养老中，社会互助强调社区成员对老年人的关心和帮助，以及社区志愿者团队的积极作用。然而，在我国，社区志愿者队伍的建设尚不成熟，志愿行为往往以一次性活动为主，缺乏日常化、规范化的志愿助老活动。这使得老年人从社区志愿者那里获得的帮助和照顾十分有限，社区内的社会互助机制亟待加强和完善。

四、社区养老的发展策略

（一）优化外部环境，促进社区养老模式健康发展

1. 强化政策引领，为社区养老保驾护航

政府应充分发挥其推动作用，为社区养老的蓬勃发展提供坚强后盾。针对当前社区养老基础设施建设存在的不足，政府需出台具体举措，加大对此领域的关注与投入力度。通过增加财政支持、实施税收优惠等政策措施，将

政府税收资金有效投入社区养老设施的建设与改善中，从而提升社区养老的服务质量和水平。同时，政府应明确社区养老的优惠政策，切实减轻其运营负担。作为社会养老的重要组成部分，社区养老的发展需要政府强有力的主导。各级政府应高度重视并协调推进社区养老模式，将其纳入地区发展规划，与本地经济发展同频共振。

2. 界定服务范围，明确职责标准

社区养老主要面向 60 岁及以上的老年人群体，提供包括政府无偿服务和有偿服务在内的多元化服务。对于经济条件困难、确需帮助的老年人，经社区核实后，应提供无偿服务。社区工作人员需根据统一标准，为老年人建立详细的服务档案。老年人的经济状况可细分为以下几类：一是"三无"人员；二是自我照顾能力受限的老年人；三是生活完全不能自理，需社区全面照顾的老年人。通过明确服务范围和职责标准，确保社区养老服务的精准性和有效性。

3. 加强宣传引导，动员社会力量参与

为推动社区养老事业的全面发展，应广泛动员社会各界积极参与。通过加大宣传力度，提高公众对社区养老的认知度和认同感，吸引更多力量投身其中。养老资金的筹集不应仅依赖政府，而应形成政府、社会和个人共同参与的多元化筹资机制。可设立专门的社区资金筹集机构，动员广大民众参与社会筹资活动。同时，举办各类公益性活动，激发公众的参与热情。对于以获取利息为目标的机构，可通过实施优惠政策进行引导和支持，共同推动社区养老事业的繁荣发展。

（二）强化社区机构与服务能力建设，提升养老服务质量

1. 优化社区硬件基础设施，实现精准投资

针对各社区基础设施的差异，应采取因地制宜的策略，进行精细规划。确保社区设施建设与地区经济发展水平相协调，既避免投资不足导致的服务缺失，也防止过度投资造成的资源浪费。服务机构对于场地的选择，可考虑租房、申请经济适用房或廉租房等，以满足社区养老的实际需求。同时，社区养老设施应以小面积、多功能为设计原则，营造整洁、舒适的环境，为老年人提供愉悦的居住体验。此外，应加强员工素质教育，对表现优异的员工给予物质与精神双重激励，提升服务团队的整体素质。

2. 加强养老服务人员培训，打造专业团队

社区养老服务机构需构建一支具备专业技能与素养的服务团队。通过定期举办培训班、开展专业技能培训，提升养老护理工作人员的服务水平。同时，建立科学的评级体系，根据工作人员的能力与表现发放相应薪资，激励员工不断提升自我。从社会层面上看，为从根本上解决人才短缺问题，可在高校开设养老护理专业，增设老年学、老年心理学及护理课程，为养老行业培养稳定的专业人才。同时，完善养老志愿者服务体系，吸引更多社会力量参与社区养老服务。

3. 精准对接老年人需求，提供综合化服务

深入了解老年人的实际需求是提升社区养老服务质量的关键。应通过前期调研，明确老年人的个性化需求，并以此为基础制订灵活多样的政策与服务方案。将决策权适度下放至各地区，以便更好地满足不同地区、不同社区及不同老年人的差异化需求。同时，社区养老服务内容应不断丰富，涵盖生活照料、健康保健、精神慰藉等多个方面，特别关注老年人的心理健康需求，为他们提供全方位、多层次的综合服务。

（三）提升社区养老服务网络化水平，促进资源高效配置与个性化服务

随着信息技术的飞速发展，网络化服务已成为提升社区养老服务质量、实现资源高效配置的重要途径。通过加强社区养老服务的网络化程度，不仅可以有效解决资源分配不均的问题，还能促进各地区人才、设施等资源的共享与流动，从而突破单一组织服务的局限性，为老年人提供更加完善、个性化的服务体验。

1. 构建社区养老服务网络平台，实现资源共享

首先，应构建统一的社区养老服务网络平台，将各地区、各社区的养老资源进行有效整合。这一平台应涵盖养老服务设施、专业人才、服务项目等多方面的信息，实现资源的透明化、可视化。老年人及其家属可以通过平台轻松查询并预约所需的服务，如医疗护理、生活照料、文化娱乐等。同时，平台还可以支持老年人对服务进行评价与反馈，以促进服务质量的持续提升。

对于大型基础设施，如康复中心、文化活动室等，可以通过网络平台实现跨社区的资源共享。老年人可以根据自己的需求，选择就近或更适合自己的服务点进行预约和使用，从而避免资源的闲置与浪费。此外，平台还可以

引入智能匹配系统，根据老年人的身体状况、兴趣爱好等个人信息，自动推荐最适合的服务地点和项目，提升服务的精准度与满意度。

2. 推动人才流动轮岗，提升服务专业性

网络化服务还促进了各地区养老服务人才的流动与轮岗。通过网络平台，可以建立人才库，记录各地区养老服务人员的专业技能、工作经验等信息。这样，不仅可以方便各社区根据实际需求进行人才的调配与补充，还能为服务人员提供更多的学习与交流机会，促进其全面提升专业技能。

同时，人才流动轮岗也有助于打破地域界限，促进先进服务理念与方法的传播。服务人员在不同社区、不同服务项目中的轮岗经历，将使其更加全面地了解老年人的需求与期望，从而提供更加贴心、专业的服务。此外，通过轮岗，服务人员还能接触到更多的同行与专家，共同探讨养老服务的创新与发展，为社区养老服务的持续改进贡献力量。

3. 定制化服务方案，满足老年人个性化需求

网络化服务为老年人提供了更加个性化的服务选择。通过平台，老年人可以根据自己的喜好、需求与预算，定制专属服务方案。无论是日常照料、健康监测，还是文化娱乐、精神慰藉，都能在网络平台上找到合适的服务提供商与项目。

此外，网络平台还可以利用大数据、人工智能等先进技术，对老年人的服务需求进行深度挖掘与分析。通过收集老年人的行为数据、健康数据等信息，平台可以智能预测老年人的未来需求，并提前为其推荐相应的服务。这种前瞻性的服务模式，不仅提升了服务的主动性与针对性，还极大地增强了老年人的幸福感与获得感。

第四节　养老保险制度与养老服务政策

一、养老保险制度

（一）基本养老保险制度

基本养老保险是我国养老保险体系的坚固基石，自新中国成立以来便开

始了其构建与完善的历程。伴随着改革开放的深入，一种独具特色的基本养老保险制度——"统账结合"制度逐渐走向成熟，并成为我国养老保险领域的一大创新模式。"统账结合"型基本养老保险制度，巧妙地将社会统筹与个人账户相结合，形成了一种新型的保险基金模式。在资金筹集上，它摒弃了单一来源的传统，转而采取国家、单位和个人三方共同分担的方式，实现了养老保险费用的多元化筹集。这种筹集模式不仅减轻了单一方的经济压力，还增强了养老保险基金的稳定性和可持续性。

在养老保险待遇方面，"统账结合"制度体现了社会互济的核心理念。通过社会统筹部分，实现了养老保险基金在不同个体之间的再分配，有助于分散风险、增强整个社会的保障能力。同时，个人账户的设立则强调了职工的自我保障意识和激励机制，鼓励职工积极参保、多缴多得，为自己的未来养老生活打下坚实基础。具体而言，我国居民基本养老保险制度主要由以下三大类构成，它们共同构成了我国基本养老保险制度的完整框架：

一是城镇职工基本养老保险，它覆盖了城镇各类企业职工、个体工商户和灵活就业人员，是我国基本养老保险制度的重要组成部分。通过将社会统筹与个人账户相结合的方式，为城镇职工提供了稳定、可靠的养老保障。

二是城乡居民基本养老保险，它面向广大农村居民和未参加城镇职工基本养老保险的城镇居民，实现了养老保险制度对城乡居民的全覆盖。这一制度的建立，有助于缩小城乡养老保障差距，促进社会公平正义。

三是机关事业单位工作人员养老保险制度，它针对机关事业单位工作人员这一特定群体，实行了与"社会统筹＋个人账户"相类似的养老保险制度。这一制度的实施，不仅保障了机关事业单位工作人员的养老权益，还推动了我国养老保险制度的整体完善。

1. 城镇企业职工基本养老保险制度

1997年，我国养老保险体系迎来了历史性的一刻，国务院正式发布了《关于建立统一的企业职工基本养老保险制度的决定》（国发〔1997〕26号）。这一决定的出台，标志着我国在全国范围内首次确立了统一的基本养老保险制度，为城镇企业职工和个体劳动者提供了坚实的养老保障。

这项被称为"城镇企业职工基本养老保险制度"（以下简称"城职保"）的制度，覆盖范围广泛，涵盖了城镇地区的各类企业职工以及个体劳动者，为他们构建了一个共同的养老保障平台。

随着时间的推移，我国养老保险制度不断完善。到了 2005 年 12 月，国务院又发布了《关于完善企业职工基本养老保险制度的决定》（简称"38 号文"）。这一文件的发布，进一步扩大了"城职保"的覆盖范围，将个体工商户和灵活就业人员也纳入其中，使得更多的人能够享受到养老保险的福祉。

在"城职保"中，参保人员的基本养老金由两部分构成：一是基础养老金，它体现了社会统筹的互济性，为参保人员提供了基本的养老保障；二是个人账户养老金，它根据参保人员的个人缴费年限和缴费金额进行计算，体现了个人积累和自我保障的原则。

参加基本养老保险的个人和单位需要按照规定的比例缴纳养老保险费。具体缴费比例和基数根据地区和政策的不同而有所区别。一般来说，企业缴纳基本养老保险费的比例不得超过企业工资总额的 20%，个人缴纳基本养老保险费的比例应逐步达到本人缴费工资的 8%。个体工商户、自由职业者的缴费全部由自己承担，缴费比例一般为 20%，其缴费基数可以在当地职工平均工资的 60% 至 300% 之间选择一个缴费基数档次。

一般来说，当个人达到法定退休年龄且累计缴费满十五年时，可以按月领取基本养老金。然而，为了应对人口老龄化趋势加剧、人均预期寿命延长、养老金支付压力加大等一系列现实因素带来的挑战，国家自 2025 年 1 月 1 日起实施了延迟退休政策。这对职工退休年龄和累计缴费年限有巨大影响。

根据《国务院关于渐进式延迟法定退休年龄的办法》和人社部、中央组织部、财政部三部门联合下发的《实施弹性退休制度暂行办法》，延迟退休政策的具体内容如下：

（1）渐进式延迟法定退休年龄。国家计划用 15 年时间，将男职工的法定退休年龄从原六十周岁延迟至六十三周岁，将女职工的法定退休年龄从原五十周岁、五十五周岁分别延迟至五十五周岁、五十八周岁。这一过程中，将遵循小步调整、弹性实施、分类推进、统筹兼顾的原则。

（2）弹性退休制度。在法定退休年龄渐进式延迟改革落地实施的同时，弹性退休制度同步执行。职工达到国家规定的按月领取基本养老金的最低缴费年限后，可以自愿选择弹性提前退休或延迟退休。提前时间最长不超过三年，且退休年龄不得低于女职工五十周岁、五十五周岁及男职工六十周岁的原法定退休年龄；延迟时间最长也不得超过三年。

（3）最低缴费年限调整。从 2030 年 1 月 1 日起，国家计划用 10 年的时间，将职工按月领取基本养老金的最低缴费年限由十五年逐步提高至二十年，每年提高六个月。这一调整设有"5 年缓冲期"，在 2029 年 12 月 31 日及之前办理退休手续的企事业单位参保职工，最低缴费年限仍为 15 年。

延迟退休政策的实施，将对个人、企业产生深远的影响。对于个人而言，延迟退休意味着更长的工作时间和更多的养老金积累，但同时也需要关注个人的职业发展和身体健康。对于企业而言，延迟退休将缓解劳动力短缺的问题，但也需要关注老年员工的职业发展和工作安全问题。

2.城乡居民基本养老保险制度

我国在 20 世纪末便已着手为农民构建基本养老保险制度。1992 年，民政部发布了《县级农村社会养老保险基本方案》，这一方案明确了农村社会养老保险基金的筹集原则，即以个人缴费为主导，集体补贴为辅助。该制度采用个人账户储备积累制，确保农民个人所缴纳的保险费以及集体给予的补助均明确记录在个人名下。基金的管理和运营则以县级机构为基本单位，并严格按照国家政策规定进行。当保险对象达到规定的领取年龄时，其养老金的发放将依据个人账户基金的积累总额来确定。这一制度被业界称为"老农保"。然而，在实际运行过程中，"老农保"暴露出了诸多问题，如保障水平偏低、政策扶持不足、管理部门众多导致政出多门、资金分散等。[①] 因此，1999 年国务院决定暂停"老农保"的实施。

为了进一步完善农村养老保障体系，2009 年 9 月 1 日，国务院颁布了《关于开展新型农村社会养老保险试点的指导意见》（简称"32 号文"）。该文件旨在探索建立一种全新的农村社会养老保险制度，即"新农保"。这一制度将个人缴费、集体补助与政府补贴相结合，实行社会统筹与个人账户相结合的模式。同时，"新农保"还与家庭养老、土地保障以及社会救助等其他社会保障政策措施相互衔接，共同为农村居民的老年生活提供全方位的保障。

在"新农保"制度下，参保人员的养老金待遇由两部分构成——基础养老金和个人账户养老金，且这两部分养老金将支付终身。其中，基础养老金

① 杜智民,雷晓康,齐萌.我国西部城乡居民养老保险制度发展及政策评估 [J].西安交通大学学报（社会科学版）.2015（04）：53-60.

由中央财政提供的每人每月 55 元基础养老金以及地方政府根据实际情况加发的基础养老金组成。个人账户养老金根据个人账户储存额除以 139 来确定，个人账户储存额的大小则取决于参保人员所选择的缴费标准。这一制度的实施，不仅提高了农村居民的养老保障水平，还促进了城乡养老保障体系的均衡发展。

随着企业职工养老保险制度与"新农保"制度的不断完善，我国已成功覆盖了城镇企业职工与农民群体。然而，仍有一部分人——城镇非从业居民，尚未被纳入养老保险体系之中。为全面实现基本养老保险制度的全民覆盖，国务院于 2011 年 6 月出台了《关于开展城镇居民社会养老保险试点的指导意见》。该意见明确指出，将建立一种由个人缴费与政府补贴共同构成的城镇居民养老保险制度。此制度将社会统筹与个人账户相结合，并与家庭养老、社会救助以及社会福利等其他社会保障政策紧密衔接，以确保城镇居民在老年时期能够享有基本的生活保障。

为了深入贯彻党的十八大精神及十八届三中全会提出的整合城乡居民基本养老保险制度的决策部署，国务院于 2014 年 2 月正式发布了《关于建立统一的城乡居民基本养老保险制度的意见》。该意见明确决定，将新型农村社会养老保险与城镇居民社会养老保险进行合并，从而建立起全国范围内统一、规范的城乡居民基本养老保险制度（简称"城居保"）。

在"城居保"的制度框架下，参保人员养老待遇由终身发放的基础养老金与个人账户养老金双轨构成，其月度待遇核定规则延续原新型农村社会养老保险，即"新农保"的科学计算体系，确保待遇发放与长寿风险精准匹配。

3. 机关事业单位养老保险制度

中华人民共和国成立之初，当时的中央人民政府政务院财政经济委员会便发布了《关于退休人员处理办法的通知》，开始肩负起职工退休养老保障的重任，这种财政全额供养的退休制度，一度被视为"社会主义制度优越性"的生动体现。[①]

为了进一步完善城乡社会保障体系，实现社会保障的全面覆盖与公平，国务院于 2015 年 1 月正式颁布了《关于机关事业单位工作人员养老保险制度改革的决定》（简称"2 号文"）。该决定明确指出，自 2014 年 10 月 1 日

---

① 郑功成. 中国养老金：制度变革、问题清单与高质量发展 [J]. 社会保障评论，2020（01）.

起，我国将正式启动机关事业单位工作人员退休保障制度的改革进程，致力于构建一个独立于机关事业单位、资金来源多元化、保障层次丰富、管理服务高度社会化的全新养老保险体系。

在机关事业单位养老保险制度的实施过程中，参保人员的养老待遇将遵循"老人老办法，新人新办法"的原则。具体而言，以 2014 年 9 月 30 日为时间节点，将参保人员划分为"中人"与"新人"两类，并据此确定他们各自应享受的养老待遇标准。

（1）"中人"

"中人"指的是那些在 2014 年 9 月 30 日之前已经参加工作，但在 10 月 1 日之后才退休的人员。对于这部分人群，他们的养老待遇由三部分构成：基础养老金、个人账户养老金以及过渡性养老金。为了确保"中人"的养老待遇不出现下降，国家特别设定了从 2014 年 9 月 30 日起为期 10 年的过渡期。在这个过渡期内，将采取新老办法对比的方式，确保待遇的"保底限高"。具体来说，如果新办法（包含职业年金待遇）计算出的待遇低于老办法，那么将按照老办法的标准来计发；反之，如果新办法的待遇高于老办法，那么在改革后的第一年退休的人员，将在老办法的基础上额外获得超出部分的 10%，第二年则为 20%，以此类推，逐年递增。当过渡期结束后，所有退休的人员都将统一按照新办法来执行。

过渡性养老金的计算，则是基于退休时当地上年度在岗职工的月平均工资与本人视同缴费指数的乘积作为基数。对于视同缴费年限，每满 1 年，就会按照基数的 1% 来计发过渡性养老金。而视同缴费指数，则是根据本人退休时的职务职级（或技术等级）以及工作年限来综合确定的。这意味着，退休时的职务越高、改革前的工龄越长，所能获得的过渡性养老金也就相应越高。其具体的计算方法为：

月基本养老金 ＝ 基础养老金 ＋ 个人账户养老金 ＋ 过渡性养老金

基础养老金 ＝ 退休时当地上年度在岗职工月平均工资 ×（1＋ 本人平均缴费工资指数）÷2× 缴费年限（含视同缴费年限）×1%。其中，本人平均缴费工资指数 ＝（视同缴费指数 × 视同缴费年限 ＋ 实际平均缴费指数 × 实际缴费年限）÷（视同缴费年限 ＋ 实际缴费年限）

个人账户养老金 ＝ 个人账户储存额 ÷ 计发月数

过渡性养老金 = 退休时当地上年度在岗职工月平均工资 × 本人视同缴费指数 × 视同缴费年限 ×1%

（2）"新人"

"新人"指的是在 2014 年 10 月 1 日或之后开始工作的人员。对于这部分人群，其基本养老金主要由两大部分构成：一是基础养老金，二是个人账户养老金。基础养老金的计算，是基于当地上年度在岗职工的月平均工资与本人指数化月平均缴费工资的平均值，每缴费满 1 年，就按照这个平均值的 1% 来计发。而个人账户养老金，则是根据本人缴费的本金及利息总额，除以规定的计发月数得出。

基本养老金的待遇与个人的缴费情况紧密相连，具体来说，缴费的水平越高、缴费的时间越长、退休的时间越晚，那么所能获得的基本养老金也就越高。这样的设计旨在鼓励人们积极参保、长期缴费，并为自己未来的养老生活做好更充分的储备。其具体的计算方法为：

月基本养老金 = 基础养老金 + 个人账户养老金

基础养老金 = 退休时当地上年度在岗职工月平均工资 ×（1+ 本人平均缴费工资指数）÷2× 缴费年限 ×1%

个人账户养老金 = 个人账户储存额 ÷ 计发月数

至此，我国已成功实现了基本养老保险制度的全面覆盖，构建了一个涵盖城镇与乡村、企业与机关事业单位在内的城乡居民养老保险体系，这一成就标志着我国建成了全球范围内覆盖人群最为广泛的养老保障体系。

（二）补充养老保险制度

1. 企业年金制度

企业年金制度，作为企业在依法参与基本养老保险之外，为职工自主设立的补充养老保险制度，于 1991 年在我国部分大型企业集团中初步建立。然而，在初期的十年间（1991 年至 2000 年），其规模相对有限，累计年金总额仅达到 192 亿元。随后，该制度迎来了迅猛的发展期，基金规模迅速扩大。

为了规范并推动企业年金制度的发展，原劳动保障部于 2004 年 1 月发布了《企业年金试行办法》。这一政策的出台，旨在通过国家层面的规范，引导企业为职工提供更加完善的补充养老保险福利，从而有效缓解基本养老保险领取额相对较低的问题。2017 年 12 月，人力资源社会保障部、财政部又联合发布了《企业年金办法》，对企业年金制度进行了更为全面和细致的修订与完善：

在缴费和领取方面，企业缴费每年不超过本企业职工工资总额的 8%，企业和职工个人缴费合计不超过本企业职工工资总额的 12%。具体所需费用由企业和职工一方协商确定。职工在达到国家规定的退休年龄或者完全丧失劳动能力时，可以从本人企业年金个人账户中按月、分次或者一次性领取企业年金，也可以将本人企业年金个人账户资金全部或者部分用于购买商业养老保险产品。

自 2004 年我国全面推行企业年金制度以来，企业年金实现了从无到有、从小到大的跨越式发展。截至 2024 年底，全国建立企业年金的企业数量已达 12.8 万家，覆盖职工人数超过 3000 万，基金规模突破 2.8 万亿元。

尽管企业年金制度取得了显著成效，但仍面临覆盖范围有限、基金积累规模受限、收益效益不明显等问题。此外，企业年金制度还受到基本养老保险制度替代率较高、企业经营状况不稳定等因素的影响。

2. 职业年金制度

职业年金是机关事业单位在参与基本养老保险之外所建立的补充保险制度，其设立依据是 2015 年国务院办公厅印发的《机关事业单位职业年金办法》。该办法规定，自 2014 年 10 月 1 日起，机关事业单位工作人员将正式纳入职业年金制度范畴。职业年金的资金来源由单位和个人共同承担，其中单位需按本单位工资总额的 8% 缴纳，个人则按本人缴费工资的 4% 缴纳，并由单位代扣代缴。

为了进一步加强职业年金的管理与运营，2016 年 9 月，人力资源社会保障部与财政部联合发布了《职业年金基金管理暂行办法》。该办法对职业年金的管理职责、基金投资、收益分配、费用管理、计划执行与信息披露以及监督检查等方面均作出了明确而具体的规定。

随后，在 2018 年 4 月，人力资源社会保障部办公厅与财政部办公厅又联合发布了《关于规范职业年金基金管理运营有关问题的通知》，这标志着职业年金基金正式步入了市场化投资运营的新阶段。截至 2023 年年底，全国 31 个省（自治区、直辖市）、新疆生产建设兵团和中央单位的职业年金基

金投资运营规模已达 2.56 万亿元，占全国 GDP 的 4.5%，年均投资收益率为
4.37%。

（三）商业养老保险

商业养老保险是我国养老保险体系的第三大支柱，是在国家提供税收优惠政策支持下建立起来的个人养老金制度，其历史可以追溯到 1990 年。在 2003 年 10 月，党的十六届三中全会审议通过的《关于完善社会主义市场经济体制若干问题的决定》中，明确提出了"鼓励有条件的企业建立补充保险，积极发展商业养老、医疗保险"。时任中国保险监督管理委员会主席的吴定富也曾撰文强调，商业保险是社会保障体系的一个重要组成部分，它能够通过提供灵活多样的保障产品，来弥补社会保险的不足，从而进一步丰富和完善国家的社会保障体系。

到了 2017 年 6 月，国务院办公厅发布了《关于加快发展商业养老保险的若干意见》。该意见明确指出，发展商业养老保险对于构建多层次养老保障体系、推动养老服务业的多样化发展、应对人口老龄化趋势以及就业形态的新变化、进一步保障和改善民生、促进社会和谐稳定等方面都具有十分重要的意义。

我国的商业养老保险可以细分为以下四种类型：

1. 传统商业养老保险

传统商业养老保险以其固定缴费、固定领取、定额利息的特点而广受欢迎。投保人可以根据保险公司的费率表，自主选择缴费年限、缴费金额以及领取养老金的时间。这种保险易于理解，操作简便，投保人能够按照固定的利率（通常在 2.0% 至 2.4% 之间）获取收益。然而，由于其收益是固定的，因此难以抵御通货膨胀的风险。

2. 分红型商业养老保险

分红型商业养老保险设有保底利率（一般在 1.5% 至 2.0% 之间），但其主要收益来源于保险公司的分红收益。这种保险能够在一定程度上抵御通货膨胀，但收益水平取决于保险公司的经营状况。因此，在选择分红型商业养老保险时，投保人需要谨慎选择保险公司，以确保获得稳定的收益。

以 ZGRS 保险公司为例，该公司推出了多款分红型商业养老保险产品，这些产品均旨在为客户提供长期的养老保障和分红收益。

3. 万能型商业养老保险

万能型商业养老保险的账户透明，存取灵活，能够抵御银行利率波动和通货膨胀的冲击。在扣除初始费用和成本后，保费会进入个人投资账户，并享有保底收益（一般在 1.75% 至 2.5% 之间，有的产品甚至与银行一年期定期税后利率挂钩）。这种保险不仅具有养老功能，还兼具投资功能，为投保人提供了更多的选择。

以 TPRS 保险公司为例，该公司发行的 TPe 养添年养老年金 + 荣耀金账户终身寿险、TPe 养添年养老年金 + 荣耀钻账户终身寿险等产品，均属于万能型商业养老保险，为投保人提供了灵活多样的养老和投资选择。

4. 投连型商业养老保险

投连型商业养老保险集投资与保险于一身，不设保底收益，而是设有不同风险类型的账户，与不同投资品种的收益挂钩。这种保险的盈亏完全由投保人自行承担，因此具有较高的风险性。然而，对于风险承受能力较强的投保人来说，投连型商业养老保险也提供了更高的收益潜力。

以 TKRS 保险公司为例，该公司推出了五年定期保证收益账户、进取型投资连结账户、稳健收益型投资账户等多种投连型商业养老保险产品，满足了不同风险偏好的投保人的需求。

为了支持商业养老保险的发展，国家出台了税收支撑政策，允许投保人在税前列支保费，在领取保险金时再缴纳税款，即个人所得税递延。这一政策实际上是国家通过让渡税款的时间价值来鼓励个人参与商业养老保险。随着个人收入的增加和个人所得税免征额的提升，递延税款缴纳时间可以增强纳税人的税款缴付能力，甚至可能因免征额的提升而免除纳税义务。

2018 年 4 月 2 日，财政部等五部委联合发布了《关于开展个人税收递延型商业养老保险试点的通知》，决定在上海市、福建省（含厦门市）和苏州工业园区三地率先实施税延型养老保险试点。试点政策规定，按照应纳所得税额的 6% 与 1000 元孰低的原则确定扣除限额，并在计算缴纳个人所得税时予以税前抵扣；计入个人商业养老资金账户的投资收益暂不征收个人所得税；个人在领取商业养老金时再征收个人所得税；同时，个人符合规定条件领取养老金时还可以享受 25% 的免税政策，其余的 75% 则按照 10% 的低税率计算缴纳个人所得税。这些政策通过递延纳税义务、免税部分所得以及较低的税率，有效地降低了参保人的纳税负担。

随后，在 2018 年 4 月 25 日，银保监会、财政部、人力资源社会保障部、税务总局又联合发布了《个人税收递延型商业养老保险产品开发指引》，进一步明确了产品设计原则、要素及管理收费模式，为税延型商业养老保险产品的开发提供了指导和规范。

2021 年 8 月 31 日，中国银保监会办公厅发布了《关于开展养老理财产品试点的通知》，决定在武汉、成都、深圳、青岛四个城市依托工银理财、建信理财、招银理财、光大理财四家金融机构开展为期一年的养老理财产品试点工作。试点阶段，单家试点机构养老理财产品募集资金总规模限制在 100 亿元人民币以内。这次试点的养老理财产品具有三大特点：一是强调稳健性，募集的资金主要投向固定收益类资产，并引入了目标日期策略、平滑基金、风险准备金、减值准备等风险管理措施；二是强调长期性，封闭式产品的投资期限为 5 年，比一般的银行理财产品期限要长很多；三是强调普惠性，试点产品的起购金额为 1 元，个人投资者最高投资额不得超过 300 万元，且认购费和销售服务费均为零，管理费也低至千分之一。2021 年 12 月 6 日，养老理财产品正式发售，销售情况异常火爆，部分银行的首日销售额就接近 30 亿元。养老理财产品的推出是我国应对人口老龄化挑战的一种金融模式创新，其低至 1 元的起购额和高安全性能极大地吸引了社会资金的注入，有利于丰富第三支柱养老金融产品的供给，并营造出人人关注养老服务的良好社会氛围。

由于市场反应热烈，2022 年 2 月 21 日，银保监会办公厅又发布了《关于扩大养老理财产品试点范围的通知》，新增了北京、沈阳、长春、上海、广州、重庆 6 个试点城市，并将试点金融机构增加了 6 个，分别为交银理财、中银理财、农银理财、中邮理财、兴银理财和信银理财。在养老理财产品募集资金总规模方面，第一批开展试点的四家金融机构的单家机构上限由 100 亿元提高至 500 亿元，而新增的试点理财公司的单家机构上限则为 100 亿元。同时规定，试点理财公司可以自主决定在 10 个试点城市中发行理财产品，不再受 1 至 2 个城市的数量限制。

2024 年 12 月 10 日，人力资源社会保障部等五部门发布《关于全面实施个人养老金制度的通知》，明确自 2024 年 12 月 15 日起，个人养老金制度在全国 36 个城市（地区）全面实施，包括北京、上海、广州、西安、成都、天津等。试点金融机构从 2022 年的 10 家理财公司扩展至商业银行、基金公司、保险公司等多类型金融机构。截至 2024 年底，个人养老金基金规模超过 90 亿元，理财规模达 29.95 万亿元。养老理财产品试点政策已实现全国推广，试点地区、金融机构及募集资金规模均显著扩大。

（四）全国社会保障基金

全国社会保障基金是应对未来人口老龄化高峰期社会保障需求的国家战略储备，于 2000 年 8 月经国务院批准正式成立，初始注册资本高达 200 亿元。为有效扩大基金规模并实现其保值增值，国务院特设全国社会保障基金理事会，专门负责基金的投资运营与管理。

全国社会保障基金理事会不仅承担着全国社会保障基金的日常管理和运营重任，还受国务院之托，集中持有并管理划转的中央企业国有股权，实行单独核算，同时接受政府的考核与监督。此外，理事会还经国务院批准，受托管理基本养老保险基金的投资运营，根据国务院划定的范围和比例，灵活选择直接投资运营或委托专业机构进行基金资产的管理。理事会定期向相关部门报告投资运营状况，提交详尽的财务会计报告，并主动接受相关部门的监督与审查。

全国社保基金理事会在受托管理试点省份基本养老保险个人账户基金方面发挥了重要作用。2007 年，财政部与原劳动保障部联合颁布了《做实企业职工基本养老保险个人账户中央补助资金投资管理暂行办法》，为后续工作奠定了坚实的基础。随后，天津、山西、吉林等多个省、自治区、直辖市相继与理事会签订委托投资管理合同，将个人账户基金纳入全国社保基金的统一运营体系，作为基金权益进行核算。

截至 2024 年底，基本养老保险基金投资运营规模达 2.3 万亿元，较 2023 年底的 1.86 万亿元增长 23.7%。全国社保基金理事会在受托管理试点省份基本养老保险个人账户基金方面取得了显著进展：基金规模持续扩大，投资收益稳健，管理结构清晰，监督机制强化。

历经二十余载的精耕细作，全国社会保障基金理事会已积累了丰富的投资管理经验，始终坚持长期投资、价值投资、责任投资的理念，推动基金规模不断壮大，为国家的社会保障事业提供了强大的资金支撑。

二、养老服务支持政策

（一）财税政策

第一，增值税，这是在我国境内对商品（包括应税劳务）在流通环节中所产生的增值部分进行征税的一种流转税。在当前的增值税体系中，针对养老服务领域，国家实施了一系列税收优惠政策。具体而言：其一，对于养老服务机构所提供的各项养老服务，国家明确免征增值税，以减轻其税负，鼓励其发展。其二，对于商业保险机构所收取的一年期及以上的人身保险保费收入，同样享受免征增值税的优惠政策，这有助于促进商业养老保险市场的健康发展。其三，对于那些在社区层面提供日间照料、康复护理、助餐助行等多元化养老服务的机构，国家也给予了相应的税费减免支持，以进一步推动社区养老服务的普及与服务水平的提升。[1]

第二，城建税、教育费附加及地方教育附加。根据我国税法规定，对于那些免征增值税的养老服务机构等纳税人，同时也相应免征其城市维护建设税、教育费附加以及地方教育附加，以进一步减轻其税收负担。

第三，房产税与城镇土地使用税。2019年6月，财政部联合税务总局、国家发展改革委、民政部、商务部以及国家卫生健康委共同发布通知，明确指出：为社区提供养老、托育、家政等服务的机构，无论是其自有还是通过承租、无偿使用等方式取得并专门用于提供上述服务的房产与土地，均可免征房产税与城镇土地使用税。

第四，耕地占用税。对于养老服务机构因建设需要而占用的耕地，国家明确免征其耕地占用税，以支持养老事业的发展。

第五，企业所得税。各类企业按照国务院相关部门或省级政府规定的范围与标准为职工缴纳的基本养老保险费，可在企业所得税税前进行扣除。同时，企业在规定范围内为投资者或职工支付的补充养老保险费，也准予在税前扣除。

（1）对于符合非营利性组织条件且已取得免税资格认定的养老服务机构，其取得的属于免税范围的收入，免征企业所得税。

（2）非营利组织的以下收入同样被认定为免税收入：接受其他单位或个

---

① 财政部、税务总局.《关于明确养老机构免征增值税等政策的通知》（财税〔2019〕20号）。

人的捐赠收入；除财政拨款外的其他政府补助收入（政府购买服务取得的收入除外）；按照省级以上民政、财政部门规定收取的会费；不征税收入和免税收入产生的银行存款利息收入；财政部、税务总局规定的其他收入。

（3）对于其他养老服务机构，自 2019 年 1 月 1 日至 2021 年 12 月 31 日期间，若符合小微企业条件，其年应纳税所得额不超过 100 万元的部分，可按 25% 的比例计入应纳税所得额，并按 20% 的税率缴纳企业所得税；对于年应纳税所得额超过 100 万元但不超过 300 万元的部分，则按 50% 的比例计入应纳税所得额，同样按 20% 的税率缴税。[①]

第六，个人所得税。2018 年，我国个人所得税制度迎来了重大变革。首先，个人工资薪金所得的免征额显著提高，从原先的每月 3500 元上调至每月 5000 元，涨幅高达 42.86%。这一调整有效减轻了中低收入群体的税收负担，对于缩小社会收入差距、维护社会公平正义具有积极意义。此外，改革还新增了六项附加扣除项目，其中尤为引人注目的是赡养老人专项附加扣除。根据《个人所得税专项附加扣除暂行办法》的相关规定，当被赡养人年满 60 周岁时，从当月起至赡养义务终止的年末，纳税人可享受每月 2000 元的扣除额度。对于独生子女而言，他们每月可税前扣除 2000 元；而对于非独生子女，他们则需与兄弟姐妹共同分摊这 2000 元的扣除额度，但个人每月的税前扣除额不得超过 1000 元。

第七，契税的免征政策。对于那些为社区提供养老、托育、家政等服务的机构，如果它们承受房屋、土地并专门用于提供上述社区服务，那么将对其免征契税。这一政策旨在鼓励和支持社区养老、托育、家政等服务业的发展，为构建和谐社会贡献力量。

（二）补助补贴政策

1. 企业职工基本养老保险基金补助

2002 年 1 月，原劳动保障部与财政部携手发布了《关于 2001 年调整企业退休人员基本养老金的通知》。该通知明确指出，针对财政状况确实紧张的中西部地区以及老工业基地所面临的基本养老保险基金缺口问题，中央财政将采取专项转移支付的方式，为这些地区提供必要的补助。

---

① 《中华人民共和国企业所得税法实施条例》（中华人民共和国国务院令第 512 号）。

2. 高龄失能老人补贴

2013年9月，国务院颁布了《关于加快发展养老服务业的若干意见》，该意见明确要求全国各地区应加速构建养老服务评估体系，并确立和完善针对经济困难的高龄、失能等老年人的补贴制度。为鼓励社会力量积极参与养老服务事业，意见提出可通过提供贷款贴息、运营补贴、政府购买服务等多种方式，扶持社会力量兴办养老服务机构并提供相关服务。同时，对于符合条件并参与养老护理职业培训及职业技能鉴定的从业人员，将依据规定给予相应的补贴，以此强化老年护理人员的专业素养和技能。

随后，在2014年9月，财政部、民政部以及全国老龄工作委员会办公室联合发布了《关于建立健全经济困难的高龄、失能等老年人补贴制度的通知》（财社〔2014〕113号）。该通知进一步明确，地方各级人民政府需根据本地实际情况，逐步为经济困难的高龄、失能等老年人发放养老服务补贴，以切实保障他们的基本生活需求。

3. 福利彩票公益金支持养老服务

彩票公益金是从彩票发行销售收入中按法定比例提取的专项资金，专门用于支持社会福利、体育等公益事业的发展。自1987年我国首次发行福利彩票以来，已累计筹集了巨额的公益金。当前，彩票公益金的分配遵循中央与地方"五五开"的原则。其中，中央财政集中的福利彩票公益金，按照60%、30%、5%、5%的比例，分别划拨给社会保障金、专项资金、民政部以及国家体育总局。而地方财政留存的彩票公益金，则主要用于"扶老、助残、救孤、济困"等社会福利项目。

党的十八大以来，中央彩票公益金在推动我国养老服务体系建设方面发挥了重要作用，主要体现在以下两大方面：

一方面，中央彩票公益金通过补助地方，助力提升地方养老公共服务水平。具体资金用途涵盖五大领域：一是支持新建、改扩建以服务生活困难及失能失智老年人为重点的城镇老年社会福利机构、城乡社区养老服务设施等；二是采用以奖代补等方式，鼓励并帮助养老机构（含民办）按照消防技术标准配备消防设施，整改消除重大火灾隐患；三是支持实施老年人居家适老化改造，特别是针对特困供养、建档立卡的高龄、失能、残疾老年人家庭；四是扶持居家和社区养老服务组织，提高服务覆盖率，强化基本养老服务保障；

五是加强养老护理员队伍建设，对培训、鉴定等给予补贴激励。

另一方面，中央彩票公益金还转入全国社会保障基金，作为我国应对老龄化挑战的战略储备。具体分配中，60%的公益金划入全国社会保障基金，剩余部分则按 30%：5%：5% 的比例分配给中央专项彩票公益金、民政部及国家体育总局。

4. 中央调剂制度

2018 年 6 月，国务院正式发布了《关于建立企业职工基本养老保险基金中央调剂制度的通知》（国发〔2018〕18 号），并明确从 2018 年 7 月 1 日开始，正式实施养老保险基金中央调剂制度。这一制度的出台，旨在利用中央的调控力量，平衡和调节各地区基本养老保险基金的收支差距，为未来实现养老金的全国统筹奠定坚实的基础。

（三）养老保险省级统筹

养老保险的省级统筹可追溯至 20 世纪末。1998 年 8 月，国务院发布了《关于实行企业职工基本养老保险省级统筹和行业统筹移交地方管理有关问题的通知》（国发〔1998〕28 号），明确要求在同年 8 月 31 日之前，所有实行基本养老保险行业统筹的企业须按照"先移交后调整"的原则，将基本养老保险工作全面移交至各省、区、市进行管理。尽管此后的推进工作持续进行，但整体进度相对缓慢。

直至 2007 年 1 月，原劳动保障部与财政部联合发布了《关于推进企业职工基本养老保险省级统筹有关问题的通知》（劳社部发〔2007〕3 号），明确提出了在基本养老保险制度、缴费政策、待遇政策、基金使用、基金预算以及经办管理六个关键方面实现全省统一的目标。然而，截至 2009 年底，尽管全国 31 个省、自治区、直辖市和新疆生产建设兵团均已实现了所谓的养老保险省级统筹，但由于"六个统一"并未涵盖养老保险基金的统收统支，这一阶段的省级统筹并不完整。

截至 2016 年底，北京、上海、天津、重庆、陕西、西藏、青海、福建等 8 个省市区已经实现了本省企业职工基本养老保险基金的"全省统收统支"。2017 年 9 月，人力资源社会保障部与财政部联合发布了《关于进一步完善企业职工基本养老保险省级统筹制度的通知》（人社部发〔2017〕72 号），明确提出了"全省统收统支"的硬性要求。

2020 年 2 月，中央全面深化改革委员会第十二次会议审议并通过了《企业职工基本养老保险全国统筹改革方案》。此后，中央相关部门积极推动这一改革方案的实施。

2020 年 5 月 11 日，中共中央、国务院联合发布了《关于新时代加快完善社会主义市场经济体制的意见》，其中特别强调要尽快实现养老保险的全国统筹，以促进基本养老保险基金的长期平衡。截至当年年底，除新疆、内蒙古外，全国已有 29 个省级行政单位要么实现了养老保险基金的全省统筹，要么出台了相应的统筹方案。这一省级统筹的进展为后续的全国统筹奠定了坚实的基础。

最终，在 2021 年底，中央决定从 2022 年 1 月起正式实施企业职工基本养老保险的全国统筹。这一重大举措将使得养老保险基金能够在全国范围内实现互济余缺，从而大幅增强基金的支撑能力。对于广大参保人而言，跨省区流动时将无须再办理烦琐的养老保险省级接续手续，极大地提升了便捷性。同时，养老金地区间的不平衡状况也将得到缓解，区域间的养老金水平差距有望进一步缩小。

（四）划转国有资本充实全国社会保障基金

我国在 20 世纪末着手构建了企业基本养老保险体系，采用的是现收现付制度。该制度规定，对于那些在此前已经退休且未缴纳过养老保险的职工，他们将被视为具有"视同缴费年限"，并继续按照原有国家规定领取基本养老金。同时，随着基本养老金的调整，这些职工的养老保险待遇也会相应提高。然而，这一政策也导致养老保险基金出现了巨大的缺口。

为了填补这一基金缺口，国务院从 2000 年起开始采取一系列措施，如国有股减持和国有股转持等，以壮大全国社会保障基金的实力。到了 2017 年 11 月，国务院又出台了《划转部分国有资本充实社保基金实施方案》。该方案明确提出，从 2017 年开始进行试点，并在 2018 年全面推广，要求国有企业按照其股权的 10% 划转资金，以充实全国社会保障基金。

在这一政策的推动下，2018 年和 2019 年分别完成了 18 家和 49 家中央企业的股权划转工作，划转的股权价值分别达到 750 亿元和 8005 亿元。到了 2020 年，中央层面的国有资本划转工作已经全面完成，共有 93 家中央企业和中央金融机构参与了这一行动，划转的国有资本总额高达 1.68 万亿元。

这些划转的国有资本将通过股权分红的方式产生收益，并由全国社会保障基金理事会等承接主体进行持有和管理。

与此同时，全国各省、区、市也积极响应政策号召，纷纷开展了辖区内国有资本的划转工作，共同为全国社会保障基金注入新的活力。

（五）延迟退休政策

随着我国老龄化问题日益严峻，延迟退休政策作为应对人口结构变化的重大举措，历经十余年研究论证，于2025年1月1日起正式进入实施阶段。这一政策的核心目标是适应人均预期寿命延长、劳动力供给变化及养老保险制度可持续发展的需求，通过渐进式调整法定退休年龄，平衡代际公平与社会经济发展。其出台既是对养老金支付压力的积极应对，也是优化人力资源配置的关键举措。

追溯政策源头，2011年社会保障专家郑秉文在《中国养老金发展报告》中首次提出，调整退休年龄是维持养老保险制度稳健运行的关键。此后，经过多轮调研与试点，政策框架逐步明确。从2025年起，男职工法定退休年龄由60周岁逐步调整，每4个月延迟1个月，至2040年达到63周岁；女职工则分两类推进：原法定退休年龄55周岁的群体（如部分女干部及技术人员），每4个月延迟1个月，至2040年调整至58周岁；原法定退休年龄50周岁的普通女职工，每2个月延迟1个月，至2045年调整至55周岁。为避免"一刀切"，政策坚持小步调整、弹性实施与分类推进原则，对特殊工种、公务员等群体保留差异化安排，同时赋予个人更多选择空间。

为提升灵活性，2025年同步施行的《实施弹性退休制度暂行办法》规定，职工达到国家规定的最低缴费年限（当前为15年，2030年起逐步增至20年）后，可提前1—3年退休，但需不低于原法定退休年龄（男60岁，女50/55岁），并需提前3个月与单位协商。同时，职工达到法定退休年龄后，与单位协商一致可延长1—3年，但公务员、国企与事业单位管理人员等特定群体需按时退休。选择延迟退休的职工，劳动关系延续，单位需继续缴纳社保，养老金待遇随缴费年限增加而提升；提前退休者养老金可能因缴费年限减少而降低，但可获得更多自由支配时间。

针对特殊群体，政策明确保护措施：从事井下、高空、高温等繁重劳动或高海拔地区工作的职工，符合工作年限（如井下工作满9年）和年龄条件

（男 55 岁，女 45 岁）的仍可申请提前退休。为保障大龄劳动者权益，政策同步推出就业支持措施：禁止用人单位设置不合理年龄限制，违规者将受处罚；健全终身职业技能培训制度，对大龄劳动者提供培训补贴；超龄劳动者继续就业时，单位需保障其劳动报酬、工伤保障等权益，灵活就业人员的社保权益同步调整。

同时，养老金制度配套改革同步推进。从 2030 年起，职工按月领取基本养老金的最低缴费年限由 15 年逐步增至 20 年，每年提高 6 个月，2030 年前退休者仍按原标准执行，此后未达新标准者可通过延长缴费或一次性补缴实现。同时，鼓励"长缴多得、多缴多得、晚退多得"，养老金计发比例与缴费年限、缴费基数挂钩，延迟退休者养老金水平将显著提高。

延迟退休政策的实施具有深远的双重意义。从社会保障体系构建的角度看，这一政策通过科学延长缴费周期与养老金领取时间，能够有效缓解养老金支付压力。据测算，延迟退休每年可减缓数百亿元的养老金缺口压力，随着政策渐进落地，基金收支平衡将得到系统性改善，为养老保险制度的长期稳定运行提供坚实保障。同时，政策主动适应老龄化社会结构转型需求，通过开发低龄老年人力资源潜力，推动形成代际协作的新型就业形态。例如，在医疗、教育、技术服务等领域，经验丰富的年长劳动者与青年人才形成互补，既能提升行业服务质量，又能促进社会整体人力资源配置的优化。

然而，政策实施也面临双重挑战。其一，需建立就业市场缓冲机制，防范代际就业冲突。通过加速产业升级、发展银发经济等举措，既能创造适合大龄劳动者的新型岗位，又能拓展青年就业空间，营造年龄友好的就业环境。其二，体力劳动者与灵活就业群体的适应性值得关注。这类群体面临更高的职业损耗和健康风险，需要配套建立职业伤害保障、阶梯式劳动强度调整等机制。同时，针对灵活就业者参保率低、收入不稳定等特点，应创新社保缴纳模式，完善就业帮扶政策，确保政策调整过程更加公平包容，实现社会保障体系从制度全覆盖向人群全覆盖的深化与跃升。

延迟退休政策标志着我国社会保障体系向更加公平、可持续的方向迈进。随着政策的渐进落地，其将成为应对老龄化挑战的长期战略，效果将逐步显现，为亿万家庭和社会经济发展提供坚实支撑。

（六）生育政策

与养老服务紧密相连的便是生育政策，其间的逻辑关系不言而喻，因为人口生育政策直接关乎老少人口比例。自 20 世纪 70 年代起，我国实行了"一胎制"生育政策，此后数十年间，我国人口结构发生了翻天覆地的变化，主要体现在三个"显著下降"上。

首先，0—14 岁人口占比显著下降。从 1982 年的 33.59% 一路降至 2020 年的 17.95%，尽管第七次人口普查数据相较第六次略有回升，但该数据仍处于较低水平。其次，年均人口自然增长率也显著下降。1982 年至 2020 年，我国人口年均增长率从 2.09% 跌至 0.53%，40 年间降幅高达 74.64%。再者，人口总和生育率同样显著下降。从 1979 年的 2.72 一路下滑至 2020 年的 1.3，远低于世界平均水平，显示出我国生育率的严峻形势。

党中央对人口结构的变化始终保持着高度关注，并适时对生育政策进行了调整。2013 年，党的十八届三中全会提出，在坚持计划生育基本国策的同时，启动实施"单独二孩"政策，并逐步调整完善生育政策，以促进人口长期均衡发展。2015 年，中共中央、国务院发布决定，自 2016 年起正式实施"全面二孩"政策。2021 年，中共中央、国务院再次发布决定，实施三孩生育政策及配套支持措施。

不到八年时间，我国生育政策从"一胎制"到"单独二孩"，再到"全面二孩"，最终到"三孩"，这一系列的调整充分体现了党和国家对完善生育政策的高度重视。然而，实践证明，单纯的生育补贴政策效果有限。因此，相关部门应全面考量各项政策的利弊，构建一套完整的生育支持政策体系。通过推行生育补贴和完善社会保障两方面措施，切实提升民众的生育意愿，并有效缓解家庭养老压力。[①]

（七）护理保险政策

自党的十八大以来，党和国家一直致力于推动护理保险制度的构建与完善。2018 年 6 月，国家卫生健康委携手民政部等 10 个部门，共同发布了《关于促进护理服务业改革与发展的指导意见》（国卫医发〔2018〕20 号）。该意见明确提出了到 2020 年要实现的目标：护理服务体系应健全完善，护

---

① 于也雯，龚六堂．生育政策、生育率与家庭养老 [J]．中国工业经济，2021（05）．

理队伍需得到显著发展，护理服务供给应更加科学合理，同时护理服务能力也要实现大幅提升。

随后，在 2019 年 12 月，国家卫生健康委又发布了《关于加强老年护理服务工作的通知》（国卫办医发〔2019〕22 号），鼓励具备条件的地区积极探索并实践老年护理的有效方法。

2020 年 12 月，国家卫生健康委与国家中医药管理局联合印发了《关于加强老年人居家医疗服务工作的通知》。在该通知中，明确列出了居家医疗服务的参考项目，其中医疗护理类就涵盖了基础护理、专项护理、康复护理以及心理护理等多个方面。

2021 年 11 月，国家卫生健康委再次发布重要通知——《关于开展老年医疗护理服务试点工作的通知》。此次通知选定了北京、天津、上海等 15 个省区市，自 2022 年 1 月起开始实施为期一年的老年医疗护理服务试点工作。试点工作主要聚焦于六大任务：一是增加老年医疗护理服务的医疗机构数量及床位数量；二是强化对老年医疗护理从业人员的培养与培训；三是丰富老年医疗护理服务的供给层次；四是创新并多元化老年医疗护理服务的模式；五是开展老年人居家医疗护理服务的试点工作；六是积极探索并完善老年医疗护理服务的价格与支付机制。

（八）养老服务标准

在人口老龄化加速背景下，养老服务标准化已成为提升行业服务质量、规范服务流程的关键。标准化建设是指在养老服务领域内，针对行业现实痛点或潜在需求，构建普遍适用且可重复使用的规则体系，从而形成最优服务秩序。

通过制定服务流程、操作规范、人员资质等具体标准，养老服务标准化为质量评估提供了可量化、可监管的客观依据。以《养老机构服务质量基本规范》为例，该标准对膳食服务、医疗护理、心理支持等 9 大板块提出 106 项具体要求，覆盖从入院评估到安宁服务的全周期管理。在北京、上海等地试点结果显示，实施该标准的养老机构服务投诉率下降 45%，老年人满意度提升 28 个百分点。这种标准化管理不仅弥补了行业质量评价体系的空白，更通过持续监督改进形成了"制定—执行—反馈—优化"的良性循环。

标准化建设可以有效促进政府购买服务的精准化。通过建立服务质量等级评定制度，各地可依据标准筛选优质供应商，避免公共资源的浪费。如公建民营养老机构通过标准化评审遴选运营方,确保财政补贴精准投向优质服务机构。数据显示,实施标准化管理后,试点地区政府购买养老服务资金的使用效率提升了30%,真正实现了"好钢用在刀刃上"。这种机制既保障基本养老服务兜底,又激发市场活力,形成多层次服务供给格局。

标准化建设倒逼服务机构创新管理模式与技术应用。家庭养老床位标准的实施催生了远程健康监测、智能适老化改造等新型服务模式。在杭州、南京等智慧养老试点城市,通过标准化引导,养老机构普遍配置智能穿戴设备、紧急呼叫系统等,使居家养老响应速度提升60%。这种标准化与创新驱动的深度融合,推动了传统养老向智慧养老转型,为行业可持续发展注入了新动能。

党的二十大以来,养老服务标准化进程显著加快。2021年12月30日,民政部围绕《养老机构服务安全基本规范》所提出来的基本要求和防噎食、防食品药品误食、防压疮、防烫伤、防坠床、防跌倒、防他伤和自伤、防走失、防文娱活动意外等"九防"要求,研究制定了一系列配套行业标准。2024年12月30日,中共中央、国务院发布《关于深化养老服务改革发展的意见》,聚焦积极应对人口老龄化国家战略,提出到2029年基本建成养老服务网络、2035年实现全体老年人享有基本养老服务的目标。养老服务标准化建设,本质上是构建老龄社会治理的现代性基础设施。迄今为止,我国已出台一系列养老服务国家标准和行业标准,具体标准内容可参见表4-1。

表4-1 养老服务国家标准与行业标准

序号	标准名称	标准等级	标准号	发布日期	实施日期	标准内容
1	养老机构基本规范	国家标准	GB/T 29353–2012	2012.12.31	2013.5.1	针对养老机构设立的基本要求、人员要求、管理要求、环境和设施设备要求、服务内容等作出明确规定。
2	社会保险术语 第2部分:养老保险	国家标准	GB/T 31596.2–2015	2015.6.2	2016.1.1	明确了养老保险制度、筹资与记录、基本养老保险基金、基本养老保险待遇与管理、养老金计发、分析指标等6个方面47条术语。

续 表

序号	标准名称	标准等级	标准号	发布日期	实施日期	标准内容
3	养老保险精算数据指标体系规范 第1部分：企业职工基本养老保险	国家标准	GB/T 35620.1-2017	2017.12.29	2017.12.29	针对企业职工基本养老保险精算数据指标体系的数据指标分类和组成、公共基础数据指标体系和精算业务数据指标体系等内容作出明确规定。
4	养老机构服务质量基本规范	国家标准	GB/T 35796-2017	2017.12.29	2017.12.29	针对养老机构服务的基本要求、服务项目与质量要求、管理要求、服务评价与改进等内容作出明确规定。
5	基本养老保险待遇稽核业务规范	国家标准	GB/T 35619-2017	2017.12.29	2018.7.1	针对基本养老保险待遇稽核业务的基本原则、稽核组织、稽核内容、类型与方式、稽核程序、稽核考评和稽核结果利用等内容作出明确要求。
6	职工基本养老保险个人账户管理规范	国家标准	GB/T 34278-2017	2017.9.7	2018.4.1	针对职工基本养老保险个人账户管理的基本要求、个人账户性质、个人账户管理主体和内容、个人账户权益维护、个人账户管理、个人账户用途、个人账户内部控制、个人账户监管、个人账户查询服务、个人账户的争议及其处理等内容作出明确规定。

续 表

序号	标准名称	标准等级	标准号	发布日期	实施日期	标准内容
7	社会保险关系转移接续 第1部分：企业职工基本养老保险	国家标准	GB/T 34282.1–2017	2017.9.7	2018.4.1	针对企业职工基本养老保险关系跨省级转移接续的经办要求、临时缴费账户管理、业务流程、经办风险、材料归档、养老保险制度衔接、服务监督评价与改进等内容作出明确规定。
8	养老机构等级划分与评定	国家标准	GB/T 37276–2018	2018.12.28	2019.7.1	针对养老机构等级划分与标志、申请等级评定应满足的基本要求与条件、等级评定等内容作出明确规定。
9	养老机构服务安全基本规范	国家标准	GB 38600–2019	2019.12.27	2022.1.1	针对养老服务机构服务安全的基本要求、安全风险评估、服务防护、管理要求等内容作出明确规定。
10	养老保险待遇审核服务规范第1部分：企业职工基本养老保险	国家标准	GB/T 37772.1–2019	2019.6.4	2019.6.4	规定了企业职工基本养老保险待遇审核服务的要求，包括待遇核定、办理时限、查询服务、档案管理、争议及处理、服务监督、评价与改进等。
11	城乡居民基本养老保险待遇支付服务规范	国家标准	GB/T 37702–2019	2019.6.4	2019.6.4	针对城乡居民基本养老保险待遇支付服务，包括待遇核定、待遇支付、资格核对、争议处理、档案管理、服务监督评价与改进等内容作出明确要求。

序号	标准名称	标准等级	标准号	发布日期	实施日期	标准内容
12	城乡居民基本养老保险个人账户管理规范	国家标准	GB/T 37705–2019	2019.6.4	2019.6.4	针对城乡居民基本养老保险个人账户管理的基本要求、个人账户管理内容、个人账户管理内部控制、个人账户基金管理、个人账户查询服务及个人账户管理的争议及其处理等内容作出明确规定。
13	财经信息技术 养老保险基金审计数据接口	国家标准	GB/T 40217–2021	2021.5.21	2021.12.1	针对养老保险基金审计数据接口的要求，包括养老保险基金审计数据元和数据接口输出文件的格式、数据结构及要求等内容作出明确规定。
14	养老机构安全管理	行业标准	MZ/T 032–2012	2012.3.26	2012.4.1	针对养老机构的安全管理体系、设备设施安全、食品安全、消防安全、医疗护理安全、人身安全、财产安全、信息安全、突发事件应急管理和安全教育与培训等内容作出明确要求。
15	养老服务认证技术导则	行业标准	RB/T 303–2016	2016.12.1	2017.6.1	针对养老服务认证总则、认证评价指标选取、认证程序等内容作出明确要求。
16	养老机构顾客满意度测评	行业标准	MZ/T 133–2019	2019.12.12	2019.12.12	针对养老机构顾客满意度测评的基本要求、指标体系与权重、测评方法、数据处理、分析和改进等内容作出明确规定。

续 表

序号	标准名称	标准等级	标准号	发布日期	实施日期	标准内容
17	养老服务常用图形符号及标志	行业标准	MZ/T 131-2019	2019.12.12	2019.12.12	针对养老服务常用图形符号及标志的基本要求、设计要求、设置与安装、管理与维护等内容作出明确规定。
18	养老机构预防压疮服务规范	行业标准	MZ/T 132-2019	2019.12.12	2019.12.12	针对养老机构预防压疮服务的评估、预防方法和管理要求等内容作出明确规定。
19	养老机构预防老年人跌倒基本规范	行业标准	MZ/T 185-2021	2021.12.10	2022.1.1	评估环境风险和老年人跌倒风险。在环境设施预防、防跌倒教育、用药观察、功能锻炼等措施方面作出规定。
20	养老机构膳食服务基本规范	行业标准	MZ/T 186-2021	2021.12.10	2022.1.1	食材采购、加工、储存全流程安全可控。符合老年人生理特点（如低糖、低盐、易消化）。营养均衡，满足个性化需求（如糖尿病、流质饮食等）。
21	养老机构洗涤服务规范	行业标准	MZ/T 189-2021	2021.12.10	2022.1.1	规范洗涤服务空间（如分类处理污染织物与常规织物）、流程、评价与改进。
22	养老机构接待服务基本规范	行业标准	MZ/T 188-2021	2021.12.10	2022.1.1	规范接待场所设施（如无障碍通道、等候区）、人员业务、流程与评价。
23	养老机构服务礼仪规范	行业标准	MZ/T 190-2021	2021.12.10	2022.1.1	规范服务人员语言、行为、着装等，提升老年人及家属满意度。

序号	标准名称	标准等级	标准号	发布日期	实施日期	标准内容
24	城乡居民基本养老保险服务规范	国家标准	GB/T 31597-2022	2022.3.9	2022.3.9	针对城乡居民基本养老保险参保登记、参保信息变更、养老保险费收缴、个人账户权益记录、待遇支付、保险关系转移、保险关系终止、服务监督、评价等内容作出明确要求。
25	职工基本养老保险待遇支付服务规范	国家标准	GB/T 34413-2022	2022.4.15	2022.4.15	针对职工基本养老保险待遇支付的术语和定义、待遇核定、待遇支付、资格认证、信息管理、档案管理、服务监督、评价与改进等内容作出明确规定。
26	居家养老上门服务基本规范	国家标准	GB/T 43153-2023	2023.9.7	2023.9.7	明确服务组织资质、人员要求（需健康证明及培训）、服务内容（生活照料、健康管理、适老化改造等）及评价改进机制。
27	生态休闲养生基地建设和运营服务规范	国家标准	GB/T 36732-2024	2024.11.28	2025.6.1	针对生态休闲养生（养老）基地的布局、机构与人员、设施、服务、安全与卫生和质量控制与改进等作出明确要求。本标准适用于生态休闲养生（养老）基地的建设、经营与服务的管理。
28	家庭养老床位服务基本规范	行业标准	MZ/T 234-2024	2024.12.26	2025.2.1	规范家庭养老床位的服务标准，包括适老化改造、远程监测、专业照护等。

第五节　数字技术赋能农村新型养老实现路径

人口老龄化是我国较长时期的一个基本国情，我国农村地区老年人的比例不断增加，根据中国第七次人口普查数据，2020年中国农村地区60岁及以上人口占人口总数23.81%，已经进入中度老龄化社会。习近平总书记在党的二十大报告中强调："实施积极应对人口老龄化国家战略，发展养老事业和养老产业。"二十届中央财经委员会第一次会议强调："要实施积极应对人口老龄化国家战略，推进基本养老服务体系建设，大力发展银发经济，加快发展多层次、多支柱养老保险体系，努力实现老有所养、老有所为、老有所乐。"

数字技术是一种基于计算机和互联网的现代技术，它涉及数据的处理、存储、传输、挖掘和展示等方面。数字技术赋能的养老模式是运用互联网、大数据等数字技术为服务媒介和手段，为老年人提供便捷、智能、全方位的养老服务，提高老年人的生活品质，增进老年人福祉的新模式。[①] 随着乡村数字基础设施建设加快推进，2021年我国农村网络基础设施实现全覆盖，5G网络覆盖所有地级市城区、县城城区，实现"县县通5G"，农村通信难问题得到历史性解决。截至2023年6月，农村互联网普及率达到60.5%。随着信息技术的发展，数字技术为我国农村养老事业带来了新的机遇，是实现我国农村地区老年人老有所养、老有所为、老有所乐的重要物质基础和保障。

一、数字技术赋能农村新型养老发展的逻辑理路

（一）数字技术降低农村养老服务各类主体的参与成本

农村地区老年人分布地区分散，再加上交通不便，通信和物流等基础设施差，导致农村养老服务呈现出服务成本高昂、服务范围广、服务覆盖面较低、服务质量不高等特点。数字技术的应用，首先能降低农村老年人寻求养老服务的成本，让农村老年人更快捷便利地比较各类服务，找到适合自己的

---

① 余薇. 数字技术赋能农村新型养老 [N]. 中国社会科学报，2024-03-28（008）.

养老产品和服务。其次，数字技术能降低农村养老产品供给方的成本，由于数字技术具有存储、复制、传输等特点，可以让各类养老产品数字化，降低传输成本，扩大传输范围。最后，数字技术的挖掘和展示功能，能实现对农村老年人养老状况的跟踪，实现相关数据的存储和分析，能有效降低老年人养老服务监管方的监管成本。

（二）数字技术增强了农村养老服务的内容的专业性

随着信息技术的不断发展，数字技术在许多领域都有广泛的应用，具有代表性的领域有数字媒体技术、人工智能技术、云计算技术和物联网技术等。通过数字技术，首先能丰富农村养老服务的内容，使养老服务内容涵盖了图像、音频、视频等多种形式。其次，数字技术能实现养老设施设备的数字链接，能够实现计算和存储资源的共享和分配，提高养老服务设备的智能化程度，增强养老服务的专业性。最后，数字技术的发展可以实现机器替代人工进行养老服务，解放劳动力，使得养老服务内容更加标准和统一，提升养老服务的专业程度。

（三）数字技术助推农村新型养老高质量发展

要想农村养老服务高质量发展，我们需要尽快破解农村养老难题，补齐农村养老服务的短板，更好满足农村老年人日益增长的多层次、多样化的养老服务需求，让农村老年人共享发展成果、安享幸福晚年，不断满足人民对美好生活的向往。数字技术赋能农村新型养老，能在农村养老服务的供给端提升服务内容和质量，降低养老服务的成本；在需求端能提升养老服务的接触面和接受程度；在监管端能整合各类数据，推动数据要素赋能产业发展，依法规范智能化产品和服务中的个人信息收集、使用等活动，做好安全防护和风险控制。通过将数字技术和农村养老服务结合，不仅催生新的养老服务模式，更从源头助推农村新型养老高质量发展。

二、数字技术赋能农村新型养老发展的现实挑战

（一）农村老年人受教育程度低、养老观念落后

数字技术是新型信息技术的应用，使用者需要具备一定的信息读取和处理的能力。目前农村老人参与数字化新型养老的积极性不高，主要原因之一是知识水平有限。由于农村老年人受教育程度不高，接受新生事物的能力较差，对数字技术的应用有着天然的屏障。截至 2023 年 6 月，我国非网民仍以农村地区为主，农村地区非网民占比为 59.0%，高于全国农村人口比例 23.8 个百分点，这对推动农村数字化新型养老发展有一定的阻碍。其次，农村老年人养老思想受传统思想束缚较大，农村老人"养儿防老"观念一定程度上影响了农村数字化新型养老的开展和实施。

（二）农村数字基础设施薄弱

现阶段农村新型养老模式需要依赖数字化的基础设施，包括网络通信、大数据、云计算、区块链、人工智能、量子科技、物联网以及工业互联网等数字技术为主要应用的新型基础设施。通过数字基础建设的完善，农村数字化养老可以借助相关的穿戴设备实现养老数据实时监控，精准对接、互联互通互助。目前虽然农村互联网普及率已经超过六成，但大多数农村的数字基础建设还处于初级阶段，截至 2023 年 6 月，农村在线医疗用户规模为 6875 万人，普及率仅为 22.8%，乡村数字化养老的探索还处于起步阶段。

（三）数字赋能农村新型养老支持资金缺乏

数字赋能农村新型养老需要资金投入在数字化基础建设上，同时农村老年人享受数字化的养老服务成果也需要一定的资金投入。目前农村养老服务数字化的资助资金绝大多数来自政府拨款，少数为乡贤捐赠，资金来源单一有限，从而限制了农村新型养老模式的开展。其次，农村老年人收入有限，2023 年农村居民人均可支配收入仅 21691 元，是城镇居民人均可支配收入的 41.86%。农村老年人平时的生活开支主要来自家庭支持，村集体资金、社会捐资、养老金、储蓄等养老服务资金来源较少，数字化养老的资金投入是大多数农村老年人负担不起的。数字技术支持下的农村新型养老模式发展需要持续的资金支持，目前对大多数农村来说这是阻碍数字技术赋能农村新型养老模式发展的一个根本性问题。

（四）数字赋能农村新型养老参与的市场主体较少

目前农村老年人养老的区域分散、交通不便、养老服务成本高昂等问题，导致农村养老服务供给的市场主体缺乏。再加上数字化新型养老服务的接受程度不高、服务质量高但成本不低等原因，数字赋能农村新型养老参与的市场主体较少。数字赋能农村新型养老相关产业潜力很大，但是现在市场缺乏规模效应，缺少标准化、集群化、品牌化的市场主体。

三、数字技术赋能农村新型养老发展的实现路径

（一）协同多方主体，优化服务供给

数字技术赋能农村新型养老的过程不再是单一主体管控，而是多元主体合作协同治理。参与农村新型养老的主体包括政府、企业和其他社会力量、家庭以及个人等，多主体协同供给已是农村养老服务发展的一个必然趋势，也是实现养老服务数字技术赋能、供需匹配的重要基础。因此，实现数字技术赋能农村新型养老的首要是改造数字化思维，协同多方主体优化农村养老服务供给，才能真正实现数字技术赋能农村养老服务。

（二）加强平台建设，精准对接供需

首先，需要政府牵头进行统筹协调，组织一支有专业技能的数字养老服务团队，团队成员包括医疗专家、养老服务专家、数字化专家等人员，搭建数字养老服务平台。对参与农村养老的多元主体进行信息数据协同集成，实现多元主体在数字平台的节点约束下各司其职，并在数字技术的推动下实现对农村养老模式的创新改造。其次，在数字平台上实现养老服务需求的精准对接。在数字技术驱动下，老年人不再是服务的"被动接受者"，而是服务的"主动营造者"，由"供给导向"向"需求导向"转变。数字技术赋予服务对象需求表达与意见反馈、服务供应商识别需求与递送服务的平台与渠道，让需求者的声音以高效率、低成本的形式被服务供给者所了解，最终实现养老服务的精准对接。

（三）提升服务质量，加强队伍建设

对于数字技术赋能农村新型养老模式，养老服务质量是核心关键。养老服务质量的提升一方面需要制定高质量的养老服务标准，另一方面需要加强管理培育专业化的人才队伍。因此，应协调多方资源，缩小区域间、城乡间养老资源的差距，建设专业化养老服务队伍，加强护理人才、医疗人才、数字人才、养老服务人才等的培养，夯实数字技术赋能农村新型养老服务的人才基础。只有更多数字化人才参与农村养老，数字技术赋能农村新型养老模式才能真正落地执行。

（四）创新数智产品，强化资金支持

要充分利用数字技术，强化老年产品的创新与开发。利用大数据分析研判，开发生产适合农村老年人的移动终端、可穿戴设备、服务机器人等与老年人健康管理、养老监护和心理慰藉相关的智能产品。各级政府要为农村数字化新型养老拨付专项资金作为发展支持，通过地方政府专项债券、基金等方式支持符合条件的农村数字化养老产业项目。鼓励各类金融机构在坚守职能定位、依法依规的前提下，加大对农村数字化养老产业项目的支持力度。

（五）注重主体能动，提升养老效能

要积极调动数字技术赋能农村新型养老模式各参与主体的主观能动性来提升多元主体、多方资源的合作效率与产出质量，保证农村数字养老效能产出的最大化。根据村庄老年人实际情况建构设定农村数字养老服务内容，从养老服务的效率、服务质量、效益等多维度建构科学的评估体系来推进基层数字养老规范建设，从而推进数字技术赋能农村新型养老模式的良性循环发展。

第五章 老龄化成本的政府分担机制研究

随着全球老龄化进程的加速推进，老龄化成本的分担问题已成为各国政府面临的重大挑战。作为社会管理的核心主体，政府在老龄化成本分担中扮演着至关重要的角色。社会老龄化成本的政府分担机制主要是指政府财政补贴养老保险和养老服务。政府财政补贴养老保险，是确保养老保险制度稳健运行、保障老年人基本生活的重要手段。通过财政资金的注入，政府能够减轻企业和个人的缴费负担，提升养老保险的给付能力，从而确保每一位老年人都能得到应有的养老保障。政府还通过提供养老服务来分担老龄化成本。随着老年人口数量的不断增加，养老服务的需求也日益增长。政府通过投资建设养老设施、提供养老服务补贴等方式，努力满足老年人的多样化需求，提升他们的生活质量。

第一节 财政补贴养老保险基金的内涵

自 1997 年我国全面实施社会保险制度以来，《全国一般公共预算支出决算表》在"社会保障和就业支出"项目中，始终明确列示了财政对社会保险基金的补贴，以有力支持社会保险事业的稳健发展。鉴于每年财政补贴的庞大数额，亟需清晰界定社会保险财务与国家财政之间的内在联系，以及财政补贴的合法合规性。核心问题在于，国家财政补贴的根本动因何在？是为了缓解养老基金的支付压力，还是为了履行国家在社会保险养老中的固有义务，以承担民众的养老风险？换言之，财政补贴是单纯为了解决养老保险基金的即期支付需求，还是蕴含着更深层的意义，比如履行国家在社会保障体系中应承担的责任与义务？

一、财政补贴的直接目的是缓解养老保险基金的政策压力

自我国社会保险制度确立以来，立法工作一直致力于推动养老保险费征缴的标准化与规范化。例如，1999年实施的《社会保险费征缴暂行条例》及2013年实施的《社会保险费申报缴纳管理规定》明确规定了征缴机构的职责，旨在强化社会保险费的规范征缴。2010年颁布的《中华人民共和国社会保险法》更是通过法律条文，如第六十三条和第八十六条，赋予了保费征收机构对未缴费用人单位的强制征缴权。2018年，中共中央印发的《深化党和国家机构改革方案》与中共中央、国务院联合印发的《国税地税征管体制改革方案》进一步明确了税务机关作为社会保险费的征收主体，旨在通过增强征收机构的权威与手段，提升保费征缴效率。

然而，尽管立法与改革不断推进，但根据历年《中国企业社保白皮书》的数据，我国企业社会保险缴费基数的合规比例却始终处于较低水平，反映出实际执行与立法初衷之间的显著差距。这一现象的根源在于，养老保险基金在承担基本养老保障职能的同时，还需承载部分公共政策职能，导致既定规定常应特定政策需求而调整。例如，2019年"国办发〔2019〕13号"文件将养老保险单位缴费比例从20%降至16%，以及2020年《关于阶段性减免企业社会保险费的通知》的出台，均是为了减轻企业负担，促进经济复苏与就业稳定。

在实践中，养老保险费征缴政策展现出更高的灵活性，甚至在某些地区，政策替代了法律成为实际操作的依据。这一现象的根源在于，养老保险费支出直接影响企业成本，使得部分地方政府将养老保险费征缴视为调控经济、吸引投资的手段。以缴费比例为例，"26号文"与"38号文"虽规定了企业基本养老保险的缴费原则，但"缴费比例低于20%由省级人民政府确定"的例外条款为地方政策变通提供了空间。加之养老保险缴费政策多以政策文件形式发布，缺乏法律刚性，进一步加剧了地方政策的差异性。

地方政府在养老保险费合规征收与促进地方经济发展、扶持困难企业之间寻求平衡时，往往采取变通执行法律规定的方式，形成了独具特色的地方政策。特别是"国办发〔2019〕13 号"文件出台后，各地纷纷响应，降低养老保险单位缴费比例，如重庆市不仅将企业职工与机关事业单位的基本养老保险单位缴费比例降至 16%，还对小微企业与困难企业实施了更为优惠的缴费政策。这些措施虽有助于减轻企业负担、吸引投资，但也削弱了养老保险基金的支付能力，进而需要通过财政补贴来弥补基金损失。

二、财政补贴客观上可以缓解养老保险基金的支付压力

养老保险制度的初衷，是通过"团体性"与"互助性"的机制，有效防范并化解社会面临的大规模风险。然而，作为解决社会风险手段的社会保险，其自身也面临着多重挑战，这些挑战与养老保险的稳健运行及保险技术的广泛应用紧密相连。保险技术通过精细的财务控制实现风险管理，通过风险的自我承担与合理转嫁来抑制风险，进而通过前瞻性的财务规划，消除参保者对于未来损失的忧虑，确保其经济利益得到保障。

若忽视保险技术的运用，其后果将是深远的。短期内，这可能导致养老保险制度运行质量下降，表现为保险费缴纳不足或逃避缴费现象频发，使得财务规划难以落实，直接影响养老保险基金的长期可持续性。而从长远来看，这将削弱养老保险应对人口老龄化的内在机制，使其财务状况面临潜在风险。

养老保险的财务运作不仅受到内部"缴费—待遇"财务负担技术行为的影响，还受到外部社会和谐、稳定目标追求的制约。这种外部制约源于社会保险所发挥的社会预防功能与国家政策目标的一致性，体现了国家政策性目的。换言之，国家期望通过养老保险的运行来解决部分社会问题，从而将养老保险与国家责任紧密相连。如前文所述，我国养老保险缴费在一定程度上履行了政府的公共政策职能。这导致养老保险缴费水平下降，而保险待遇支付金额却持续增长，使得"现收现付制"的财务体系面临严峻挑战，"缴费—待遇"之间的财务平衡被打破，养老保险的财务风险也随之增加。

全球范围内，并不存在完全一致的养老保险制度模式，各国的养老保险模式选择深受其政治、经济制度及保险技术运用路径等国情因素的影响。美国学者德沃金因此将养老保险视为一种"政策性"社会稳定方案。我国养老保险制度源于劳动保险制度，经历了从单位保险到社会保险的转型过程，政策性因素在其中发挥了重要作用。当养老保险基金被用作政府的社会政策工

具时，政策的过度干预可能会削弱养老保险的保险机制作用，限制保险技术的有效发挥。此时，若无外部财力支持，养老保险的财务运作将难以持续，可能出现运转失灵的情况。

正如市场失灵需要政府干预经济一样，养老保险财务运转失灵也需要政府的财政介入。这是政府"有为"的体现，也是政府履行其公共职能的必然要求。一个典型的例子是我国东北地区，由于国企众多，养老保险基金承担了政府的部分社会职能，给基金的持续支付带来了巨大压力。仅凭养老保险"缴费—待遇"的自我循环难以维持，需要国家财政的持续补贴。有媒体评论指出，弥补养老保险基金缺口不仅是数学问题，更是政策问题。因此，财政补贴成为缓解养老保险基金支付压力的重要手段。

三、财政补贴最终目的是履行养老保险基金中的国家义务

在我国深厚的文化传统中，"养儿防老"和"多子多福"的观念根深蒂固，家庭作为养老的基石，承载着世代相传的责任与期望。然而，随着计划生育政策的深入实施，家庭结构发生了显著变化，小型化、少子化成为不可逆转的趋势。这一变化不仅削弱了家庭内部的养老支持力量，也使得传统的家庭养老模式面临前所未有的挑战。在此背景下，社会保险养老逐渐崭露头角，成为家庭养老的重要补充，但其发展过程中同样遇到了诸多内外部的困境与挑战，对养老保险财务的稳健运行和长远发展构成了严重威胁。

（一）人口老龄化对养老保险财务平衡的冲击

人口老龄化是当今世界各国面临的共同挑战，而在我国，这一趋势尤为明显。随着医疗技术的进步和生活水平的提高，人口预期寿命不断延长，65岁及以上的深度老年人口比例持续上升。据预测，到2050年，我国65岁及以上人口比例将超过20%，这意味着每五个人中就有一位是老年人。这一变化直接推高了养老保险的赡养率，从2000年的0.30一路攀升至2017年的0.38，且未来仍有继续上升的趋势。

赡养率的上升意味着每个在职职工需要承担更多的养老责任，而缴费率的下降则进一步加剧了养老保险基金的财务压力。为了维持养老保险的财务平衡，政府不得不通过财政补贴来填补缺口。然而，这种补贴并非长久之计，人们不仅要考虑当前的财政承受能力，还要预见未来可能的财政风险。因此，

如何在保障老年人生活质量的同时，确保养老保险基金的可持续运营，成为亟待解决的问题。

（二）法律视角下的国家养老义务

从法律层面来看，国家补贴养老保险基金并非简单的经济行为，它涉及国家的养老义务。社会保险养老作为民生保障的重要组成部分，其本质是对公民生存权的保障。在法治国家中，生存权被视为基本人权之一，国家有义务通过立法、行政和司法等手段，确保公民在年老时能够获得必要的生活保障。

《中华人民共和国宪法》第四十五条明确规定："中华人民共和国公民在年老、疾病或者丧失劳动能力的情况下，有从国家和社会获得物质帮助的权利。国家发展为公民享受这些权利所需要的社会保险、社会救济和医疗卫生事业。"这一条款不仅确立了公民享有养老保障的权利，也明确了国家在发展社会保险事业中的责任和义务。因此，财政补贴养老保险基金不仅彰显了国家对老年人的关爱和扶持，更是国家履行宪法义务、保障公民基本权利的体现。

（三）国家给付行政理论与养老保险的实现

国家给付行政理论是现代行政法学的一个重要分支，它强调国家在保障公民基本生活、促进社会公平正义方面的积极作用。在养老保险领域，这一理论为我们提供了重要的理论支撑。根据国家给付行政理论，当公民因年老而丧失劳动能力时，国家有责任通过提供养老保险等社会保障措施，确保其基本生活需求得到满足。

在家庭养老模式逐渐弱化的背景下，国家给付行政的介入显得尤为重要。家庭养老虽然体现了亲情的温暖和道德的约束，但在现代社会中，仅凭家庭的力量往往难以应对养老的全方位需求。而养老保险则基于大数法则，通过集合众人的力量来分散风险，为老年人提供稳定的经济来源。因此，国家与公民之间的关系不再仅仅是权力与权利的对抗，更多的是义务与权利的互动。国家有义务为公民提供养老保障，而公民也有权利要求国家履行这一义务。

（四）养老保险经办部门的责任与挑战

养老保险经办部门作为养老保险制度的具体执行者，其职责的履行直接关系到老年人的切身利益。然而，在实际操作中，经办部门往往面临着诸多挑战。一方面，由于制度设计、管理水平和人员素质等因素的制约，经办部门在养老金的发放、养老保险的缴纳以及养老配套设施的建设等方面可能存在不足或延误。另一方面，经办部门也可能因缺乏有效的监管和激励机制而出现怠于行使职能、漠视公民养老权益的问题。

为了解决这些问题，我们需要从多个方面入手。首先，要加强经办部门的制度建设和能力建设，提高其管理水平和服务质量。其次，要建立有效的监管机制，对经办部门的行为进行监督和约束，确保其依法依规履行职责。最后，要通过立法明确经办部门的法律责任和赔偿机制，为公民提供有效的法律救济途径。

（五）"养老义务实现的国家义务"的可诉性

"养老义务实现的国家义务"的可诉性问题是养老保险制度中的一个重要议题。它关系到当公民养老权益受到侵害时，能否通过法律途径获得救济。从理论上看，"养老义务实现的国家义务"具有可诉性，因为当国家未履行其养老义务时，公民的养老权益就受到了侵害。此时，公民有权通过诉讼等方式要求国家承担相应的法律责任。

然而，在实践中，由于法律制度的不完善和司法资源的有限性，"养老义务实现的国家义务"的可诉性可能面临一些困难。为了克服这些困难，我们需要不断完善相关法律法规，明确国家的养老义务和法律责任。同时，要加强司法机构的建设和人员培训，提高司法效率和公正性。此外，还可以通过建立公益诉讼制度等方式，为公民提供更为便捷和有效的法律救济途径。

（六）服务型政府与养老保险的发展

在养老服务改革体系中，政府逐渐加大了在市场经济行为中的参与度。然而，这也带来了权力寻租和腐败等风险。为了避免这些问题，我们需要加快政企、政资、政社的分离程度，建设服务型政府。服务型政府以公民需求为导向，强调政府的服务功能和责任担当。在养老保险领域，服务型政府应积极推动养老保险制度的完善和发展，为公民提供高效、便捷、公平的养老服务。

同时，服务型政府还应加强与社会力量的合作与互动。通过引入社会资本和市场机制，激发养老服务的活力和创新力。政府应制定相关政策和标准，引导和规范社会力量的参与行为。同时，要加强监管和评估工作，确保养老服务的质量和效果。

养老保险制度的完善和发展是一个复杂而艰巨的任务。它涉及人口老龄化、法律义务、国家给付行政理论、经办部门责任、可诉性以及服务型政府等多个方面。为了应对这些挑战和问题，需要从多个角度入手，加强制度建设、能力建设、监管机制和法律救济等方面的工作。同时，也要注重发挥社会力量的作用，形成政府、市场和社会共同参与的养老服务体系。

第二节　财政补贴养老服务的基本现状

中国养老服务补贴制度的萌芽可追溯至居家养老服务补贴的初步实践。随着国家积极推动养老服务市场的繁荣发展，民办养老机构迎来了前所未有的发展机遇。为了有效吸引并鼓励社会资本踊跃投身于养老服务领域，政府不仅加大了财政扶持的力度，还致力于降低社会资本的投资风险，正是在这样的背景下，养老服务补贴制度应运而生。在当前阶段，大力倡导并加速推进养老机构的市场化进程，各级政府的财政补贴无疑成了突破养老机构资金瓶颈的关键所在，更是助力各类养老机构提升自身发展实力的重要途径。政府在引导社会资本有序进入养老服务市场的过程中，采取了多种政策措施，其中财政补贴与税费减免成为两大核心手段，旨在确保养老服务市场的持续稳定供给。然而，面对政府财政资源的有限性，如何更加科学合理地优化养老机构的补贴模式与力度，以提升资源配置的整体效率，成为我们面临的一项崭新的课题。

财税政策作为推动改革深入进行的重要杠杆和工具，对于促进养老资源的有效供给发挥着重要的作用。它具体体现在政府对养老机构市场税费的灵活调整、对公共服务体系的坚实支撑以及对服务消费的积极补贴等多个方面。得益于财政补贴政策的强力推动，中国的养老服务供给体系得以迅速扩张，形成了可观的规模。在此背景下，我们更应着重强调在推进养老资源供给侧结构性改革的过程中，政府所承担的财政责任，并充分发挥财税政策在这一改革进程中的关键作用。优化财税政策不仅是政府推动供给侧结构性改革的有力武器，更是构建完善养老服务制度体系、有效解决养老难题的必经之路。

一、养老服务财政补贴方式

养老服务财政补贴，作为政府支持养老事业发展的重要手段，其分配与实施方式对于促进养老服务市场的健康发展具有深远影响。根据补贴对象的不同，这一制度被细分为两大类：需方补贴与供方补贴。

需方补贴，即直接面向老年人群体，通过发放现金、服务券等，助力其在市场上自主购买所需的养老服务。这种补贴方式旨在提升老年人的购买力，满足其个性化的养老需求。然而，当前实施的定额补贴模式，虽简便易行，却未能充分考虑老年人养老服务需求的多样性与复杂性，以及市场上服务价格的差异性。这种"一刀切"的补贴策略，可能导致补贴资源的浪费，同时也难以满足老年人对高质量、个性化服务的需求。

供方补贴，则是政府按照一定的养老服务成本比例，直接对民办养老服务机构进行财政补贴。这种补贴方式旨在减轻养老机构的运营成本，鼓励其提升服务质量与效率。然而，在实际操作中，政府对养老机构的补贴往往更多地集中在建设期，而对于运营期的持续支持则显得相对不足。这种重建设、轻运营的补贴倾向，可能导致养老机构在运营过程中面临资金压力，难以持续提供高质量的养老服务。

此外，补贴政策的门槛设置也存在问题。许多民办养老机构因规模未达标准而无法享受财政补贴，这无疑加大了其运营难度，也限制了养老服务市场的多元化发展。同时，公办与民办养老机构在补贴政策上的区别对待，不仅违背了市场公平竞争的原则，也降低了财政补贴的整体效果。

更为关键的是，由于缺乏统一的中央补贴机制，各地政府在制定补贴政策时往往各行其是，导致补贴标准、条件等存在显著差异。这种碎片化的补贴政策，不仅可能导致养老机构之间的不正当竞争，还可能加剧地区间养老服务发展的不平衡。

因此，政府亟须对现有的养老服务财政补贴制度进行全面审视与改革。一方面，应细化需方补贴，根据老年人的实际需求与服务价格，制定更为精准、合理的补贴标准；另一方面，应加大对养老机构运营期的补贴力度，降低其运营成本，同时放宽补贴门槛，鼓励更多民办养老机构参与市场竞争。此外，政府还应建立统一的补贴机制，确保补贴政策的公平性与透明度，为养老服务市场的健康发展奠定坚实基础。

二、养老服务财政支持政策存在的问题

（一）财政支出结构不合理

长期以来，我国在养老服务领域的财政支持策略明显偏向于机构养老，而对于居家养老和社区养老服务的扶持力度则显得相对薄弱。在老龄化进程的初期，各级政府纷纷出台了一系列优惠政策，这些政策大多集中在直接建设养老机构、提供建设补贴以及运营补贴等方面，以大力推动养老机构的发展壮大。然而，与此同时，对于社区居家养老服务的关注与投入却明显不足，这导致了养老服务供需之间的不匹配。

根据中国老年社会追踪调查的数据显示，由于担心养老机构的服务质量、高昂费用以及人际交往的障碍，大多数老年人对机构养老持保留态度。加之传统文化中"养儿防老"观念的根深蒂固，近75%的老年人更倾向于选择居家或社区养老的方式。然而，我国财政支持的重点却长期倾向于机构养老，这无疑加剧了养老服务供需之间的错位现象。

近年来，国家开始深刻认识到社区养老服务在养老体系中的重要地位，并着手调整财政支持的重心，以期实现养老服务的均衡发展。然而，现行的财政支持政策仍然主要聚焦于养老服务的供给侧，即投入大量财政资金用于养老机构的建设和运营补贴。这种侧重供给侧的支持方式，虽然在一定程度上增加了养老服务的供给量，但也可能因过度依赖财政投资而挤占社会资本的投资空间，进而引发财政投资效率低下的问题。

相比之下，将财政支持的重点适度转向养老服务的需求侧，即直接支持老年人，或许能取得更好的效果。例如，通过提高老年人的养老金水平、发放养老补助、下发养老服务券等措施，不仅可以增强老年人购买养老服务的经济能力，满足其多样化的养老需求，还能有效解决因老年人无力承担养老费用而导致的养老床位"高空置率"问题。从政策的长远效果来看，加大对养老服务需求侧的支持力度，充分挖掘和释放潜在的养老需求，将更有利于发挥财政政策的引导作用，推动养老服务市场的健康发展，实现养老服务的

供需平衡与优化配置。

（二）财政补贴效率低下

我国政府对养老机构所实施的运营补贴、床位补贴等一系列优惠政策，在实际执行中并未能充分发挥其预期的激励与促进作用，反而可能诱发了寻租行为，削弱了财政补贴的成效。从当前财政支持政策的落地情况来看，这些补贴主要流向了实力雄厚的公办养老机构，而民办养老机构由于自身条件限制，往往难以享受到同等的政策优惠。这种不公平的资源分配，进一步加剧了养老机构经营的"两极化"现象，阻碍了养老服务市场的活力释放。

公办与民办养老机构虽然都承载着福利性质，但它们在生存环境和扶持政策上存在显著差异。公办养老机构从规划建设到日常运营，全程都得到了财政资金的慷慨支持和各项优惠政策的庇护，因此入住率普遍偏高，甚至出现了"一床难求"的局面。相比之下，民办养老机构则面临着用地难觅、融资成本高、人才招聘困难、运营风险大、投资回报周期长等多重挑战。在如此艰难的市场环境下，它们还需与公办养老机构展开竞争，导致床位空置率居高不下。[1]民办养老机构在建设初期或许能获得一次性建设补贴，但此后便需自行承担盈亏，这无疑增加了其寻求不当途径获取利益的风险。

财政补贴养老机构的做法，还可能滋生财政供养的"惰性"思维，甚至引发一些机构通过虚报床位数等手段骗取财政补贴资金的违法行为。这不仅无助于提升养老服务水平和运营效率，反而加剧了不同所有制养老机构之间的不公平竞争。长此以往，民间资本投资养老服务的积极性可能会受到严重抑制。

在针对个人的养老服务补贴方面，我国多数省份采取了普惠式、低水平的补贴策略，但对真正需要养老服务补贴的老年人群体缺乏精准识别，导致补贴效率大打折扣。在补贴方式上，多数省份的三大补贴制度仍以现金发放为主。虽然现金补贴具有较高的灵活性，但难以确保这些资金最终能用于提升老年人的养老服务消费水平。与此形成鲜明对比的是，上海等个别省市在补贴政策上进行了创新。它们首先通过量化评估来确定老年人的养老需求，然后为其量身定制养老服务补贴方案。在补贴发放上，则采取发放养老服务券、护理券等实物形式，替代传统的现金补贴。最后，根据老年人在养老机

① 甄小燕，刘立峰.我国养老政策体系的问题与重构[J].宏观经济研究，2016(05)：23-27+72.

构实际消费的养老服务券数量进行结算，从而实现了"精准式"养老服务供给。这种做法不仅增强了老年人购买养老服务的经济能力，还显著提升了政策支持的实际效果。

（三）政府购买养老服务政策落地难

政府购买养老服务政策，作为一项旨在优化资源配置、提升养老服务效率与质量的创新举措，自 2003 年初步实施以来，已在全国范围内逐步推广。然而，从各地的具体实践来看，这一政策的推进并非一帆风顺，而是遭遇了诸多阻力，这些阻力不仅体现在政策执行的具体操作层面，更涉及管理体制、供需匹配、监管评估等多个维度。

1. 管理体制的不合理性：权责交叉与资金分散

政府购买养老服务的管理体制问题，首要体现在多部门参与导致的权责不清和资金分散上。在这一过程中，财政部作为资金的主要提供者，扮演着"买单者"的角色，而具体的政策执行与项目选择重任则往往落在民政部门及其附属单位的肩上。这种分工看似合理，实则存在诸多隐患。一方面，民政部门在缺乏足够财政资金支持的情况下，难以全面、准确地评估并满足老年人的实际养老需求，导致购买的服务项目在内容和数量上与老年人的真实需求存在偏差。另一方面，由于财政资金的使用受到严格限制，民政部门在购买服务时往往受到预算的束缚，难以灵活调整以适应市场变化，进一步加剧了供需之间的不匹配。

更为复杂的是，政府购买养老服务的承接主体选择存在"内部化"倾向。决策者在选择服务提供者时，往往更倾向于政治体制内的公办养老机构，这些机构往往享有更多的政策优惠和资源支持。同时，承接主体还需满足民政部与业务主管部门的"双轨制登记"要求，这无疑拉高了非营利组织和企业参与竞标的门槛，限制了市场竞争，缩小了政府可选择的服务提供者范围，从而影响了服务的多样性和创新性。[①]

2. 供需错位：信息不对称与服务需求的多样性

政府购买养老服务政策涉及采购主体（民政部门）、承包主体（养老服务机构或福利性单位）和受益主体（老年人）三方。然而，这三方之间存在

---

① 王剑波，刘佳，李冉. 社区居家养老服务中政府职责研究——以山东省的实践为例 [J]. 山东财经大学学报，2016(01): 57–66.

的信息不对称问题，成为政策实践中的一大障碍。老年人作为服务的最终受益者，其养老需求具有多样性、动态性和多层次性，且受到性别、年龄、身体状况、收入水平、文化程度等多种因素的影响。然而，政府部门在采购服务时，往往难以准确捕捉并满足这些差异化的需求，导致所购买的服务项目与老年人的实际需求出现错位。

此外，养老服务的承包主体通常比采购主体掌握更多关于服务成本、服务水平、基本设施及操作流程的详细信息。尽管政府部门在购买前会进行调研考察，并通过签订合同来约束承包主体的行为，但这一过程不仅增加了购买成本，而且难以完全消除信息不对称带来的风险。特别是在服务质量的评估上，由于养老服务本身的复杂性和主观性，仅凭报价来衡量服务水平往往不够客观，容易导致老年人实际享受到的服务质量大打折扣。

3. 监管与评估机制的滞后：缺乏透明与独立

政府购买养老服务项目的监管与评估机制不健全，是制约政策效果提升的又一关键因素。目前，虽然各级政府已将养老服务支出单独列入预算编制，但这一信息并未向社会公开，导致公众难以对资金的使用情况进行有效监督。同时，养老服务主管部门由于熟悉行业发展状况，往往倾向于选择政府直属或组建的公办养老机构作为承接主体，这种"关联交易"的存在，不仅可能滋生腐败问题，还可能导致服务质量的下降和财政资金的浪费。

缺乏有效的第三方监督和绩效评价机制，是政府购买养老服务政策面临的又一难题。在没有独立第三方机构参与的情况下，购买流程、资金使用和服务效果的评估往往缺乏客观性和公正性。这不仅难以确保财政资金的高效使用，也难以对服务提供者的行为进行有效约束。此外，政府购买养老服务作为财政资金的支出项目，本应接受全面的预算管理绩效评估。然而，在实际操作中，由于缺乏专业的绩效评价体系和方法，购买的养老服务质量如何、是否节约财政成本、财政资金分配是否合理等问题往往难以得到准确答案。这不仅影响了政府购买能力的提升，也制约了养老服务市场的健康发展。

（四）支持政策零散化

当前，我国养老服务财政支持体系面临着一个显著的问题：缺乏顶层设计与宏观规划的有效引领，导致政策扶持不够系统、规范，难以构建起一套完备且持久的政策指导与财政支撑体系。这一系列政策层面的不足，其核心症结在于未能确立一套健全的制度安排，进而影响了各类财政政策效能的充分发挥。

在财政资金的配置层面，各级政府在规划养老服务项目支出时，往往采取的是一种视具体情况而定的策略，这种策略带有明显的不稳定性、随机性和临时性特征。然而，与之形成鲜明对比的是，老年人的养老服务需求却相对稳定，呈现出一种持续且可预测的发展趋势。这种资金需求与供给之间的不匹配，使得养老服务财政资金来源在经济形势不佳时极易受到影响，进而可能导致老年人的社会保障水平下滑，影响其晚年生活的质量与尊严。

从制度安排的角度来看，养老服务财政政策往往孤军奋战，缺乏与其他相关政策的协同与配合。例如，养老机构和设施用地的优惠政策、护理人才的培养与激励措施、养老服务行业的金融贷款优惠等配套措施尚未得到有效落实，这无疑削弱了养老服务财政支持政策的整体效果。这些配套措施的缺失，不仅使得财政政策难以发挥出最大的效能，也限制了养老服务行业的全面发展与升级。

在管理体制方面，中央层面的政策制定机构如国务院、民政部、财政部、老龄办等，虽然各自在养老服务领域制定了相关政策，但这些政策内容往往存在交叉重叠，部门之间的职责划分不够明确，导致在财政资金分配上存在一定的竞争与博弈。而在地方层面，民政局、财政局等机构各自为政，缺乏有效的沟通与合作机制，使得政策在执行过程中困难重重。

这种碎片式、短暂性的养老服务财政支持政策，不仅难以形成政策合力，也难以满足老年人日益增长的多样化、多层次养老服务需求。从长远的角度来看，我们需要构建一套更加系统、规范、持久的养老服务财政支持体系，通过加强顶层设计与宏观规划，完善制度安排，强化部门之间的协调与合作，确保财政资金的稳定投入与高效使用，从而推动我国养老服务事业的持续健康发展。

三、完善养老服务财政支持政策建议

（一）明确中央与地方的财政事权与支出责任

明确划分中央与地方在养老服务发展中的财政事权与支出责任，是确保政府高效、精准提供养老服务的基础，也是深化现代财政制度改革的关键一环。鉴于养老服务直接面向基层老年人群体，其需求多样、地域差异显著，且深受当地经济社会发展水平及老龄化程度的影响，因此，由地方政府主导养老服务的供给，更能体现"效率优先，兼顾公平"的原则，实现资源的优化配置。

在"中央决策引领，地方灵活执行"的总体框架下，合理下放部分事权至各级政府，尤其是赋予地方政府更多自主权，能够激发其积极性和创造力。[①] 具体而言，养老服务的财政事权应逐步从省级层面下沉至县（区）级，乃至基层政府，鼓励各地结合实际情况，创新财政支持模式，精准对接老年人需求。中央政府则需承担起顶层设计的重任，包括制定养老服务发展的总体规划、出台财政扶持政策、监督地方执行情况及提供必要的财政补助，确保政策导向的正确性和一致性。省级政府则负责细化中央政策，制定具体实施路径，统筹调配各级财政资金，明确养老服务建设的目标与任务分配。而基层政府，则直接负责居家、社区、机构等各类养老服务提供主体的日常运营与监管，确保服务质量和效率。

在支出责任方面，虽然原则上应遵循"事权与支出责任相匹配"的原则，但考虑到养老服务支出的特殊性和地区间经济发展的不均衡性，完全由地方政府或基层政府承担并不现实。特别是对于经济欠发达、财政能力有限的地区，其承担养老服务支出责任的压力尤为巨大，难以保障公共服务的均等化供给。因此，中央政府和省级政府需通过一般性转移支付和专项转移支付两种机制，对这类地区给予财政上的倾斜和支持，以减轻其负担，缩小地区间养老服务水平的差距，促进养老服务资源的均衡分布。

（二）加大养老服务投入规模

一方面，财政对养老服务的投入需紧密契合经济社会发展的步伐与老龄化进程。这要求我们在规划财政投入时，既要立足当前，充分考虑现有社会养老需求的实际情况，又要高瞻远瞩，预见未来老龄化加剧可能对财政可持续性带来的挑战与压力。为此，我们必须制定一套中长期的财政投入规划，该规划应基于适度、科学的原则，通过精确预测和合理估算，明确我国各项养老服务所需的财政投入规模，并积极拓宽资金筹集渠道，确保资金充足到

---

① 刘尚希 . 不确定性：财政改革面临的挑战 [J]. 财政研究，2015(12): 2–11.

位。同时，应将养老服务支出全面纳入政府的一般预算管理体系，依据功能分类和经济分类来精细编制预算，从而科学确定养老服务的财政投入总量及具体投向。此外，还应在现有的财政支出绩效考核体系中，新增针对养老服务项目投入的考核指标，并建立健全养老服务发展的绩效评估与有效问责机制，以此激励政府更加积极地支持养老服务事业的发展。

另一方面，在养老服务建设中，政府应明确自身的职责边界，充分发挥其作为社会保障"托底"的作用。虽然政府肩负着保障民生的重任，但这并不意味着政府需要完全背负所有老年人的养老负担。相反，我们应充分利用多元主体的力量，形成政府、家庭、企业和社会组织共同参与的养老服务供给格局，并建立起合理的分工与合作机制，以实现社会养老责任的分散与共担。在此过程中，政府应坚守保基本、兜底线的角色定位，将重点放在保障弱势群体的养老服务上，主动承担起市场不愿或不能提供的最基本养老服务任务，而对于市场能够有效提供的养老服务，则应交由市场机制来调节和满足。通过这样的方式，我们既能确保养老服务的基本供给，又能激发市场的活力与创造力，共同推动养老服务事业的健康发展。

（三）优化养老服务财政支出结构

为应对我国养老服务财政支出结构存在的失衡问题，需采取以下关键措施：

第一，要将财政投入的重心从养老机构转向居家养老服务体系的建设，致力于优化家庭养老环境。为此，应整合各级政府及各部门可调配的财政资金，设立专项用于支持居家养老服务的资金池，并将其全面纳入财政预算管理体系，以确保资金的稳定供给与高效利用，同时严格防止工作经费被挪用或挤占，保障居家养老服务建设资金的专项使用。此外，需大幅增加对居家养老服务资金的总体投入，拓宽服务覆盖范围，确保无论是享受政府补助的老年人还是自费老年人，均能享受到便捷、高效的居家养老服务。根据老年人的居住分布情况，应增设日间看护、临时照料、便利服务点、文体娱乐设施等，以满足老年人多样化的居家养老需求。各地政府还应积极探索居家养老的新模式，在财政可承受范围内，通过政府购买服务的方式，为特殊老年群体提供贴心的上门服务。

第二，中央政府应加大对农村地区养老服务建设的财政支持力度，特别是增加对经济欠发达地区的专项转移支付，确保农村养老服务事业的持续发展。地方政府则需合理整合财政资金，进行科学有效的分配，避免盲目投资建设高档养老院等"形象工程"或"政绩工程"。应深入调研农村老年人的实际养老服务需求，将有限的扶持资金精准投入基层政府、特殊老年人补贴、老年协会等社会组织中。同时，根据农村的实际生活水平，适当提高农村老年人的财政补贴标准，以缩小城乡老年人的收入差距，减轻农村的养老负担。

第三，应加快农村公办养老机构的改革步伐，创新集中供养与分散供养的运营管理机制，引入市场机制，激发农村养老服务供给的活力。对于具备一定自理能力的老年人，应鼓励家庭成员、社会力量参与提供养老服务，同时倡导农村老年人之间的"互助型"养老模式。在有条件的地方，还可以考虑设立奖励津贴，以激励子女主动履行赡养老人的义务，进一步弘扬中华民族的孝道美德。

（四）提高财政资金使用效率

为了提升财政资金的利用效率，确保每一分投入都能转化为更多、更优质的养老服务，应当采取以下策略：

第一，需合理调整财政直接投入养老机构的建设规模，避免过度投资导致资源浪费。应积极引导社会资本流向养老服务基础设施建设领域，而将有限的财政资金精准投向那些产出效益更高、民生需求更为迫切的"关键短板"领域。同时，对于公办养老机构的入住者，应严格实施入住资格审核与养老服务需求评估，确保失能、半失能、经济困难、残疾等特殊老年群体能够优先获得养老安置。

第二，要加速推进政府部门投资建设的养老机构与设施的市场化运营。鼓励并支持社会力量通过合作、联营、租赁等PPP（政府与社会资本合作）模式参与公办养老机构的改革与运营，以此充分发挥财政资金的杠杆作用，实现"四两拨千斤"的社会效应。

第三，必须坚决改变资金使用"碎片化"的现状，通过整合各项财政资金来源，形成合力，集中力量解决养老服务领域中的重大问题。这要求在资金分配和使用上更加注重整体规划和统筹协调，避免资金分散、使用效率低下的问题出现。

第四，要加强对养老服务财政投入资金的全程监管，确保资金使用的规范性、透明性和高效性。应建立健全资金监管机制，明确资金使用范围、用途和效率标准，实行专款专用，严防挪用、挤占、套用等违法违规行为的发生，切实保障公共资金的安全和有效使用，避免任何形式的浪费。

（五）优化与完善养老补贴机制

第一，要明确并精准锁定财政补贴的目标群体。针对高龄补贴、养老服务补贴及护理补贴等，应精确瞄准80周岁以上老年人、收入低于贫困线的老年人以及失能老人等特定群体。同时，建立严格的申请养老补贴资格审查与退出机制，确保补贴的准确发放。地方政府需依据自身财力及当地经济发展水平，合理设定财政补贴标准，并由省级财政承担补贴资金。具体的审核与发放工作由基层政府负责，同时引入第三方机构进行补贴的监督与评估，以防止虚报冒领现象的发生。对于尚未建立养老补贴制度的省份，中央政府应给予资金筹措方面的协助，推动其逐步建立起高龄津贴、护理补贴及养老服务津贴等制度。

第二，要积极引导并鼓励民间资本进入养老服务市场，以有效解决企业面临的实际困难。政府应支持民办养老机构通过股权融资、金融贷款等多元化方式筹集资金，并与保险行业深化合作，拓宽融资渠道，以降低民办养老机构的融资成本与风险。同时，增加对民办养老机构日常运营的财政补贴，并在水、电、供暖等方面给予优惠。制定科学合理的补贴标准，依据机构实际入住人数进行床位补贴，以提高床位使用率。此外，对于营利性养老机构的用地问题，政府应出台地价及土地出让金方面的优惠政策。同时，放宽养老市场的准入门槛，鼓励民间与境外资本的流入，简化养老机构的审批流程，取消不必要的审批与登记程序，规范社会投资项目的管理，并优化政府服务方式。

第三，要加大对养老服务行业中护理团队的培养与投入力度。一方面，应增加对高等院校、职业学校在师资力量及奖助学金方面的财政支持，设立老年护理职业资格认证考试制度，以规范人才培养标准，建立起一支高素质的专业人才储备队伍。另一方面，要加大对社会层面老年服务培养经费的投入力度，由地方民政部门组织养老服务实用技能培训活动，鼓励并引导社会人员参与日常护理培训活动，以普及老年人日常护理的基本常识与技巧，提升家庭护理老年人的能力水平。同时，还应实施老年人护理人员岗位津贴与培训补助政策，以优化护理团队的人员年龄结构并吸引更多年轻的专业人才加入。此外，还应制定养老护理岗位的最低工资标准，并提供养老护理特殊岗位津贴及职业津贴等激励措施，以改善护理人员的工资待遇与工作环境状况，并切实落实养老人才的优待政策。

（六）规范政府购买养老服务机制

根据政府采购及其相关实施条例的规范要求，应当进一步完善政府购买养老服务的流程，并构建起统一、高效的公共服务采购体系。

第一，深入了解和精准把握受益对象的养老需求至关重要。通过细致的调研考察或委托专业的第三方机构，对受益对象的养老需求进行全面、专业的评估。在此基础上，科学确定政府购买养老服务的具体内容，以确保服务的供需能够精准对接，满足老年人的实际需求。

第二，精心编制政府部门购买养老服务的一般预算方案。这包括准确测算受益群体的规模、服务的合理价格以及项目的实施周期等关键要素。同时，积极拓宽资金来源渠道，为购买养老服务提供充足的资金支持。在采购过程中，严格遵循管理办法的规定，通过公开招标、竞争性谈判或竞争性磋商等多种方式，从企业和社会组织处公开采购养老服务。坚持公正、公开、透明的原则，综合考虑服务质量、性价比等多方面因素，择优确定养老服务承接主体，并与其签订详尽的购买合同。在合同中明确养老服务的专业标准、收费标准、服务方式、交接验收等关键细节，以确保双方能够严格履行合同约定的权利和义务。

第三，建立健全项目执行反馈机制。通过定期收集和分析老年人接受服务的满意度数据，将其作为甄选和考核承包主体的重要指标。实行优胜劣汰的制度，对服务质量不佳的承包主体进行及时调整和更换，以确保养老服务的持续高质量提供。

第三节 财政补贴养老保险的国家义务与实现机制

自 2005 年起，我国老年扶养比不断上升，而与此同时，人口出生率和自然增长率却并未保持同步增长，反而出现波动。特别是从 2016 年开始，人口出生率和自然增长率均出现了持续下滑的趋势。加之媒体平台时常出现的"社保危机"报道，使得我国面临的人口问题已从过去高生育率所带来的挑战，转变为劳动力短缺、人口老龄化所引发的社会保险基金支出压力增大等新的难题。这些问题已经成为并将长期作为中国基本国情中的重要组成部分，其影响已远远超出了人口问题本身。

面对这一形势，大规模财政资金被投入社会保险基金中。然而，《中华人民共和国社会保险法》及其相关单行立法中，却并未对此给出明确的规范指引。无论是具体的法律条文，还是可操作性的流程，甚至是财政补贴的具体规则设计，都显得相对缺失。因此，有必要深入探索社会保险中国家给付义务的应然定位，以及国家给付义务的规范化基准。这不仅是为了指导财政补贴在社会保险中的实践应用，更是为了推动社会保险筹资的规范化运转，进而助力中国社会保险制度的现代化转型。

一、财政补贴养老保险是一项国家义务

（一）财政补贴养老保险的基本形式与实践逻辑

目前，我国财政对养老保险的补贴主要采取两种基本模式。第一种是政府财政直接补贴参保人员的保费缴纳。以基本养老保险为例，根据《国务院关于建立统一的城乡居民基本养老保险制度的意见》（国发〔2014〕8 号），养老保险基金的筹集包括集体补助和政府财政补贴两部分。其中，中央政府按照确定的基础养老金标准提供全额补贴，而地方政府则直接以财政资金补贴参保人员的缴费。由于城乡居民基本养老保险没有设立统筹账户，因此中央财政对基金的补贴实际上是对参保人员缴费的直接补贴，这与地方财政基于一一对应关系的补贴方式有所不同。尽管《中华人民共和国社会保险法》

并未明确规定参保人、集体和政府各自应承担的保费分担比例,但如果将中央和地方财政的补贴标准纳入计算,我们可以得出明确的分担比例。

第二种模式是中央和地方财政基于法定条件间接补贴养老保险基金。根据 1999 年实施、2017 年修订的《社会保险基金财务制度》第十四条规定,企业职工基本养老保险基金的收入包括基本养老保险费收入、财政补贴收入、利息收入、委托投资收益、转移收入、上级补助收入、下级上解收入、其他收入。这意味着财政补贴社会保险的资金可能来自上级、同级或下级政府。中央和地方政府每年根据经办机构的缴款计划,将财政基金从上级财政专户直接拨入下级财政专户,或从下级财政专户直接上解至上级财政专户。在这种方式下,中央和地方政府通过年度财政预算满足了立法对社会保险事业财政支持的需求。

财政补贴养老保险虽然受到社会保险特定技术和公共政策的影响,但最根本的目的还是确保基金的可持续支付能力,防范潜在的"社保危机"。从养老保险的发展历程来看,财政补贴解决了养老保险制度因改革而产生的转换成本,以及作为公共政策工具所产生的额外成本。例如,"新农保"和"城居保"的早期试点改革,以及后来的"城乡居民基本养老保险"制度的建立,都面临着制度初创阶段基金积累不足的问题。为了吸引城乡居民自愿参保,保费标准设定得较低,因此需要财政补贴来维持制度的正常运行。此外,人口老龄化程度与人均缴费标准之间并未建立直接的精算关系,导致基金支出的增长并未立即反映在保费基数的调整上,而是通过挪用不同账户资金和财政补贴来应对,这潜藏着高额的债务风险。

特别是在职工基本养老保险方面,由于参保人员长期缴费不足和政府推行降低养老保险费率政策,采取了"低保费"政策。在养老保险基金收支不平衡的情况下,政府不愿增加保费,而是选择以财政补贴的方式来应对。这使得职工基本养老保险不再建立在劳动者团结互助的基础之上,而成为政府为缓解参保人员缴费压力而采取的普惠性政策。这种现象一旦出现,在降低社保费的背景下更难以改变。长期维持的低保费政策已经使公众难以接受保费的合理调整,在经济下行压力增大的情况下,保费增长方案几乎无法实施。因此,政府选择以财政补贴养老保险的方式来填补资金缺口,确保制度的持续运行和基金支付的有效性。

（二）财政补贴养老保险是国家给付义务的实践形式

保险，特别是养老保险稳固的基石在于人民对制度的高度信任。"制度信任"的概念根植于人际交往中的规范准则，以及法纪制度公正无私、对所有人一视同仁的约束力之中。它体现了保险制度所蕴含的普遍信任精神。回溯保险的历史长河不难发现，良好的制度信任始终是保险发展的坚强后盾。保险合同的双方，都坚信这一制度将持久而有效地运作。养老保险是保险领域的重要组成部分，虽然其运行离不开国家的强力保障，但更深层次地，它植根于制度信任的文化土壤之中。[①]

人民对制度的信任，并非无源之水、无本之木，它源于权威主体的明确承诺、坚实担保以及法律的有力保障。在这方面，财政对养老保险的补贴，便是这种承诺与担保最直接、最生动的体现。它向世人昭示，当养老保险面临支付困难时，国家将毫不犹豫地伸出援手，确保其稳健运行。尽管财政补贴养老保险的背后有多重考量，但最核心的一点，无疑是当民众对基金支付能力产生疑虑，进而使得养老保险制度遭遇信任危机时，国家通过补贴来彰显其担当与承诺。

《中华人民共和国社会保险法》虽然强调财政与养老保险的分离原则，但在我国养老保险的实践历程中，财政补贴始终如影随形。这一安排，既与养老保险制度的改革历程紧密相连，也与近年来养老保险制度所担负的公共政策使命息息相关。同时，我们也不能忽视《中华人民共和国社会保险法》所彰显的国家给付义务。该法明确规定，在必要时，政府财政应给予社会保险经费支持；在基金支付不足时，政府财政更应承担起补贴的责任。这些规定，无疑向民众传递了一个明确而坚定的信号：国家对养老保险的参与和支持，是坚定不移的。

要实现养老保险事业的宏伟目标，关键在于立法者如何精准界定政府财政义务的范围，深刻理解财政补贴的深远意义，并确保国家责任得到切实履行。放眼全球，各国的养老保险制度因国家给付义务的定位不同，而在法制安排上呈现出显著的差异。《中华人民共和国社会保险法》以"必要"和"基金支付不足时"作为财政补贴的触发条件，实则是在具体落实国家的给付义

[①] 张军.社会保障制度的福利文化解析：基于历史和比较的视角 [M].成都：西南财经大学出版社，2010.

务。通过财政补贴，分担劳资双方的保费负担，减轻参保人的经济压力，从而保障他们的基本生活，维护劳资关系的和谐稳定。这与养老保险中国家给付义务的实践目标高度契合，即一方面减轻参保人的保费负担，如补贴无单位城乡居民的基本养老保险缴费；另一方面降低参保企业的缴费成本，避免对经济发展造成不必要的阻碍，类似于德国年金保险中的"联邦附加补助"政策。

然而，财政补贴并非无原则的任意为之，而是应基于特定情形，如参保人无力缴费或企业缴费成本过高等，由国家以协助的方式提供。这种补贴责任，超越了单纯国家给付义务的范畴，它旨在实现个人利益与社会利益的均衡，构建社会正义与社会连带的紧密关系，平衡社会公共政策对人民安全、福祉和社会平等目标的干预。在对《中华人民共和国社会保险法》第六十五条进行深入解读时，我们可以发现，该条强调养老保险基金应通过预算实现收支平衡。当这一目标难以实现，或养老保险基金出现支付能力不足时，政府应及时给予财政补贴。在此情境下，国家给付义务可理解为通过财政补贴来确保基金收支的平衡。

二、养老保险国家给付义务的定位与确立基准

长久以来，财政补贴养老保险被视为理所当然，与个人和企业缴费相比，其稳定性和政策性更为突出。基于这样的定位，多数现行规范性文件将财政与养老保险视为一个不可分割的整体，使得养老保险带有强烈的行政主导色彩，财政补贴养老保险和养老保险本身也常常被用作公共政策工具。

这种观念导致养老保险规范性文本很少正视国家角色问题，规范内容往往偏离了养老保险国家给付义务的本质，违背了国家责任定位的功能适当原则，同时也背离了养老保险财务自主的基本法理。为了从根本上摆脱国家给付义务规范所面临的种种困境，需要采取两方面的措施：一方面，需要重新审视并调整养老保险中的国家角色基本定位，确保国家角色的清晰和准确；另一方面，有必要整体设定国家给付义务的确立基准，以确保规范的科学性和合理性。

（一）养老保险国家给付义务的应然定位

1. 财政与养老保险的相互交织

我国财政与养老保险之间的关系定位，在制度设计之初是明确区分的，但在制度实际运行过程中却逐渐交织在一起。养老保险制度采用了德国的"保险型"模式，其财务逻辑着重于保费缴纳的强制性、保险待遇给付遵循的保险原则以及保险财务收支的总体均衡。具体来说，我国的养老保险制度是基于财政与养老保险相互独立的逻辑进行设计的，养老保险的财务运作独立于国家财政，具有自我维持的封闭性特点。例如，保费缴纳的"强制性"在《中华人民共和国社会保险法》的第七章中有明确规定，同时《社会保险费征缴暂行条例》也赋予了征缴机关相应的强制权力。而"保险原则"则体现在保费是根据收入水平而非个人风险概率来计算的，如《中华人民共和国社会保险法》第十二条第一款规定，保费是按"职工工资总额的比例"来缴纳的。至于"保险财务收支总体均衡"的原则，它要求保费总收入与待遇总支出之间保持一种"总体对价关系"，并不严格要求每个参保人的缴费与其待遇之间存在直接的对价关系，二者在关联性上有所切割，但给付差异被控制在合理范围内。为了实现这种保险的总体对价均衡，除了要求参保人缴费外，还要求单位和国家共同分担保费。比如，《中华人民共和国社会保险法》第四条就明确规定了单位和个人有缴费的义务，而第五条则指出国家应给予必要的经费支持，这可以被视为国家的一种辅助性支持。

然而，在实际操作中，这种明确的"二分"并未得到真正实现。财政每年都会向养老保险提供大量的补贴。这些"外部负担"直接影响到养老保险的财务可持续性，因此需要国家财政通过补贴来解决这些问题。但问题在于，财政补贴到底是为了让国家承担"补充责任"，还是为了化解这些"外部负担"[1]，对于参保人来说并不清晰，他们无法了解财政补贴资金的具体用途。这两者在外表上看起来很相似，使得财政与养老保险之间的关系变得难以明确区分，从而打破了制度设计时强调的财政与养老保险相分离的原则，即不再完全遵循德国的"保险型"模式。实际上，纯粹的保险模式只能是一种理想状态，现实情况中，财政与养老保险之间呈现出一种相互交织、模糊不清

---

① "外部负担"包括社会保险改革产生的"转制"成本和社会保险财务因充当公共政策工具额外支出的资金，造成了社会保险财务的制度外损失。

的状态。

2. 国家角色决定财政义务基本类型

在养老保险制度的设计中，国家与人民之间并未构建起直接的"缴费—给付"联系，而是通过财政对养老保险的补贴来实现对受益人的帮助。这时，国家的角色从直接"亲自给付"转变为间接"保证给付"，即国家对人民生存照顾的主要责任，从具体的"给付"行为转变为更宏观的"保障"职能。正如法治所要求的，国家责任应超越仅以"不违法"作为标准，积极履行对公民生存权保障的义务，特别是对弱势群体的生存和发展承担公共责任。在落实养老保险国家给付义务的过程中，主动的财政补贴是一个重要环节，它体现了国家对养老保险受益人积极作为的义务。

需要明确的是，财政补贴不仅仅是为了解决养老保险的财务问题，更是为了向公众展示养老保险制度的可持续性和稳定性。为了探索国家给付义务的基准，我们需要清晰界定这种责任的应有定位：是补充责任、担保责任，还是兜底责任？如果将国家责任定位为补充责任，那么它是建立在财政与养老保险"二分"的基础之上的，强调二者的独立性。然而，现实情况是财政与养老保险之间相互交织，难以完全分离。此外，补充责任与养老保险制度的自身运转没有直接联系，国家财政补贴的是养老保险的财务状况，而非直接补贴给养老保险的受益人。这意味着，企业职工养老保险的受益人并不能直接从补充责任中获得实际利益，财政补贴解决的是养老保险的财务问题，而不是增加受益人的获益，因此这种定位并不理想。然而，在城乡居民养老保险中，主要用个人账户进行支付，不存在整体的财务问题，受益人可以直接从财政补贴中受益，因此在这种情况下，定位为补充责任可能更为合适。

担保责任则属于预期责任中的保护性责任，它关注的重点是养老保险的受益人，而非养老保险的财务状况。担保责任需要向受益人传递对制度的信心，而财政补贴资金正是这种信心的来源。正如德国联邦宪法法院所认为的，在长期供款负债中，对信赖或合法期望的保护尤为重要，因为这会基于法定福利规定的持续存在而产生特别的信心。

至于国家的兜底责任，它超越了"保险型"制度设计的范畴，在形式上将财政资金与养老保险基金混为一谈，打破了国家财政间接补贴的原则，与二者混同没有区别。

　　既然养老保险国家给付义务的性质被界定为担保责任，那么这是否意味着国家对于"外部负担"也应承担相同的责任呢？问题并非如此简单。国家所承担的责任及其内涵，往往与其经济形态、发展水平、社会结构以及文化价值紧密相连，这些因素共同引导出不同的国家介入模式及责任基准，其内容具有动态性。在化解养老保险财务的"外部负担"方面，国家承担兜底责任可能更为合适。这主要基于以下几个原因：

　　第一，"外部负担"的产生并非源于养老保险制度设计中的财政支出，而是被赋予了某种政治性目标。例如，在新冠疫情期间，为缓解企业财务压力，国家出台了企业养老保险费减免政策。因此，德沃金才认为养老保险是一种"政治性"的社会安定解决方案。

　　第二，"外部负担"的操作和获益主体是国家，而非养老保险的受益人。无论是养老保险改革的"转制成本"，还是实现"特定政策目标"，都是国家通过行政手段给养老保险财务增加的负担，旨在满足国家的发展需求。当国家的发展需求超越独立的养老保险财务时，养老保险的封闭性被打破，"养老保险"沦为具有福利性质的"社会保障"，国家的给付义务被无限放大。

　　第三，"外部负担"可以通过财政补助资金逐步消化。这种负担并非永久存在，国家需要通过精确测量的方法来确定"外部负担"的总量，并通过法定的预算编制和审批程序逐年向养老保险提供财政补贴来化解它。即使政府财力紧张，也可以采用记账的方式，设定偿还年限，逐期偿还并支付利息，以保障参保人的投资收益。

　　第四，国家承担兜底责任有助于减轻养老保险的财务负担，增强养老保险制度的可持续性。与补充责任和担保责任相比，兜底责任在外观上使国家的给付义务边界更加清晰，解决"养老金亏空"问题更多地成为一个政策问题，而非单纯的数学问题。

（二）国家给付义务基准受国家财政能力限制

　　实际上，无论是国家直接建立的养老保险制度，还是如德国那样由社会组织提供的养老保险保障，都以国家信用为后盾，强调了国家财政的担保责任。除了特定情况下的"外部负担"外，养老保险的财务运作都遵循了由国家财政来履行担保责任的原则。那么，养老保险中国家财政承担的担保责任是否有其限度？这种限度的基准又是什么呢？

　　预防和化解大规模社会风险是国家的职责所在，中国通过构建养老保险制度来间接履行这一职责，使得社会风险得以分散，从而减轻了国家的直接给付负担和个人的经济负担。然而，自由法治国理论认为，人民的福祉应由人民自行设定和追求，国家的介入可能会削弱个人自我实现的动机和内涵。因此，必须确立国家财政干预养老保险的界限，这个界限就是国家财政整体资源所能达到的高度。

　　具体来说，国家义务的履行通常依赖于税费收入形成的财政支出，但财政支出应与税费收入保持协调一致，以防止财政过度支出侵蚀国家财政能力。换言之，财政补贴在化解养老保险面临的风险方面是有限度的，养老保险中国家财政的担保责任是存在一定基准的。这个基准并非聚焦于财政的分配方式或分配结果，而是完善附带政治性的协商决策机制，确保财政补贴能够维护代际公平和不同种类预算间的平衡。

　　既然养老保险国家的给付义务存在一定基准，那么这个基准就应该受到养老保险中的代际正义理论和预算平衡所确立的国家财政支出限制的约束。其中，最主要的约束因素来自代际正义理论。美国政治哲学家、伦理学家约翰·罗尔斯认为，为了避免当代人只考虑自身利益而忽视下一代人的利益，必须考虑代际正义的问题。为了落实代际正义，罗尔斯提出了"正义储存值"的概念，即每个世代除了应维持已经建立起来的正义机制外，还需要在当代积累适当的资产，作为正义的储存值。如果这种积累能够持续进行，那么不仅每一代人都能从中受益，还能延续正义社会中处境最不利者的期待可能性，试图解决当代人与后代人之间的分配正义问题。然而，为了避免极端功利主义，正义储存值不应过高，否则既可能扩大贫富差距，又可能干扰经济发展。

　　在养老保险制度中，这一理论得到了体现。养老保险制度是基于人口代际转移建立的，当财政补贴养老保险时，应考虑当前社会的平均收入和财政赤字情况，避免向养老保险受益人过度给付，以防止下一代人因过度负债而影响其基本生存。毕竟，养老保险制度在帮助社会弱势群体的同时，也强调对后代人的持续保障，是一种世代共同受益的制度。

　　至于国家给付义务的基准，还需要考虑养老保险关于预算平衡的法律规范。《中华人民共和国社会保险法》规定了养老保险基金的预算平衡原则，预算案中不仅包括了政府补贴，还囊括了年度内各项基金的收支数额。预算平衡是在精算结果的基础上编制的，短期内养老保险基金的收支情况需要接受人大、参保人和受益人的监督。这样既可以防止财政过度补贴阻碍其他公共政策的推进，又可以防止财政补贴过低导致养老保险保障不足。具体来说，养老保险国家给付义务的基准应该处于财政可接受的支出区间内，这个区间受到财政支出高低两方面因素的限制。

一方面，区间的高点受到国家财政支出能力的限制。国家作为实现保障公民权益的重要组织，有其必须履行的公共任务，这些任务需要财政的支持。同时，国家的发展也不应偏离"健全财政主义"的要求，因此在某种程度上仍需遵循"量入为出"的原则。现代国家公共政策目标日益增多，达成目标的手段也日益复杂多样。为了确保国家资源和财政资金的获得，各种政策目标之间需要进行充分的竞争。国家的财政预算恰好提供了一种整合各种公共政策目标、活动、资源的有效机制，几乎将财政管理等同于国家政策管理。由于社会资源的稀缺性，国家财政不应给予某些人"过度明显的照顾"。这不仅基于平等的考量，更为了确保国家不会提供无止境的财政给付，从而消耗有限的社会资源。否则，这将超越养老保险的给付目的，构成对人民财政或自由的过度限制。这并不是基于宪法的民生福祉保障与法治国家原则的权衡，而是为了确保个人的自由，国家给付必须有所限制，不应超越符合国家存在目的的照顾范围。虽然财政补贴养老保险对人民来说是一种福利，但财政补贴的资金来源于纳税人缴纳的税费，因此，财政补贴养老保险应考虑遵守需求原则与国家财政能力的均衡，过度补贴养老保险既会损害其他国家任务的有效实现，又会破坏社会成员间的相对公平。

另一方面，区间的低点受到"禁止保护不足"原则的约束。如果没有财政的支持，国家对最低限度的生活保障就无法实现，也就无法满足养老保险受益人的最低给付要求，这可能危及受益人的幸福生活。养老保险的给付应至少达到受益人生活的最低标准。历史上，德国《魏玛宪法》首次规定了生存权保障，将实现福利国家的目标作为国家的政治性任务。生存权不同于一般社会保障法的救济措施，它呈现出一种"主观权利"的状态，个人有权要求国家提供生存救济。此时，生存权不仅是一种防御国家随意剥夺生命、自由的防御性人权，同时也具有请求国家照顾、维系公民生命的权利的积极意义。根据国家的给付义务，国家应积极履行对公民的生存保障责任。生存权具备"国家保护"的功能，要求国家的保护应具有有效性，不能只是象征性地提供保护，保护方案应具有实质性内容，以防止保护不足的情况出现。为了践行"禁止保护不足"的原则，国家有义务在私人无法触及的领域进行规划，并以财政支出的方式正面实施，尤其是承担起保护弱者的责任。因此，当养老保险基金出现支付不足危机时，国家理应向其提供高于基本生存状态的财政补贴。换言之，财政补贴的方式和额度应当接受比例原则的检验。为了保护受益人的基本生存权利，国家应根据养老保险财务的恶化状况提供财政补贴，确保养老保险基金至少能够满足最低限度的支出需求。

三、国家给付义务规范塑造：从定位到基准的设计

养老保险是关乎全社会福祉的重要制度，其调整与变革无不牵动着政治与经济的敏感神经。因此，在推进养老保险改革时，我们必须采取谨慎而周全的策略。特别是对于养老保险中的国家给付义务，我们更应通过法律手段，将可能因政治决策而产生的财务负担纳入规范化管理的范畴。

为实现这一目标，可以从三个层级对财政补贴养老保险的规范进行体系化修改。第一，应在《中华人民共和国社会保险法》中明确加入关于国家给付义务定位的一般性条款，以此奠定整个规范体系的基础，解决当前国家给付义务定位模糊、国家角色不清的问题。第二，需进一步完善国家给付义务的具体配置，包括规范内容、执行标准及程序规则。这一层级的工作应紧扣第一层级的一般性条款，通过整合相关法律文本，推动国家给付义务从无限责任向明确、有限责任的转变，确保制度的可持续性和公正性。第三，构建国家财政承担担保责任的责任主体权义规范至关重要。这要求明确中央与地方政府在财政义务上的具体职责和限度，形成与国家给付义务相配套的完整制度框架。

（一）增设国家给付义务定位一般条款

在《中华人民共和国社会保险法》中增设国家给付义务条款，并确立其作为一般条款的地位，是完善养老保险制度的重要举措。一般条款不仅具有原则性的指导作用，还因其特殊性在立法中占据重要位置，对司法裁判亦具有深远影响。它能够在不依赖具体规则的情况下，依据个案正义进行裁判，有效平衡法律的适应性与安定性，协调法的弹性和可预见性。

将国家给付义务条款嵌入《中华人民共和国社会保险法》，有望修正财政补贴规则的构建，指引国家给付义务基准的设计，并厘清财政与养老保险之间的关系。然而，现行法律中的相关条款虽具一般条款的外部特征，却未能充分展现其实质内容，难以作为国家给付义务的一般条款。

因此，在设计养老保险国家给付义务的一般条款时，需注重其基本要素的精准提炼和科学概括，确保各要素间的价值、原理相互协调，形成有机体系。同时，应针对《中华人民共和国社会保险法》涵盖的两类养老保险——职工养老保险和城乡居民养老保险的差异性，分别设计适合的国家给付义务类型，避免以同一标准笼统处理，从而确保各方权利（权力）在预算法中的合法性和合理性。

此外，还需明确国家财政在养老保险中的角色定位，防止国家给付义务在两类保险中的性质混淆。对于职工养老保险，国家应定位为担保人角色，仅在基金出现支付不足时履行担保职责；而对于城乡居民养老保险，国家则应充当制度创立人和财务兜底人的角色。

为明确养老保险国家给付义务的基准法律依据，应将相关规定纳入一般条款体系，并围绕国家给付义务主体的权义配置、责任内容、责任限度进行设计，确保基准内容的充实性。

据此，建议在未来《中华人民共和国社会保险法》的修改中，尝试在相对成熟的基本养老保险中引入"一般条款"，以第十一条为基础，整合相关条款中的"政府补贴"内容，构建独立且完整的"一般条款"。该条款应明确区分两类养老保险的国家给付义务类型，列明职工养老保险的国家财政担保责任及基准，概括城乡居民养老保险中政府的缴费责任及特殊情形下的补充责任，并单独列出具有政治属性的"外部负担"，由财政单列预算解决。

（二）构筑国家给付义务基准的设计逻辑与规范

由于养老保险国家给付义务条款的高度抽象与概括性，其直接应用于具体财政补贴养老保险行为存在难度，因此，需将这些条款具体化为可操作的规则。这意味着，只有当具体规则建立后，当事人才能依据一般条款将原则性内容应用于实际情况，即一般条款的适用以具体化、类型化的行为规则体系为前提。为了规范财政补贴，既需要一般条款提供方向性指导，也需要具体规则作为参照，从而明确国家给付义务的基准设计。

要提炼出国家给付义务的基准条款，并形成体系化的补贴规范，首先需理清养老保险国家给付义务基准的设计逻辑。这涉及对《中华人民共和国社会保险法》中相关条款逻辑关系的解读，特别是第五条第二款关于"必要"经费支持与第六十五条中基金收支平衡及支付不足时补贴的规定。我们需要明确，必要经费是否仅限于基金支付不足时的财政补缺，以及财政资金补足后是否需基金返还等问题。

第一，明确养老保险国家给付义务基准设计逻辑。首先，需区分职工养老保险与城乡居民养老保险的财政补贴逻辑。对于职工养老保险，应废除其基金纳入公共预算的做法，转而编入特种基金预算，以明确国家给付义务的边界和参保人权益范围。同时，坚持职工养老保险财务的独立性，国家财政担保责任应体现为紧急情况下的救助，而非常规制度安排。此外，需细化《中华人民共和国社会保险法》中关于国家财政干预的基准设计，明确干预的启动事由。

第二，构筑养老保险国家给付义务基准规范。对于职工养老保险，其国家给付义务基准具有复合性，包括担保责任基准和外部负担基准。为改变当前担保责任基准宽泛、责任界限不明的状况，应借《中华人民共和国社会保险法》修改之机，对"必要"内容和"给予补贴"基准进行规范设计，明确国家担保人角色，并授权政府判断系统性风险及紧急需求等基准。同时，对于外部负担，应明确国家财政的兜底责任，并通过立法规定损失补偿或财政补贴的基准。对于城乡居民养老保险这项普惠福利政策，国家应明确其制度协助人角色，并在制度成熟时明确国家财政的补充责任。

（三）完善国家给付义务承担的精算与预算规则

要全面规范国家给付义务在养老保险中的体现，仅仅增设立法一般条款和梳理责任基准规范是不够的。还需要深入考虑养老保险基金的动态收支平衡，明确养老保险精算与预算平衡之间的连接点。精算通过精确分析养老保险风险的发生概率来预测基金收支，它聚焦于保险制度内部的财务规划；而预算则不仅是对政府权力的制约，更是对养老保险基金在一定时期内收支平衡的规划，通过外部资源的调配来确保基金的支付能力。精算平衡是制度可持续性的基石，预算平衡则旨在填补因精算原则运作可能产生的基金缺口，两者共同构成了实现基金收支平衡的法律框架。

精算与预算的相互作用为区分养老保险基金与财政补贴的基准提供了依据。通过强化养老保险预算体系中的精算规则，可以更清晰地界定国家在养老保险中的给付义务，进而推动国家给付义务基准的完善。因此，在探讨财政补贴养老保险的"权责一致"原则时，必须建立在健全的精算与预算规则之上，两者缺一不可。

回顾历史，2013年党的十八届三中全会就已经提出了养老保险改革应坚持精算平衡的原则。结合我国养老保险的发展现状，应当适时引入养老保险精算，以完善养老保险的财务体系，确保国家给付义务能够顺利履行。然而，值得注意的是，养老保险精算的有效性建立在完善的筹资机制之上，只有在此基础上，我们才能准确界定国家给付义务与参保人的缴费责任。

尽管目前最成熟的养老保险仍处于定型期，距离全国统筹还有一定距离，但精算制度的目标正是最终实现基础养老金的全国统筹。这决定了当前的精算制度更多的是服务于特定历史阶段任务的工具，而非养老保险运行的基本法律制度。因此，在当前阶段，精算不宜作为养老保险运行的基本法则，而应作为测算养老保险收支的辅助工具。

针对《中华人民共和国社会保险法》第六十五条的规定，我们注意到其通过预算制度来实现基金收支平衡的方式，在缺乏养老保险精算支持的情况下，可能会使预算变得模糊不清。若直接删除该条款并增加养老保险精算规定，将养老保险项目从《预算法》中剔除，则可能会使基金脱离人大的监督，导致基金收支与运营失去公众视野，增加国家推卸财政义务的风险。因此，改革需谨慎进行，需寻找更为稳妥的方案。

考虑到第六十五条虽未直接提及养老保险精算，但财政补贴的调整实际上应基于基金缺口的测算，这其实已经蕴含了精算的内容。因此可以在第六十五条第一款的基础上融入精算理念，增加养老保险精算规则。具体可将该条款修改为："逐步完善养老保险基金精算体系，通过特种基金预算实现收支平衡。"这样的修改既尊重了当前养老保险基金缺乏独立性的现实，又将其与公共预算相分离，为未来的精算与预算协同留下了空间。

此外，还可以通过政策方式进一步完善精算规则，考虑人口增长率、老龄化速度、平均寿命、经济变化、物价指数、保费调整以及外部负担等多重因素。待精算制度成熟后，可以考虑引入养老保险财务自动调整机制等更先进的制度设计。这样在尊重养老保险基金独立性的基础上，就能更清晰地划定国家给付义务承担的基准。

（四）养老保险国家给付义务设计规范的法治化

我国的养老保险体系并非源自德国的社会连带或社会团结等理念，而是在特定的历史与政治背景下，由国家主导建立，其财源设计与运作天然与国家财政紧密相连。在面对如低烈度社会风险这样的挑战时，国家可以通过财政补贴的方式进行有效应对；然而，当面对更为严峻的人口老龄化、低生育率等大规模社会风险时，单纯的财政补贴可能显得力不从心。此时，需要充分发挥养老保险制度本身所具备的风险分摊、社会互助等功能，而这需要一个具备人格独立性、财务健全且可持续的养老保险制度作为坚实支撑，以法治手段积极应对人口老龄化带来的挑战。

为此，必须明确国家与养老保险之间的界限，准确构筑国家给付义务的定位与基准。这既需要承认财政补贴在养老保险中的正当性，也需要深入探索财政补贴在养老保险中的合理边界，从而解决养老保险过度依赖国家财政的问题。研究国家给付义务，不仅关乎国家角色的准确定位，更是财政补贴养老保险的理论基石。无论国家给付义务能否顺利履行，它都会在养老保险法上产生相应的评价。

当国家给付义务能够顺利履行时，国家在养老保险财务上的权利与义务必须经受立法的严格检验，以探索养老保险制度与财政制度之间的连接点和边界。而当国家给付义务的履行受到阻碍时，财政补贴在养老保险法中的定位就会变得模糊不清。因此，只有实现国家给付义务设计规范的法治化，才能真正厘清养老保险制度与财政制度之间的关系，才能基于国家的角色定位来探索财政义务的基准，进而增强养老保险应对人口老龄化风险的能力。

第四节 政府体制改革与养老服务供给支撑体系构建

进入中国特色社会主义新时代，我国已成功构建了全球规模最大的社会保障体系，其中基本医疗保险惠及超过 13 亿人，基本养老保险也覆盖了近 10 亿民众。然而，必须清醒地认识到，我国的养老体系虽已实现广泛覆盖，但保障水平相对较低，且养老事业的发展存在着不平衡、不充分的问题，这是当前我国面临的实际国情。

要解决这些问题，依赖于科学的发展路径和高质量的发展目标，因为发展始终是解决所有问题的核心与基石。为了推动我国养老事业的高质量发展，必须深化"三位一体"的改革策略，即同步推进金融体制、财税体制以及行政管理体制的全方位改革。这样的改革旨在构建一个坚实而强大的支撑体系，以有效增加养老服务的供给，满足人民群众日益增长的养老需求。

一、深化金融体制改革，为养老服务供给提供资金保障

（一）发展养老金融，做大养老金规模

1. 建立国家养老金银行

鉴于我国养老基金在商业银行投资中面临的持续缩水问题，笔者提出一项政策建议：由国务院主导成立一家政策性银行——国家养老金银行。该银行专注于养老保险领域，负责直接或间接地开展基本养老金的政策性融资业务。在组织结构上，国家养老金银行采用直线职能制，总行行长直接向国务院负责，实行严格的垂直管理，确保下级分支机构对上级的完全负责。

国家养老金银行的设立具有深远的现实意义。首先，它有助于实现网络化管理，通过在全国范围内设立分行、支行，形成覆盖广泛的服务网络，从而极大地便利养老金客户的业务就地办理，有效降低管理成本和交易成本。其次，该银行能够利用已积累的养老金作为注册资本，结合财政注入的资金，形成庞大的资本规模，进而产生显著的规模经济效应。再者，将成熟的银行管理制度应用于养老金的运营监督与管理，有望提高管理效率，减少资源流

151

失。此外，通过总行与央行之间的再贷款与再贴现等业务，以及产业和实业投资，国家养老金银行有望显著提升资本的收益率，远超银行定期存款和国债利率。最后，国家养老金银行的设立还为社会保障银行的未来创立提供了宝贵的探索经验，特别是在应对流动农民工"退保潮"等现实问题方面。

2. 运营国民养老保险公司

2022年3月22日，国民养老保险公司在北京的成立标志着我国养老金融领域的一个重大突破。该公司注册资本高达11.5亿元人民币，由11家银行、2家券商、1家险企以及3家国资背景的资本机构共同发起，这一多元化的股东结构有助于充分发挥银行、保险和资本的优势，推动养老基金规模的持续扩大。

与一般的商业养老保险公司相比，国民养老保险公司的经营范围具有两大独特之处。一是商业养老计划管理业务，该业务涵盖了国家老龄委定义的老龄金融、老龄用品、老龄服务业和老龄房地产等多个领域，涉及生活服务、健康管理、康复护理、医疗服务、精神文化、商务服务、临终关怀、殡葬服务等全生命周期的各类涉老业务。二是受托管理以养老保障为目的的人民币、外币资金业务，即将第三支柱储蓄养老金转化为长期资本，促进直接融资，服务实体经济，有效抵御通货膨胀，实现资产的保值增值和积累增长。

国民养老保险公司的成立，旨在组建养老保险的"国家队"，以做大第三支柱基金规模，满足人民群众日益多样化的养老服务需求。其百亿元的注册资本远超现有九家养老保险公司的任何一家，而业务范围的独特性也将对国内寿险公司构成强大的竞争压力，推动它们创新寿险业务，增加养老服务供给，进而促进我国养老金融的高质量发展。

（二）合理利用金融衍生工具，优化基金运营效益

为提升养老金的投资回报率，建议依托全国社会保障基金理事会等权威机构，在股市和债市等金融市场中进行科学投资。历经十余年的投资实践，全国社会保障基金理事会已深谙价值投资之道，积累了丰富的投资经验。广东和山东两省委托投资所取得的显著收益，进一步验证了理事会在养老金投资领域的专业能力。因此，更多省市应充分利用理事会这一专业平台，在确保个人账户资金安全的前提下，委托理事会灵活运用股市、债券等金融工具，以有效提升养老金的运营收益，降低资金贬值的风险。

（三）拓宽投资渠道，增强投资收益潜力

在坚持审慎投资原则的基础上，拓宽投资渠道是实现养老基金保值增值的重要途径。建议借鉴国际先进经验，进一步拓展养老基金在实体经济中的投资领域。具体而言，可关注以下几个方向：一是基础设施投资，利用其长期稳定的收益特性，实现养老基金的价值增长；二是房地产资产投资，包括写字楼、工业厂房、酒店等物业，通过稳定的租金收入和资产升值，为养老基金带来稳定的投资回报；三是高新技术产业投资，如软件、生物技术、工业能源、医疗设备、IT 服务等领域，借助其高成长性和高回报率，提升养老基金的投资价值；四是绿色投资领域，如可再生能源、清洁技术和能源项目等，不仅符合可持续发展理念，还能为养老基金带来长期稳定的收益。通过这些多元化的投资渠道，可以有效提升养老基金的投资收益潜力，为养老金的长期稳健增长提供有力支撑。

二、深化财税体制改革，为养老服务供给提供动力保障

（一）明确养老事权划分，构建政府多级共担机制

为民众提供高质量、高效率的养老服务是各级政府不可推卸的责任。然而，在实践中，各级政府在养老服务中的具体职责划分往往模糊不清，成为实际操作中的一大难题。鉴于居家养老、社区养老和机构养老等多种养老模式均需财政支持，若将全部基本养老事权交由中央财政承担，无疑会给中央财政带来沉重的负担。因此，基本养老应被界定为中央与地方政府的共同责任。

在事权的具体划分上，笔者有几点建议：中央政府应主导养老金的全国统筹工作，努力扩大全国社会保障基金的规模，积极推动中央企业国有资本划转以充实养老基金，并加大对地方养老公共服务的转移支付力度；省、市、县级政府则应加速地方国有企业资本的划转以充实养老金，同时增加对城市养老服务体系建设的投入，并致力于服务人员队伍的建设与提升；乡镇政府则需加大对农村养老公共服务体系建设的投入，实施养老与扶贫相结合的计划，以确保农村老年人也能享受到优质的养老服务。通过这样的多级共担机制，可以更加科学、合理地划分各级政府在养老服务中的职责，从而确保养

老服务的全面、高效提供。

（二）深化财税体制改革，完善养老服务支持机制

1. 优化企业所得税与个人所得税制度

企业年金作为我国基本养老保险体系的关键组成部分，其参与度与基金规模尚显不足。截至 2023 年底，参与企业年金的职工仅占城镇职工基本养老保险参保人数的 6.12%，企业年金总额占国内生产总值的比例也仅为 2.22%。为提升企业参与企业年金的积极性，学界普遍建议通过税收优惠政策进行激励。具体而言，建议允许企业缴纳的企业年金部分在税前列支，从而减免企业所得税；同时，个人缴纳的部分应免征个人所得税。此举预计将显著促进企业年金免税额度的增长，进而扩大其覆盖面和基金规模。

2. 深化探索个人所得税递延型养老保险制度

个人所得税递延型养老保险是一种创新的养老保险模式，其核心在于个人购买商业补充养老保险的部分收入可延期至提取养老保险金时再缴纳个人所得税。这一制度降低了参保人的当前纳税负担，有效激发了其参保热情。尽管我国税延型企业年金政策经历了一番曲折，但随着相关政策的陆续出台，该制度已逐步落地实施。然而，市场反应呈现出国有企业积极响应、民营企业反应平淡的态势。为进一步完善此制度，建议从以下几个方面着手：一是提高商业养老保险的税前扣除额度，并根据社会平均工资增长和通货膨胀率进行动态调整；二是推进个人所得税法改革，对商业养老保险金给付环节实施轻税或免税政策；三是允许夫妻共同购买商业养老保险，以扩大政策覆盖面并实现普惠性。这些措施将有助于完善递延型养老保险制度，通过改革释放制度红利，构建具有中国特色的养老制度。

3. 研究并适时开征社会保障税

社会保障税是全球多数国家普遍征收的税种，旨在通过税收方式筹集社会保障资金并实现全国统筹。我国自 20 世纪 90 年代起便开始探讨开征社会保障税的可能性，但至今尚未实施。当前，我国通过"五险"形式征收社会保障基金，但"费"与"税"在强制性和统筹层次上存在显著差异。开征社会保障税将有效提升社保资金的强制性和统筹层次。近年来，我国社保费统筹层级不断提升，已实现省级统筹，并自 2022 年起实施企业职工基本养老保险全国统筹，为社会保障税的开征奠定了坚实基础。

然而，社会保障税的正式开征需综合考虑多重因素：一是确定最优税率，建议借鉴国际经验并结合我国实际情况，设定 30% 的比例税率；二是选择适合我国国情的税收设置形式，建议采用混合式社会保障税模式；三是明确税收管辖权，建议将社会保障税作为"共享税"，由国家和地方财政共同管理，并合理划分国地分成比例。这些措施将有助于构建更加完善、公平、高效的社会保障体系。

（三）全面深化全国统筹进程，构建养老保障新格局

在当前我国养老保障体系中，基础养老金统筹层次偏低的问题日益凸显，成为制约养老制度可持续发展的因素。由于统筹层次不足，难以形成集中统一的投资管理制度，养老保险基金的管理和运营效率低下，无法有效应对人口老龄化带来的支付压力。特别是在那些养老保险当期收不抵支的省份，财政压力巨大，养老基本公共服务水平参差不齐，养老金的便携性、投资运营风险防控等关键问题悬而未决。巨量资金被分散在各省份，无法实现有效调节和使用，资金使用效率低下，严重影响了养老保障制度的公平性和可持续性。

为破解这一难题，中央层面正积极行动，着手完善顶层设计，推动基础养老金全国统筹。人社部作为牵头部门，已着手制定基础养老金统筹方案，力求通过全国统筹的方式，实现养老保险基金的合理配置和高效利用。虽然全国统筹可能会在一定程度上影响部分盈余省份的积极性，但从全局和长远来看，这是解决当前养老保障制度诸多问题的必由之路，是不得不啃的一块"硬骨头"。

2022 年 1 月，党中央决定实施企业职工基本养老保险全国统筹，这标志着我国养老保障制度改革迈出了坚实的一步。然而，这仅仅是一个开始，未来还需要进一步推进包括城乡居民养老保险在内的各类保险基金的全国统筹。相关部门应紧密跟进企业职工基本养老保险全国统筹工作的实施情况，及时发现并解决实施过程中出现的新问题，为后续其他类型养老基金的全国统筹提供宝贵的经验和借鉴。

在推进全国统筹的过程中，应注重建立科学合理的基金调节机制，确保各地区基金余缺的有效平衡。通过加强中央对地方养老保险基金的调剂力度，实现基金在全国范围内的优化配置，缓解部分地区基金紧张的状况，提高整体养

老保障水平。同时，还应加强基金管理和监督，确保基金的安全和有效使用。

（四）完善养老金合理调整机制，确保基金持续增长

养老金的调整机制直接关系到广大退休人员的切身利益，也是养老保障制度可持续发展的重要保障。过去，我国基础养老金曾连续 8 年固定上调 10%，这一政策在保障退休人员生活水平方面发挥了重要作用。然而，随着经济形势的变化和财政压力的增大，这一调整机制逐渐面临挑战。2016 年，我国首次打破了这一惯例，将上调比例从当年的 6.5% 下调为其后的 5%。虽然调增比例有所下降，但绝对值仍在逐年增加，这也让民众对政府财政压力状况有所感知。

欧美等国家在养老金调整方面有着较为成熟的经验，其调整机制通常综合考虑物价指数、工资增长率、预期寿命、长寿风险、财政状况等多种因素。在我国，如何完善养老金调整机制，使之既能够保障退休人员的基本生活，又能够适应经济形势的变化和财政的可持续性，成为当前亟待解决的问题。

在经济新常态下，养老金调整机制的改革显得尤为迫切。过去的大幅上涨已经给财政支付造成了巨大压力，未来必须建立更加科学合理的调整机制。国内学界较为一致的观点是采用综合物价指数和实际工资增长率两个指标进行调整。这种调整机制既能够确保养老金免受通货膨胀的侵蚀，又能够适当分享经济发展的成果，实现养老金的可持续增长。

在完善养老金调整机制的过程中，还应统筹考虑各类养老基金的情况，特别是要关注城乡居民基本养老金等养老基金的调增比例。当前，我国不同养老保险之间的待遇差距较大，这不利于养老保障制度的公平性和可持续性。因此，应适当加大城乡居民基本养老金等养老基金的调增比例，逐步缩小不同养老保险之间的待遇差距，实现养老保障制度的均衡发展。

（五）多措并举做大养老资金储备，增强服务供给能力

面对日益严峻的人口老龄化挑战，我国必须采取有力措施做大养老资金储备，增强服务供给能力。党中央已经决定逐步提高国有资本收益上缴公共财政比例，并划转部分国有资本充实养老金。这一决策对于增强养老保障制度的可持续性具有重要意义。

为确保这一决策的有效实施，相关部门应做好两方面的前期工作。第一，

应针对提高比例编制详细的时间表，明确各阶段的目标和任务。第十三届全国人大四次会议通过的《中华人民共和国国民经济和社会发展第十四个五年规划和 2035 年远景目标纲要》进一步强调了完善国有资本收益上缴公共财政制度的重要性。在新发展阶段，相关部门应细化工作安排，分年度推进国有资本收益上缴工作，确保应缴尽缴，为养老保障制度提供稳定的资金来源。第二，应实现国资收益上缴范围的"全覆盖"，特别是要将金融、铁路、交通等关系国计民生的重要领域纳入其中。这些领域通常具有较高的盈利能力和稳定的现金流，其国资收益上缴将有助于进一步充实养老金储备。同时，还应加强对国资收益上缴和使用情况的监督和管理，确保资金的安全和有效使用。

（六）促进财税优惠政策落地生根，降低养老机构运营成本

在"银发时代"，政府应充分利用社会资本增加养老基本公共服务供给，满足老年人多样化的养老需求。近年来，我国多地出台了促进社会养老机构发展的财税优惠政策，旨在降低养老机构的运营成本，提高其服务质量和效率。然而，在实际操作中，这些政策的落地效果并不尽如人意，部分政策存在执行不力、落实不到位等问题。

为促进财税优惠政策的有效落地，各地区应结合人口老龄化国家战略，适时完善相关政策措施。首先，应加强对财税优惠政策的宣传和解读工作，确保养老机构能够充分了解并享受相关政策带来的实惠。其次，应建立健全政策执行和监督机制，加强对政策执行情况的跟踪和评估，及时发现并解决存在的问题。同时，还应加强与相关部门的沟通协调，形成政策合力，共同推动财税优惠政策的落地生根。

此外，各地区还应积极探索创新财税优惠政策的方式和路径。比如，可以通过设立专项基金、提供贴息贷款、给予税收减免等方式支持养老机构的发展。同时，还可以鼓励社会资本通过 PPP 模式、公益捐赠等方式参与养老服务体系建设，形成多元化的投资主体和融资渠道。通过这些措施的实施，可以有效降低养老机构的运营成本，激发市场活力，推动养老服务产业的健康发展。

三、深化行政管理体制改革，为养老服务供给提供制度保障

（一）加强养老服务标准体系建设，完善政府购买养老服务政策

截至目前，我国虽已制定了涵盖建筑、医疗、卫生及管理等诸多领域的23项与养老相关的国家标准与行业标准，但在专门针对养老服务的标准方面，却仅有《养老护理员国家职业技能标准》等寥寥9项，这对于内容广泛、需求多样的养老服务领域而言，显然是远远不够的。为应对这一现状，笔者强烈建议相关部门积极借鉴国际先进经验，着手构建一套全面而细致的养老服务标准体系。这套标准体系应囊括资质认证、基础设施建设、服务质量监控、管理流程规范、环境营造、安全卫生保障等多个关键方面，以确保养老服务的全方位、高质量发展。在实施过程中，应紧密围绕老年人的实际需求，不断提升服务标准的可操作性和针对性，真正让标准成为提升养老服务品质的有力抓手。

为有效推进这一工作，建议质量技术监督部门、民政部门以及人力资源和社会保障部门携手合作，同时充分发挥医疗卫生、建筑设计、安全管理、应急管理等相关职能部门的专业技术优势，形成跨部门、跨领域的联合攻关团队，共同推进养老服务标准的系统化建设。此外，为确保养老服务标准的落地执行和持续改进，建议组建由养老机构服务质量管理委员会等第三方机构组成的质量评估体系，对养老服务供给进行定期、全面的质量评估。同时，也可以考虑建立由行业专家组成的评估团队，通过定期的检查和评估，确保国家标准和行业标准得到切实执行。为了进一步提升养老服务标准制定的科学性和前瞻性，建议通过国家自然科学基金和社科基金等重大课题的招标方式，吸引更多社会智力资源参与其中。通过汇聚各方智慧，共同探索和完善养老服务标准体系，为推动我国养老服务事业的健康发展提供坚实的制度保障和智力支持。[①]

实践已经充分证明，政府购买服务是有效填补公共服务供给缺口的重要途径。在我国，众多地区（尤其是基层政府层面）均已尝试利用财政资金来购买养老服务。然而，遗憾的是，由于缺乏一套健全的服务标准认定体系，这些宝贵的财政资金并未能充分发挥其应有的效用。近期发布的23项国家

---

① 李超，高云霞，赵丽.大力推进养老机构标准化规范化建设 [N].法制日报，2020-04-29.

标准与行业标准，无疑为政府购买服务、强化政府及行业监管提供了强有力的工具。这些标准的出台，使得地方政府能够依据国家与行业的统一标准，结合本地的实际情况与实施细则，以政府职能的转型和人民群众的切实需求为指引，进一步规范政府购买服务的相关事项。

在这方面，四川省成都市蒲江县的实践为我们提供了一个值得借鉴的范例。在居家和社区养老服务项目中，蒲江县创新性地引入了凭单制，并引入两家社会组织形成竞争机制。老年人可以根据自己的实际需求，自主选择社会组织为其提供的包括助餐、助浴、助洁、助急、助医等在内的全方位养老支持服务。这种机制不仅确保了政府购买服务的质量，还极大地提升了老年人的满意度和幸福感。[①]蒲江县的这一做法值得在全国范围内进行推广和借鉴。通过引入竞争机制和服务标准认定，可以进一步提高政府购买服务的效率和质量，确保每一分财政资金都能用在刀刃上，真正为老年人带来实惠和福祉。同时，也希望更多地区能够结合自身实际情况，积极探索和创新政府购买服务的模式和方法，共同推动我国养老服务事业的蓬勃发展。

（二）深化养老服务人才工作机制，健全服务人才培养评价激励制度

第一，要着力扩大老年教育资源的供给范围。为积极响应《中共中央国务院关于加强新时代老龄工作的意见》，教育主管部门应将老年教育正式纳入终身教育体系，并主导研究制定一系列推动老年教育发展的政策措施。具体而言，可鼓励有条件的学校开设老年教育课程，同时支持社会力量兴办老年大学或相关教育机构，以此促进老年教育资源的有效增长。此外，还应鼓励高校和职业院校开设与老年教育相关的专业和课程，组织编写专业教材，并加强相关学科的建设与人才培养。利用国家开放大学的广泛覆盖优势，筹建国家老年大学，构建一个全国性的老年教育资源共享与公共服务平台。同时，应创新工作机制，推动各部门、行业企业及高校所属的老年大学向社会开放，实现资源共享。根据时代需求适时调整专业设置，加强智慧健康养老与管理、康复治疗学、养老服务机构物业管理等相关专业的职业教育，并特别关注中西部经济欠发达地区，通过定向培养、减免学杂费和提供助学金等方式，吸引并保障农牧区学员接受高质量的职业技术教育，提升其职业技

---

① 陈国强，聚焦核心内容，推动政府购买服务高质量发展——成都从四方面答好政府购买服务"试卷"纪实［N］. 中国政府采购报，2020-05-12.

能水平。

第二，需建立健全考核与职业资格认证体系。以浙江省丽水市将养老照护人员纳入专业技术人员职称评定管理为借鉴，人力资源社会保障部等相关部门应总结试点经验，出台全国性指导意见，确立完善的养老服务从业人员考核与职业资格认证制度。根据工龄、技术等级等因素确定工资职级，并通过奖勤罚懒的激励机制提升养老服务人员的整体素质。

第三，应强化多部门协作，完善支持政策体系。民政部门应进一步提高彩票公益金中用于养老服务的比例，财政部门则需加大资金投入，充分利用现有资源，积极支持老龄事业发展，并落实相关财税优惠政策。同时，应鼓励各类公益性或慈善组织加大对老龄事业的投入。发展与改革部门应研究制定包括住房在内的支持政策，完善阶梯电价、水价、气价等制度，鼓励成年子女与老年父母就近居住或共同生活，以更好地履行赡养和照料义务。对于赡养负担较重的零就业家庭成员，应按规定优先安排公益性岗位。

第四，要加大养老政策的宣传力度。各级党委宣传部门应通过授予"五一劳动奖章获得者""三八红旗手"等荣誉，提升养老从业人员的社会地位，引导社会就业观念的转变，从而增强人们对养老服务业的从业意愿。

（三）下沉医疗资源，推进医养结合

第一，为推动医疗资源更加均衡分布，应着力构建一个涵盖社区、机构与家庭的三级医疗融合服务体系。鉴于老年人群体易受多种疾病困扰，医养结合成为提升养老服务品质的核心要素。为此，建议各相关部门紧密协作，切实推进医养结合工作。特别是在城乡医疗资源分布不均的背景下，将医疗资源下沉至农村与社区显得尤为关键。浙江实施的"双下沉、双提升"工程（即人才与资源下沉，服务能力与效率提升）已取得显著成效，为我们提供了宝贵的实践经验。我们应充分发挥"链接"作用，将社区、机构与家庭资源有效整合，同时融合专业与非专业照护资源，共同构建起一个全面而高效的照护服务体系。

第二，需要协同各方力量，将医养结合工作做得更加扎实细致。河南省的协作联盟模式为我们提供了很好的借鉴，该模式让区域内老人能够享受到医疗与养护的"一站式"服务。基层政府应通过在办公用房、医疗设备等方面的投入，为医联体的建设提供坚实的硬件支撑。卫生行政部门则需根据当地实际情况，确定并适时更新本区域常见老年病与慢性病的药品目录，以确保基层医院药品供应充足，切实解决基层医疗机构"有医无药"的难题。医保管理部门可通过设立特种病门诊等方式，适当延长处方用量（至少一个月），并定期更新或配齐常规医疗设备，以提升基层医疗卫生服务能力。同时，人力资源管理部门应做好职称评定、专业技术培训及继续医学教育等制度的衔接工作，确保养老机构与医疗卫生机构中的医务人员获得同等待遇。此外，我们还应完善薪酬与职称评定等激励机制，鼓励医护人员到医养结合机构执业，并加快培养老年医学、康复、护理及营养等学科的专业人才。

（四）妥善推进延迟退休政策，研究对冲长寿风险路径

延迟退休政策的实施是我国应对人口老龄化挑战的战略举措。伴随人均预期寿命延长至 78 岁以上，传统退休制度已难以适应人口结构变迁，政策调整成为平衡代际公平的必然选择。尽管社会舆论中不乏争议之声，但2025 年新规落地标志着这项改革正式进入深水区。在实施过程中，需着重把握三个关键维度：

其一，构建柔性化政策框架。本次改革摒弃"一刀切"模式，建立弹性退休机制。以 2025 年新规为例，除特殊工种外，允许职工在达到最低缴费年限后，根据自身健康状况、职业特性等因素，选择提前 1—3 年或延迟 1—3 年退休。这种弹性设计既尊重个体选择权，又通过"长缴多得"激励机制引导渐进式调整，形成政策刚性与人文关怀的平衡。

其二，创新长寿风险对冲机制。为应对百岁时代挑战，亟需构建医疗、养老、护理保险的"三支柱"保障体系。建议借鉴国际经验，探索"医养结合"长期护理保险制度，建立失能等级评估与待遇动态调整机制。同时，在金融领域试点长寿风险证券化，通过发行与生存概率挂钩的逆生存债券、生存互换等创新产品，将长寿风险转移至资本市场，形成政府、市场、个人共担的新型保障机制。

其三，建立动态调适的政策闭环。政策实施需与人口预测模型、就业市场监测、社保精算系统形成联动机制。当前测算显示，我国老龄化率将在2035 年前后突破 30%，政策窗口期正在收窄。为此，应建立政策效果动态评估机制，根据劳动力市场反馈、基金收支变化、群体适应性等关键指标，适时调整延迟节奏与配套措施。特别关注制造业、运输业等体力劳动密集型行业，通过职业伤害保障、阶梯式劳动强度调整等过渡性安排，降低政策实施的摩擦成本。

这项改革本质上是代际契约的重构，需要在公平与效率、传统与现代之间寻找平衡点。唯有通过精细化制度设计、包容性政策调适、创新性风险对冲，方能在银发浪潮中筑牢社会保障的安全网，为高质量发展注入持久动能。

第六章　老龄化成本的个人分担机制研究

经过多年发展，我国养老保险制度已逐步形成了由基本养老保险、企业年金和商业养老保险构成的三大支柱体系。在这三大支柱中，作为第一支柱，基本养老保险制度依靠政府的强制性缴纳，为公民提供基础养老保障，是整个养老保险体系的基础。第二支柱企业年金则是雇主为员工设立的补充养老金，旨在提升以基本养老保险为主要构成的养老待遇。而第三支柱，包括商业养老保险和个人养老金，则是在第二支柱基础上进一步提升养老待遇的层次，以个人为主导，旨在解决人民日益增长的美好生活需要和不平衡不充分的发展之间的矛盾。

尽管我国个人养老金制度起步较晚，但其作用不容忽视。作为养老保险制度的延伸和补充，个人养老金制度以个人为核心，市场化运营为特色，政府政策支持为保障，是我国养老保险制度中首个允许公民个人参与、市场化运营并由国家制度背书的养老保险制度。因此，个人养老金制度构成了社会老龄化成本重要的个人分担机制。

第一节　个人养老金制度的背景和历史沿革

个人养老金制度的引入与深化，不仅是我国对传统养老保险体系的一次重要补充与全面完善，更是我国在积极应对老龄化社会挑战、精准满足民众个性化养老需求方面迈出的关键一步。这一制度的设计，充分考虑到了当前社会老龄化趋势的严峻性以及民众对于养老生活品质提升的迫切需求。通过鼓励个人自愿参与、市场化运营的方式，个人养老金制度为公众提供了一个更加灵活、多元化的养老储蓄平台。它不仅能够有效缓解公共养老金系统的压力，分散养老风险，还能够根据个人的风险偏好和养老规划，提供更加贴合个人需求的养老保障方案。随着该制度的持续发展与政策环境的不断优化，个人养老金制度有望成为推动我国养老事业创新发展、提升老年人生活质量的重要力量，为构建多层次、可持续的养老保障体系贡献新的动能。

一、个人养老金的制度背景

个人养老金制度是我国养老保险体系中的关键一环，其起源可追溯至1994年世界银行发布的《防止老龄危机——保护老年人及促进增长的政策》报告。该报告首次提出了"三支柱模式"，旨在通过多元结合的方式应对老龄化带来的挑战。这三支柱具体包括：一是法律强制的公共养老金，即国家强制实施的、为退休老人提供基础保障的基本养老保险制度；二是企业与个人共同缴费的企业年金，作为职业养老对基本养老的补充，体现在我国的职工养老保险中；三是个人养老储蓄金，即基于个人意愿为老年风险积累的个人养老金，包括商业养老保险及个人养老金制度。这一模式全面涵盖了国家、企业和个人对养老风险的共同承担，而个人养老金制度正是在此基础上，作为第一、二支柱之后的个人储蓄计划应运而生。

相较于第一、二支柱，个人养老金制度展现出更高的独立性和自主性，其运作模式和宗旨与其他两者存在显著差异。以欧美国家为例，近年来他们积极推动个人养老金制度，以预防第一支柱可能带来的养老风险。如英国，尽管其养老金制度已相当完善，但在新一轮改革中，仍引导高收入群体增加个人养老储备。而美国自1974年构建以个人退休账户为核心的个人养老保障机制以来，其养老保险体系逐渐倾向于支持个人养老金制度的发展，有效平衡了早期过度依赖第一支柱的态势。全球范围内，各国都在积极探索第三支柱在养老保险体系中的可行模式，试图使其成为养老保险发展的新趋势。

个人养老金制度的诞生与发展，是老龄化日益严峻背景下的必然产物。首先，养老保险体系的不均衡发展是其重要推手。随着全球老龄化程度的加深和人均寿命的延长，第一支柱需承担的人口比例和养老期限不断增加；同时，第二支柱因退休职工数量增加而逐年递减，导致养老保险体系面临越来越大的扶养压力。其次，个性化养老需求的崛起也是推动因素之一。传统的养老金模式主要满足老年人的基本生存需求，而无法满足老年人更深层次的期望。最后，第一支柱基本养老保险的高替代率降低了公民参与个人养老金制度的积极性。然而，要满足公民深层次的养老需求，必须将制度建立在坚实的物质基础之上。个人养老金制度作为个人主导的养老金制度，有望为公民提供更加个性化、深层次的养老服务。

二、个人养老金的制度历史

追溯个人养老金制度的根源，我们不得不提及我国养老保险体系三大支柱的发展历程。尽管国际上普遍采用"三支柱"模式来描述养老保险体系，但在我国的法律语境中，更倾向于使用"多层式"的表述。这一历程的起点可以追溯至 1991 年，当时国务院发布了《国务院关于企业职工养老保险制度改革的决定》，首次提出了国家、企业、个人三方共同负担的养老保险模式，其中就包含了职工个人储蓄性养老保险制度，这可以被视为我国个人养老金制度的早期雏形。这一决定不仅体现了国家对个人储蓄型养老保险的倾斜，也预示着个人养老金在我国养老保险体系中的初步布局。

随后的多年里，国家对于个人储蓄型养老保险的探索从未停止。2014年，《国务院关于加快发展现代保险服务业的若干意见》明确提出要研究个人税收递延型商业养老保险制度，这标志着国家在建立三支柱养老保险体系上迈出了重要一步。2018 年，随着《关于开展个人税收递延型商业养老保险试点的通知》的发布，上海市、福建省（含厦门市）、苏州工业园区率先开展了试点工作，同时配套发布了《个人税收递延型商业养老保险业务管理暂行办法》，为第三支柱的正式树立提供了制度保障。

进入新时代，面对人口老龄化的严峻挑战，国家对于养老保险体系的完善更加迫切。2019 年，《国家积极应对人口老龄化中长期规划》将夯实社会财富储备作为应对老龄化的核心内容，进一步强调了养老保险体系改革的重要性。经过长达三十年的探索与准备，为完善多层次、多支柱的养老保险体系，2022 年 4 月，国务院办公厅发布了《国务院办公厅关于推动个人养老金发展的意见》（以下简称《意见》），明确提出要推动发展适合中国国情、政府政策支持、个人自愿参加、市场化运营的个人养老金制度，以与基本养老保险、企业年金相衔接，实现养老保险的补充功能。同时，《意见》还明确了个人养老金与以往商业养老保险的区别，并提出了通过政府政策支持来协调其他养老保险发展的路径。这标志着我国个人养老金制度从理论探索走向了实践操作。

然而，我们也应清醒地看到，尽管我国第一支柱基本养老保险覆盖人口逐年递增，第二支柱企业年金也在稳步发展，但第三支柱个人储蓄商业保险仍处于起步阶段，个人税收递延型养老保险尚处试点阶段，个人养老金制度更是刚刚起步。从发展的角度来看，个人养老金制度还缺乏一套完善的运行机制和系统的法律制度保障。因此，在推进个人养老金制度的过程中，我们既可以借鉴个人税收递延型养老保险制度的经验教训，也应明确两者之间的区别，各有侧重地完善相关政策和制度设计。

第二节　个人养老金制度的必要性与理论基础

在全球人口老龄化趋势加剧的背景下，单一依靠基本养老保险已难以满足日益增长的养老需求。个人养老金制度的引入，不仅能够有效补充基本养老保险的不足，提升养老保障体系的整体效能，还能激发个人养老储蓄的积极性，促进养老资金的长期积累和合理投资。其理论基础根植于多支柱养老保险体系之中，通过政府政策支持、个人自愿参与和市场化运作相结合的方式，实现养老保障的多元化与可持续发展。个人养老金制度的实施，既是对传统养老保障模式的创新，也是对现代社会养老需求的有效回应，对于构建更加公平、可持续的养老保障体系具有重要意义。

一、个人养老金制度的现实必要性

个人养老金制度作为我国养老保险体系中的重要一环，其引入不仅是对现有养老保障体系的必要补充，更是应对人口老龄化挑战、缓解基本养老保险压力的战略举措。在我国，庞大的人口基数与日益加速的老龄化进程，共同构成了对养老保险体系的严峻考验。第一支柱基本养老保险虽已广泛覆盖，但面对老龄化带来的基金支付压力、转制成本问题以及个人账户潜在的亏空风险，其可持续性面临挑战。同时，第二支柱企业年金虽受国家政策支持，但因工种多样、企业参保意愿差异等因素，其覆盖率有限，难以满足广大民众的多元化养老需求。因此，个人养老金制度的推出，无疑为破解当前养老困局提供了新思路，成为完善我国养老保险体系的关键一环。

个人养老金制度作为一项创新性的养老保障措施，其核心在于赋予参保人更多的自主选择权。通过建立个人账户，参保人可自主决定参保金额、投资方向及风险承担，这一制度设计充分体现了国家对个人意愿的尊重与保护。然而，自主选择的背后离不开国家强有力的支持与监管。首先，为确保个人养老金制度的公平性与透明度，国家需构建一个公开、公正、公平的市场竞争环境，通过法律法规的完善与监管力度的加强，保障参保人的合法权益不受侵害。其次，个人养老金信息管理服务平台的搭建与运营，是制度顺利运行的关键所在。为避免市场主体可能带来的风险，平台应由国家监管的机构负责，既保持了制度的市场化特色，又有效规避了市场风险。此外，养老金融作为个人养老金增值的重要途径，其法律制度的完善与监管同样不可或缺。国家应加快养老金融相关法律法规的制定与修订，为养老金融市场的健康发展提供有力保障。同时，通过税收优惠等激励措施，鼓励更多民众参与个人养老金制度，共同构建多元化、可持续的养老保障体系。

个人养老金制度的广泛覆盖性，使其成为关乎民生福祉的重要制度。与基本养老保险和职工企业年金相比，个人养老金制度以其灵活的参保方式和广泛的覆盖范围，为更多民众提供了养老保障的选择。特别是对于那些没有正式工作或无法享受企业年金的自由职业者和灵活就业人员而言，个人养老金制度无疑为他们抵御养老风险提供了一条重要途径。按照相关政策规定，只要参加了基本养老保险的劳动者，均可开设个人养老金账户，享受其带来的优惠与福利。这一制度设计不仅扩大了养老保障的覆盖面，也提高了制度的普惠性。随着个人养老金制度的深入推广和覆盖范围的扩大，其运营与监管也面临着前所未有的挑战。庞大的资金池和复杂的投资交易活动，要求国家必须履行好运营与监管职责，确保制度的稳健运行。为此，国家应建立健全监管机制，加强对个人养老金制度运营全过程的监督与管理，确保资金安全、投资合规、风险可控。同时，还应加强对参保人的宣传与教育，提高他们的风险意识和自我保护能力，共同维护个人养老金制度的健康发展。

个人养老金制度的推出是我国养老保险体系改革的重要里程碑，它不仅为民众提供了更多元化的养老选择，也为缓解基本养老保险压力、构建可持续的养老保障体系提供了有力支撑。然而，制度的完善与健康发展离不开国家的强力支持与监管。只有政府、市场、社会各方共同努力，才能推动个人养老金制度不断成熟与完善，为民众的养老生活提供更加坚实的保障。

二、个人养老金制度的理论基础

（一）人格尊严需求

人格尊严的概念，超越了简单的道德尊重范畴，它在法律领域具有更为精确且深远的含义。不同于日本宪法中"人性尊严"强调的个体间相互尊重，人格尊严侧重于每个人作为独立法律主体所固有的、应受尊重的价值。它根植于每个人的独特意志之中，是人在社会发展过程中不可剥夺的固有属性。人性尊严，则作为人类共通的、普遍的人格特质，使每个人成为有尊严的存在。这种尊严并非抽象概念，而是精神与肉体相统一、在现实挑战中坚持自律生活的具体体现。

法律是调整社会关系的规范，必须充分体现对人性尊严的尊重。基本权利作为人性尊严在法律层面的具体表现，是每个人在自然法框架内自主决定行动、处理财产权和人身权的基石。个人通过行使基本权利，将自身对尊严的追求诉诸国家，期望国家在其让渡的部分权利范围内给予回应。这构成了国家尊重义务与人性尊严之间的紧密联系——国家尊重义务，实质上是人性尊严要求在国家层面的体现。

从个人养老金制度的角度来看，这一制度旨在保障老年公民在晚年时期能够维持其人性尊严。通过提供实际的经济支持，个人养老金制度助力公民在老年阶段依然能够保持自尊、自主和自律。国家在此充当着不可或缺的角色，有义务通过实施个人养老金制度，来维护和促进公民的人性尊严。因此，个人养老金制度中公民的个人人性尊严，不仅是国家尊重义务的存在前提和基础，更是其最终目的所在。国家有责任、有义务确保这一制度的有效实施，以实现对公民人性尊严的全面保护。

（二）生存权保障

生存权是关乎人类存续与发展的核心权利，自古以来便是社会关注与争议的焦点。日本著名学者大须贺明曾深刻指出，生存权不仅是一项具体的法律权利，更是国家必须积极保障与履行的义务。立法机关须制定详尽的法律，明确生存权保障的内容、方法与程序；行政机关则需采取切实有效的措施，确保公民生存权的落地生根；而司法机关，在公民生存权遭受侵害时，应依据宪法规定提供及时的司法救济。这一系列国家义务的设定，彰显了生存权在法律体系中的独特地位与重要性。

从根本上讲，生存权是每个人从出生起便天然享有的、追求在社会中生存与发展的权利。它超越了自由权等其他权利，成为人类一切社会活动的前提与基础。回溯历史，无论是氏族社会的捕猎种植、繁衍生息，还是封建社会的王权更迭、民众起义，其背后无不蕴含着人类对生存的渴望与追求。进入现代社会，尽管法律制度不断完善，各项权利保障日益加强，但生存权依然稳居各项基本权利之首，成为"天赋人权"与"君权神授"等西方理念中不可或缺的重要组成部分。

然而，关于生存权的内涵与外延，学界始终存在争议。广义上，生存权被视作与生命息息相关的所有权利的总和；狭义上，则特指社会弱者或贫困者向他人请求帮助以维持生存的权利。但无论何种定义，生存权的本源性内容始终指向最低生活水准权，即确保每个人都能享有生命的维护、有尊严的生活以及安全的生活环境。这一核心内容的明确，不仅厘清了生存权与其他权利的关系，更凸显了其在整个权利体系中的基石地位。

生存权的实现，离不开法律、制度与物质的全面保障。法律层面，宪法与法律应明确规定生存权的保护范围与实现路径，为公民提供坚实的法律后盾。制度层面，国家需建立健全的生存权保障体系，确保各项政策措施能够有效落地，惠及每一位公民。物质层面，国家应提供必要的经济支持与社会服务，为公民生存权的实现创造有利条件。这三者相辅相成，共同构成了生存权保护的三维框架。

在这一框架下，个人养老金制度作为对公民年老时基本生存保障的重要制度设计，显得尤为重要。它不仅为老年人提供了基本的生活保障，更在此基础上提供了更加丰富的服务，旨在让老年人在晚年生活中依然能够享有尊严与安全。个人养老金制度的实施，正是国家对公民生存权尊重与保护的生动体现，也是国家履行尊重义务的具体行动表现。

从生存权的角度来看，国家对于个人养老金制度的制定与实施，不仅是对老年人基本生活需求的回应，更是对公民生存权全面保障的承诺。国家应不断完善个人养老金制度，提高其保障水平与服务质量，确保每一位公民在年老时都能享有应有的尊严与安全。同时，国家还应加强生存权与其他权利保障制度的协同与衔接，形成更加完整、高效的生存权保障体系，让每一位公民都能在阳光下自由呼吸、有尊严地生活。

（三）物质帮助权实现

"物质帮助权作为公民基本权利的重要组成部分，是对社会贫弱群体给予国家照顾的直接依据。"[①] 物质帮助权作为公民的一项基本权利，"是指因特殊原因，公民通过正当途径难以获得生存所必要的物质条件时，可以向国家或者社会请求获得帮助的一种权利"。[②] 公民生活陷入困境，往往源于自然与社会双重因素的交织。在此背景下，国家基于公民基本权利与国家尊重义务的紧密联系，承担起为公民提供实际物质救助的重任。物质帮助权，作为公民法律地位的重要体现，具有多重意义：

第一，它构筑了公民基本生存保障的最后一道坚固防线，明确赋予公民一项不可或缺的基本权利；第二，它满足了公民对救济的迫切需求，为公民通过司法手段维护自身权益奠定了坚实的权利基础；第三，它从国家与社会的高度出发，有力捍卫了公民最基本的人性尊严；第四，它不仅从本质层面回应了公民对救助的渴望，更从实体权利角度对任何侵犯公民物质帮助权的行为予以坚决抵制。

物质帮助权作为公民的基本权利，必然伴随着国家的尊重义务。这一义务有着深厚的宪法哲学根基，即权利的需求决定了国家的尊重义务。作为宪法中的客观规范和价值秩序，基本权利理论为国家尊重权利的义务提供了坚实的学理支撑。公民享有物质帮助权，国家便负有相应的尊重义务，公民将权利托付于国家，国家则需以实际行动履行保护公民基本权利的承诺，国家尊重义务与公民权利之间形成了紧密而明确的对应关系。

个人养老金制度正是为了满足公民年老时基本生存保障的需求而设。它不仅为公民养老提供了更多元化的选择，更在保障基本生存需求的基础上，

---

① 原新利，龚向和. 我国公民物质帮助权的基本权利功能分析 [J]. 山东社会科学，2020（2）.

② 周敬敏. 社会保障基本国策的规范体系与实施路径 [J]. 政法论坛，2021（3）.

致力于提升公民的生活质量，让老年人更加有尊严地生活。因此，国家理应给予必要的物质支持，以推动个人养老金制度的顺利实施。

当前，基本养老保险制度已初步实现公民老年时期的基本生存保障功能。然而，如何进一步提升公民的生活水平，仍是亟待解决的问题。个人养老金制度，作为一种从公民年轻时便开始的储蓄型养老制度，正是为了解决这一问题而设计的。它旨在通过长期积累，为公民年老时提供更为优渥的生活条件。在此背景下，物质帮助权不应再仅仅局限于解决公民的贫困问题，而应成为提升公民生活水平的重要保障。国家亦应承担起相应的尊重义务，通过政策引导、资金支持等方式，助力个人养老金制度的完善与发展，让每一位公民都能享有更加幸福、有尊严的老年生活。

第三节　个人养老金制度模式构建与监管

个人养老金制度的核心优势在于其赋予个人财税政策的优惠支持。作为对我国现有养老金体系的重要补充，个人养老金制度本质上为公民开辟了一条全新的养老资金积累途径，不仅丰富了国家养老金制度的构成，还显著增强了国家和社会抵御养老风险的能力。

一、个人养老金制度模式构建

根据《意见》的明确规定，我国个人养老金制度采用的是个人账户制，其缴费责任完全由个人承担，并遵循完全积累的原则。当前，个人养老金制度的运作模式主要体现为：参与者定期向个人的养老金账户缴存一定数额的资金，这些资金随后可用于向金融机构购买各类金融产品，以实现养老金资产的保值与增值。购买金融产品所带来的风险需由参与者个人自行承担。从这一现行运作模式来看，个人养老金制度主要由两大核心内容构成：一是个人养老金的参与制度，二是个人养老金的收益制度。

（一）公民参加个人养老金制度

个人养老金制度是养老保险体系中的一个独特组成部分，同时也是一种自愿参与的个人储蓄机制，它以个人为单位进行申请，并与其他养老保险制度在内容上存在显著差异。这一制度是由政府依据相关法律法规设立的，通过财税激励措施，鼓励和引导所有经济活动人口以个人养老为目标，自愿参与并主导的个人积累型养老金制度。

在个人养老金制度下，个人成为养老金管理的核心单位，不再受限于工作、社会等因素，享有更广泛的自由选择权。然而，为了确保制度的稳健运行和目的的实现，制度在赋予个人自由的同时，也需在一定范围内进行必要的限制。

关于个人养老金制度的参与门槛，首先需考虑的是参与资格问题，即哪些公民能够加入这一制度，享受其带来的便利与保障。基于我国养老金制度的现状，个人养老金制度应主要面向已参加基本养老保险，并在此基础上考虑是否进行适当扩展的公民。作为养老金的补充备用金，个人养老金制度以基本养老金制度的受众为主体是合理的。同时，还需审视现行养老金制度是否存在未覆盖的人群，探讨个人养老金制度能否助力实现养老金制度的全面覆盖，从而在整个养老保险体系中发挥真正的补充作用。

此外，个人养老金制度的资金门槛也是一个关键问题。是否需要设定资金门槛，以及如何确定这一门槛，将直接影响制度的覆盖范围。资金门槛的设置不仅关乎个人养老金制度的可及性，还对其最终的实施效果具有深远影响。因此，在确定个人养老金制度的参与门槛时，必须综合考虑受众群体范围和资金门槛这两个核心要素，以确保制度的公平性、可持续性和有效性。

（二）个人养老金收益制度

个人养老金制度与传统养老金制度存在显著差异，不仅体现在参与主体的特殊性上，其收益制度也独具特色。该制度不仅赋予个人自主参与、自主决定缴费额度以及自主选择养老金投资方式的权利，还允许个人将养老金存储于专属账户，并根据自身需求灵活选择养老金的使用方式。

在个人养老金制度下，参与者可以选择将养老金以存款形式获取略高于银行同期利率的利息收益，也可以选择购买与个人养老金平台合作的金融机构提供的金融产品，以实现养老金的稳定增值。这种通过金融投资获取养老金收益的方式，不仅拓宽了养老金融的业务范围，也为个人养老金的增值提供了新的途径。

　　然而，从制度层面来看，个人养老金作为公民化解未来养老风险的重要财富，其投入金融理财必须建立在完善的养老金融制度基础之上。从金融产品的筛选、金融工具的使用到金融政策工具的落实，都需要一套严密的制度作为保障，以确保个人养老金的安全性和收益性。

　　个人养老金的养老金融与其他金融运行制度有所不同，其安全性应优先于收益性。在保证低风险投资的前提下，尽可能获取较高的收益是个人养老金投资的核心原则。为了实现这一目标，个人养老金投资平台必须具备一套完善的金融风险防范制度。从金融产品的筛选、提供到交割、风险防控等各个环节，都应进行严格的把控和管理，以确保个人养老金的金融风险在可控范围之内。

　　通过构建完善的养老金融制度和金融风险防范制度，个人养老金制度不仅能够保障参与者的权益，还能提升个人养老金的收益水平，从而形成正向激励效应，鼓励更多公民积极参与个人养老金制度。这不仅有助于提升公民的养老保障水平，还能促进养老金融市场的健康发展。

二、个人养老金的税收优惠激励

　　个人养老金制度为我国社会主义市场经济的发展奠定了坚实基础，并在推动经济发展、深化国有企业改革以及强化民生保障方面发挥了关键作用。

　　个人养老金制度的稳健发展，离不开国家政策的鼎力支持。回顾我国商业养老保险的演进历程，不难发现，税收优惠政策是激励养老保险金积累的重要手段。国家通过调整税收政策，有效引导公众参与商业养老保险。同样地，个人养老金制度也需要借助税收优惠这一政策杠杆，来促进其持续健康发展。通过实施税收优惠，可以进一步激发个人参与养老金制度的积极性，从而为我国养老保障体系的完善和经济社会的长远发展注入新的活力。

（一）税收优惠的正向激励

　　个人养老金制度旨在减轻养老风险，若要激发个人参与该制度的热情，就需从参与环节入手，提供有效的激励措施。对比当前的基本养老保险和企业职工年金运作机制，公民工资中的一部分被按比例用于强制缴纳基本养老保险或作为职业年金的投入，该制度未降低实际可支配收入，反而可能通过政策调整等因素提升养老待遇，并且公民对当期收入无明显损失感。然而，这些养老金的领取条件严格，通常需等到退休或丧失劳动能力时方可领取。

相比之下，若公民选择将部分工资存入个人养老金账户，其工资的实际价值并未减少，反而可能因投资收益而增加未来养老金的回报，且领取条件相对宽松。尽管个人养老金制度在某些方面展现出优于基本养老保险的潜力，但其存在的风险性却往往让公民望而却步，缺乏国家和政府的强制力支持使得公民对其信赖度不高。

从制度设计的不足出发，个人养老金亟需一项能区别于其他养老保险的创新机制，以激励公民积极参与。税收优惠正是这样一个有效的正向激励手段。它允许参保人在工作期间向个人养老金账户缴纳一定额度的资金，从而部分或全部免除其应缴纳的税金。此外，还可以采取延期缴纳个人所得税的方式，即参保人在工作期间税前限额内列支缴费金额，免于即时缴纳个人所得税，而等到符合领取条件领取养老金时再如实缴纳。

税收优惠不仅提升了个人养老金的制度吸引力，还为其长远发展提供了有力保障。这一政策极大地激发了公民参与个人养老金制度的积极性，助力个人养老金制度实现了从零到一的突破性进展。

（二）税收优惠激励的制度逻辑

税收优惠作为一种制度设计，巧妙地运用了税收延迟效应来促进个人养老金制度的发展。在人生的不同阶段，公民所承担的义务各有侧重，但在劳动工作期间，纳税义务是不可避免的。税收优惠可以减轻公民的税收负担，增加其可支配收入，进而促进养老金的积累和增值。

一方面，税收优惠实际上相当于从另一个维度为公民增加了财富，提升了他们的生活幸福感。另一方面，公民通过参与个人养老金计划，不仅实现了财富的另一种积累方式，还为未来的生活财富提供了保值对冲。尽管存在风险，但税收优惠所带来的个人养老金积累往往十分可观。因此，从财富积累的角度来看，税收优惠为公民参与个人养老金提供了一项重要的政策制度支持。

然而，税收优惠也存在其局限性和实施方式的问题。根据《意见》中的规定，个人养老金的最高缴纳金额为12000元，这一限制自然也影响了税收优惠的幅度。从个人养老金制度的定位来看，其目标群体并非低收入群体。

对于低收入群体而言，参与基本养老保险制度更为符合他们的经济状况，而不太可能选择存在投资风险的个人养老金，或者他们根本没有足够的资金来参与。

因此，个人养老金制度更多的是针对中高收入群体，尤其是中等收入群体的养老保险制度。中等收入群体具备一定的资金实力来参与个人养老金制度，这一制度可以为他们的老年生活增加一份保障，同时也可以为其减免一部分税收。相比之下，高收入群体对于未来养老的抗风险能力已经较强，参与个人养老金制度的意义相对较小，且税收优惠对于他们每月的税收支出并未产生显著影响，反而可能带来复杂的程序负担。因此，个人养老金制度更适合中等收入群体参与。

三、个人养老金投资收益监管

个人养老金的投资收益是公民个人养老风险的重要屏障，其重要性不言而喻。公民参与个人养老金计划，其核心目的就是获取稳定的投资收益，以保障未来的养老生活。然而，在金融投资的过程中，风险总是如影随形，这就要求我们必须建立一套完备的个人养老金投资收益监管制度，以降低公民的投资风险。下文将从个人养老金投资收益中的道德风险、金融风险以及社会风险三个角度，深入探讨国家对个人养老金的监管义务。

（一）个人养老金投资收益中的道德风险

个人养老金制度与传统金融投资有着显著的差异，其主体特殊、用途明确，因此必须配备与之相适应的金融投资监管制度。在个人养老金的运行机制中，公民将资金存入个人养老金账户，并通过从个人养老金平台指定的金融机构购买金融产品来实现投资与收益。然而，这一过程中潜藏着诸多道德风险。

首先，金融机构在提供金融产品时，可能存在违反谨慎投资义务的行为。为了追求更高的利润，一些金融机构可能会忽视风险，将资金投入高风险的项目中，从而危及个人养老金的安全。其次，关联交易也是一大隐患。金融机构与关联方之间的不正当交易可能损害个人养老金参与人的利益。此外，信息披露的不透明也是道德风险的重要来源。如果金融机构未能充分披露产品信息和风险状况，个人养老金参与人可能因信息不对称而做出错误的投资决策，导致资金损失。

为了防范这些道德风险，国家应加强对金融机构的监管，确保其遵守谨慎投资原则，严禁关联交易，提高信息披露的透明度。同时，还应加强对个人养老金参与人的金融知识教育，提高他们的风险识别能力，使他们能够做出更为正确的投资决策。

（二）个人养老金投资收益中的金融风险

金融市场瞬息万变，金融风险是个人养老金实现金融交易过程中无法避免的现实挑战。对于个人养老金参与人来说，如何从复杂的金融市场中获取稳定收益，需要一套完善的投资收益监管制度来保驾护航。

金融交易涉及众多金融产品，如信托、基金、股票等，每类产品都承载着不同的风险。特别是以金融机构为代表的交易主体，它们虽然承担了个人养老金的交易责任，但同时也站在了金融风险的风口浪尖上。个人养老金投资的金融产品种类繁多，交易过程复杂，这大大增加了交易风险。

为了降低金融风险，国家应制定严格的投资准则和监管制度，确保个人养老金的投资活动遵循风险可控的原则。同时，还应建立一套科学的金融机构选择机制，筛选出具备良好信誉和风险管理能力的金融机构作为个人养老金的投资主体。此外，加强对金融机构的日常监管和风险评估也是必不可少的环节，确保其能够持续、稳定地为个人养老金提供优质的金融服务。

（三）个人养老金投资收益中的社会风险

社会风险是个人养老金信托面临的一般风险，且其风险程度往往高于一般养老金计划。个人养老金计划与传统的第一支柱和第二支柱养老金计划存在显著差异，这主要体现在风险承担主体上。

在第一支柱养老金计划中，国家作为计划发起人，对养老基金的投资活动有着严格的审控和监管标准。这使得第一支柱养老金计划的风险主要由国家承担，个人参与者无须过多担忧资金安全。而在第二支柱养老金计划中，企业雇主是计划的发起人，负责监管金融投资活动。有能力设立个人养老金计划的企业通常为大中型企业，它们拥有专业的部门或人员来管理和监管庞大的资金，对风险具有一定的把控能力。

然而，在个人养老金计划中，风险承担主体变为了社会中的普通公民。

这些公民往往缺乏专业的金融知识和风险管理能力，对金融风险的承受能力较差。随着老年人劳动能力的下降和经济能力的减弱，他们的金融风险承受能力也进一步降低。此外，由于老年人信息获取受限，加剧了金融市场中的信息不对称。当养老资金的安全性难以保障时，极易引发老年社会的群体风险，对社会稳定造成不良影响。

为了降低个人养老金的社会风险，国家应加强对个人养老金计划的监管和指导，确保其投资活动符合法律法规和监管要求。同时，还应加强对老年人的金融知识教育和风险防范意识培养，提高他们的自我保护能力。此外，建立有效的风险应对机制也是必不可少的环节，以便在风险发生时能够迅速、有效地进行处置和化解。

第四节　个人养老金制度发展和完善策略

个人养老金制度是一项旨在为公民晚年生活提供坚实经济支撑的养老保险制度，其核心价值在于确保参与者能够在退休后从个人养老金账户中稳定获取累积多年的储蓄及其增值收益，从而享受到应有的养老金待遇。为了确保这一制度的有效实施，保障公民个人养老金账户的资金安全及养老金给付的及时、足额，国家需从多维度出发，积极推动个人养老金制度的完善与发展。

一、构建个人养老金制度模式

鉴于当前个人养老金制度仍处于初步构建阶段，其体系尚不完善，公民在参与、投资、收益及领取等环节均面临诸多争议与挑战。为有效解决这些问题，笔者从制度框架层面提出以下若干构想，旨在推动个人养老金制度的健康发展。

（一）构建统一高效的个人养老金信息平台

《意见》明确指出，应建立由人力资源社会保障部主导的个人养老金信息平台，该平台需与合规的商业银行及金融行业平台实现无缝对接，集成并共享财政、税务等相关部门的信息。此平台作为公民接触个人养老金的首要门户，须具备全面而强大的服务功能。

首先，平台应成为连接个人养老金所有参与方的桥梁，确保信息流通顺畅，为公民提供账户管理、缴费处理、信息查询等基础服务。其次，应设立个人养老金专属账户体系，每个参与者均拥有唯一账户，该账户不仅用于个人信息管理、税务信息对接，还应支持纳税抵扣、税务审核及补贴发放等功能。此外，该账户需与各大金融机构的内部账户实现互联互通，使得公民仅需通过一个账户即可轻松管理在多家金融机构的投资，简化操作流程，提升便捷性。

同时，平台应成为金融机构展示与竞争的舞台，为公民提供多样化的金融产品选择，既促进市场竞争，又满足公民的个性化需求。通过平台对金融产品的初步筛选与审核，可以有效控制风险，确保金融产品的合规性与安全性。最后，统一的平台有助于提升服务效率，降低运营成本，实现无纸化投保，为公民提供更为高效、便捷的服务体验。

（二）优化个人养老金投资制度设计

个人养老金制度的核心在于通过投资实现资金的保值增值。为吸引并鼓励公民积极参与，国家除采取税收优惠等激励措施外，还需在投资制度上进行精心设计与完善。

首先，应根据个人养老金的特殊性，开发与之相匹配的金融产品。这些产品须具备高度的安全性与稳定性，确保公民的本金不受损失；同时又要具有一定的收益性，以满足公民对养老金增值的合理期待。其次，应提供多元化的金融产品选择，通过分散投资降低风险，同时满足不同风险偏好的投资者需求。多样化的产品不仅能提升投资组合的稳健性，还能激发公民的投资热情，提高参与度。

此外，金融机构作为个人养老金投资的重要参与方，应严格履行信息披露、信息提供等义务，保障公民的知情权与选择权。同时，金融机构还需对自身的金融产品进行客观评估，为公民提供科学合理的投资建议，帮助他们实现资金的合理配置与理性投资。通过加强金融监管与服务保障，确保个人养老金投资制度的健康运行，为公民的养老生活提供坚实保障。

二、优化税收优惠激励方案

在第三支柱个人养老保险制度的发展中，如何有效激励更多个体自愿参与，是亟待解决的核心问题。税收优惠作为推动个人养老金制度发展的重要力量，其优化设计与实施显得尤为关键。因此，深入探究并优化税收优惠政策中的各项要素，对于提升个人养老金制度的吸引力和参与度至关重要。

（一）税收优惠的金额设计

在设计个人养老金制度的税收优惠金额时，确保政策的公平性与合理性至关重要。税收优惠作为激励个人参与养老金制度的重要手段，其具体限额的设定需经过深谋远虑。在我国现行的个人所得税制度下，个人参与养老金制度的主要动力在于通过税收减免增加个人财富。然而，如何确定合适的优惠力度，参考哪些因素来制定标准，以有效刺激个人参与，成为亟待解决的问题。

考虑到个人养老金制度主要面向中等收入群体，这些群体通常已参与基本养老保险和企业年金，基本养老风险已得到初步保障。因此，要激励他们进一步参与个人养老金制度，除了明确展示养老金的保值增值潜力外，具有吸引力的税收优惠是最直接的动力。然而，税收优惠的额度必须适中，既能吸引中等收入群体参与，又要避免加剧贫富差距。过高的税收优惠可能使低收入群体因无力参与而无法享受这一政策红利，反而导致财富进一步向中等收入群体集中。同时，税收作为国家财政的重要组成部分，其优惠政策的过度倾斜可能会削弱对其他养老保险制度的支持，因此必须保持平衡。

在个人养老金制度的税收优惠设计中，通常有两种方式：金额制和比例制。金额制通过设定固定的免税额度来激励参与，操作简便，但可能存在缴纳上限的问题，即个人可能不会因固定的免税额度而增加养老金缴纳额。相比之下，比例制将税收优惠与个人收入和养老金缴纳额挂钩，更能激发个人的缴纳积极性。然而，比例制的设计应综合考虑个人收入和缴纳额，通过科学测算确定免税比例，并根据个人养老金缴纳额度确定最终税收优惠金额。同时，国家应设定合理的缴纳限额，以控制税收免除的额度，确保税收优惠力度适中——既激励个人参与，又维护社会公平。

（二）税收优惠模式的选择

税收优惠模式的合理设计是个人养老金制度蓬勃发展的核心驱动力。税收优惠模式，基于参与人在不同税收时间节点（缴费、投资、领取）所享受的税务处理差异对待，对个人的参与意愿产生深远影响。个人养老金制度的运作流程涵盖缴费、投资、领取三大关键环节，每一环节的资金流动都伴随着税务处理的选择，即征税或免税。通过对这三个阶段税务处理的排列组合，可以形成八种不同的税收优惠模式。

其中，TTT 模式（缴费、投资、领取阶段均征税）对个人养老金制度而言缺乏吸引力，甚至可能加重公民的税收负担，导致制度难以持续运行，因此并非理想的税收优惠模式。而 EEE 模式（缴费、投资、领取阶段均免税）虽然能极大激发个人参与热情，但可能严重损害国家财政利益，引发社会贫富差距扩大，不利于社会公平与稳定。

在设计税收优惠模式时，需兼顾个人激励与国家财政利益。具体而言，应根据个人养老金制度的发展阶段灵活调整。若制度已趋成熟，公民参与稳定，可适当降低税收优惠力度，选择其中一个阶段免税，以维持激励效果并补充国家财政收入。然而，当前我国个人养老金制度尚处于起步阶段，亟需税收优惠政策的强力推动。因此，TEE（缴费阶段征税、投资与领取阶段免税）或 EET（缴费与投资阶段免税、领取阶段征税）模式更为适宜。

这两种模式均能为个人养老金参与者提供显著的税收优惠，同时确保国家财政收入的稳定。具体而言，EET 模式对高收入群体更具吸引力，因其提供的税收优惠更为丰厚，且符合人们普遍偏好即时利益的心理，即更愿意接受当下免税的优惠。而对于中低收入群体而言，TEE 模式可能更为合适。因为他们在缴费时的税收负担相对较低，而投资阶段获得的收益免税对他们而言更具实际意义。因此，在设计个人养老金制度的税收优惠模式时，应综合考虑不同收入群体的实际需求与利益，以实现制度的最优化与可持续发展。

三、建立个人养老金监管制度

个人养老金制度是养老保险体系第三支柱的核心构成，其巨额资金的金融市场投资活动潜藏着不容忽视的风险。对于参与个人养老金计划的民众而言，构建一个严密的监管框架是确保其资金安全的关键。养老金投资监管体系，作为资本市场监管网络的关键一环，融合了政府监管与市场自律双重机制。

在构建个人养老金监管制度时，应确立政府监管的主导地位，同时辅以市场监管，共同织就一张全面而严密的监管网。这一监管体系应贯穿个人养老金的全生命周期，从最初的缴纳环节，到投资与交易过程，直至最终的领取阶段，每一环节都需设定严格的监管流程和明确的处罚机制。监管的触角不应仅限于投资领域，而应全面覆盖个人养老金管理的各个方面，确保每一分钱都能在安全、合规的轨道上运行，为参与者的养老未来提供坚实保障。

（一）个人养老金政府监管制度

根据《意见》关于个人养老金监管的明确规定，人力资源社会保障部与财政部需对个人养老金的发展实施宏观指导，并具体负责制定涉及账户设立、缴费上限、待遇领取及税收优惠等核心政策，同时负责运行监管及定期向社会公开相关信息。此外，税务部门及相关金融监管机构也需承担起对个人养老金的监管职责。

作为社会保险中养老保险的关键组成部分，个人养老金制度的监管重任自然落在了人力资源社会保障部的肩上，它不仅是整个监管体系的核心，更需发挥引领作用。从政策制定的维度来看，人力资源社会保障部应全面主导个人养老金相关政策的制定工作，负责构建信息化平台，明确制度框架，以及界定各参与机构的角色与职责。

财政部在监管过程中同样扮演着至关重要的角色。鉴于个人养老金汇聚了巨额的公众储蓄，且税收优惠政策的实施与财政部的管控息息相关，财政部必须对个人养老金的资金流动实施严密监控，确保税收与个人养老金缴纳之间的正向联动。通过与人力资源社会保障部的紧密合作，共同对个人养老金账户进行严格管理，从资金层面为制度的安全运行提供有力保障。

在个人养老金的监管过程中，建立人力资源社会保障部、财政部与金融监管机构之间的有效沟通机制显得尤为重要。个人养老金的投资阶段涉及众多金融机构及政策监管机构，如何协调各方力量，实现对个人养老金运行的全链条监管，是监管制度设计必须重点考虑的问题。以公民购买金融证券为例，这一过程不仅涉及金融机构，还涉及金融监管局等监管机构。对于这类特殊的金融产品，金融监管局应制定专门的监管机制与要求。而在资金回流到个人养老金账户的交易过程中，如何防范资金风险，甚至是否需要核实资金的真实性与合法性，都需要政府监管部门与金融机构监管部门之间实现无缝对接。

个人养老金的监管涉及三个关键流程，需要人力资源社会保障部、财政部、金融监管机构等多个部门之间的紧密协作与有效沟通。只有各方共同努力，才能确保个人养老金制度的安全、稳健运行。

（二）个人养老金的自律监管制度

个人养老金制度与其他基本养老保险的显著区别，在于其允许参与者在金融市场上自主交易、自负盈亏。因此，个人养老金的监管不仅需要政府各部门的紧密合作，更需依托市场自律监管组织的力量。市场自律并非依赖外部法律手段来维护交易秩序，而是通过道德约束、合同条款以及团体章程来规范市场主体的行为，旨在实现共同治理与良性发展的目标。

在个人养老金的金融交易过程中，参与者以向指定金融机构购买金融产品的形式来参与市场，金融机构则作为代理执行金融交易。参与者与金融机构之间基于信托合同建立起利益激励与制衡机制，信托权利主体出于自身利益及整体利益的考量，具有监督义务主体的强烈动力，从而确保了监督的高效性。因此，金融机构作为个人养老金投资的核心环节，天然承担着保障个人养老金运营安全及监督投资行为的重要职责。

此外，国家应积极鼓励自律组织在监督个人养老金金融交易方面发挥更大作用。例如，资本市场的交易所不仅能为个人养老金提供合法的交易场所，还能直接实施监督，有效防范虚假交易、信息披露不实等不当金融交易行为的发生。同时，资本市场中的行业协会也能发挥积极作用，一方面为个人养老金参与者提供服务，实现互利共赢；另一方面，通过自律监督来遏制不当金融交易行为，维护市场的公平与秩序。

第七章　老龄化成本的企业分担机制研究

企业作为社会经济活动的重要主体，不仅承载着经济发展的重任，也肩负着为职工提供养老保障的社会责任。在老龄化背景下，企业如何分担社会老龄化成本显得尤为重要。企业分担老龄化成本的方式主要有两种，即企业职工养老保险和企业年金。企业职工养老保险作为社会保障体系的重要组成部分，旨在为退休职工提供基本生活保障，其缴费和给付机制直接关联着企业的运营成本与职工的福利待遇。而企业年金作为补充养老保险制度，不仅有助于提升职工的退休生活水平，更是企业吸引人才、增强凝聚力的重要手段。本章将深入剖析这两种机制的特点、优势、运行原理、政策环境及实践效果，旨在为企业规划科学、合理的老龄化成本分担策略，助力企业实现可持续发展。

第一节　中国企业职工养老保险发展历程

首部《中华人民共和国宪法》明确保障："当劳动者面临年老、疾病或劳动能力丧失时，享有从国家获取物质帮助的权利。"这彰显了新中国对劳动者权益保护的深切关注。当前，我国的养老保险体系依据参保人员类型，细分为城镇企业职工养老保险、机关事业单位人员养老保险以及城乡居民养老保险等多种。鉴于本书聚焦企业职工养老保险领域，因此笔者将重点阐述我国企业职工养老保险制度的发展历程。

一、计划经济时期的职工养老保险

20世纪50年代初，新中国借鉴苏联的"国家保险"模式，着手构建了城市企业职工养老保险体系，并陆续颁布了一系列关键性文件。这些文件详尽地界定了企业职工养老保险的覆盖范围、资金来源、发放条件与方式、替代率标准及退休年龄等核心内容，并在实践过程中不断优化与调整。在此基础上，逐渐形成了以待遇确定型现收现付制为核心的养老保险制度框架。

总体而言，这一时期新中国建立的养老保险制度较为全面地惠及了企业职工群体，为他们提供了必要的养老保障与福利待遇。该制度与当时的经济发展水平及经济体制高度契合，成为新中国社会保障体系中的一座重要的里程碑。

然而，1966年至1976年的"文化大革命"期间，这一制度遭受了严重冲击。特别是1969年2月颁布的《关于国营企业财务工作中几项制度的改革意见（草案）》，标志着原有统一的养老保险体系被彻底瓦解，养老保险的责任主体由国家转向了企业。在当时的计划经济体制下，企业利润全额上缴国家，因此这一时期的"企业保险"实质上与"社会保险"并无二致。

二、市场经济改革后的职工养老保险

"文革"结束之后，中国步入了改革开放的快车道，养老保险制度也迎来了配套改革与完善的契机。为顺应新时代、新体制的需求，国家密集出台了一系列政策文件，推动养老保险制度迅速迈入整合发展的新阶段。

20世纪80年代，我国企业职工养老保险的覆盖范围进一步扩大，不仅涵盖了国有企业和集体所有制企业的职工，还吸纳了外资企业的员工。退休职工待遇水平得到了显著提升，同时退休年龄的设定也更为合理。然而，这一时期的养老保险制度仍主要由单位和国家财政承担全部保险费用，福利性质浓厚，而个人的缴费意识相对淡薄。在人口增长迅速、退休人员占比相对较低的背景下，现收现付的养老金模式运行尚算顺畅，国家财政压力较小。

然而，随着我国经济体制改革的不断深化，传统的养老保险体制已难以满足新形势的需求，亟须进行更深层次的突破性改革。改革开放的浪潮中，西方发达国家及其他发展中国家的养老保险制度为我国提供了宝贵的经验，使我们逐渐认识到养老保险制度不仅应体现福利性，更应注重其社会化和责任感。

为了与我国经济体制改革相适应，企业职工养老保险制度亟需进一步完善。统筹账户与个人账户相结合的部分积累制成为改革的目标。统账结合的养老金制度在覆盖范围、缴费率、替代率、实施办法等多个方面进行了深入探索，为我国现行统账结合养老保险制度的制定与实施奠定了坚实基础。

第二节　企业职工基本养老保险制度政策

一、基本养老保险制度的筹资政策

（一）缴费主体

所有纳入城镇职工基本养老保险覆盖范畴的单位，均须向市社会保险管理局下属的养老保险事业管理中心，为本单位及在职员工办理养老保险登记手续；对于新成立的单位，则需在成立后的 1 个月内完成养老保险的登记工作。

（二）缴费办法

1. 基本养老保险的登记和个人账户的设立

在办理养老保险登记手续时，养老保险事业管理中心需为参保单位分配一个唯一的养老保险编码，并为每位在职员工设立专属的个人养老保险账户，同时发放《养老保险手册》。

个人养老保险账户具有终身不变性，是员工个人养老权益的重要记录。《养老保险手册》详细记载了员工在个人账户设立前的连续工作年限，以及设立后账户内累积的储蓄金额，这些记录将作为员工退休时核算养老金的重要依据。在职员工更换工作单位时，《养老保险手册》需随个人一并转移，以确保养老权益的连续性和完整性。

2. 基本养老保险费的缴费渠道

在职员工应缴的养老保险费用，需由所在单位在每月发放工资时统一代扣。同时，单位需按照既定的时间节点，前往养老保险事业管理中心核定本单位及所有在职员工应缴纳的养老保险费金额，并根据核定的数额，确保足额、按时缴纳。

3. 基本养老保险的变更和注销

当单位出现分立、合并、破产、被撤销等情形，或者发生录用、辞退在职人员（含辞职、自动离职、开除、除名等情况）时，必须在一个月内前往原受理登记的养老保险事业管理中心，办理养老保险的变更登记或注销登记手续。

（三）缴费基数

1. 单位缴费基数

经有关部门核定的上年度单位职工工资总额。

2. 个人缴费基数

对于城镇各类企业职工而言，其个人缴费基数是根据有关部门核定的上年度本人月平均工资来确定的。然而，这一缴费基数存在上下限，上限为统筹地职工月平均工资的 300%，下限则为 60%。具体而言，如果职工本人月平均工资低于当地职工月平均工资的 60%，则按 60% 作为缴费基数；若高于 300%，则按 300% 作为缴费基数，超出部分既不计入缴费工资基数，也不作为计发养老金的基数。

对于职工（包括农民合同工）、自由职业者、城镇个体工商户业主以及其他从业人员，他们通常以本人上年度实际月平均工资作为个人缴费基数（在条件允许的地区，也可以以本人上月工资收入作为缴费基数）。这里的月平均工资是根据国家统计局规定的工资总额统计项目来计算的，涵盖了工资、奖金、津贴、补贴等各项收入。此外，对于某些特殊类型的职工，还有特别的规定：

（1）新入职的员工（如高校毕业生等），其缴费工资基数为起薪当月的工资收入；从第二年开始，则按照上一年实际发放的工资的月平均工资来确定。

（2）单位派出的长期脱产学习人员或经批准请长假的职工，如果保留了工资关系，那么他们的缴费工资基数将依据脱产或请假前一年的月平均工资来确定。

（3）被单位派往境外或国外工作的职工，其缴费工资基数为出境或出国前一年在本单位领取的月平均工资；次年的缴费工资基数则根据本单位上一年度的平均工资增长率进行调整。

（4）失业后再就业的职工，其缴费工资基数为再就业起薪当月的工资收入；从第二年开始，按照上一年实际发放的工资的月平均工资来确定。

对于城镇个体工商户和灵活就业人员，他们采取统筹地上年度在岗职工的平均工资作为个人缴费基数。在职企业职工的养老保险费由所在企业代扣代缴；而自由职业者、城镇个体工商户业主则需本人直接向征缴部门缴纳，个体工商户的从业人员则由业主代扣代缴。离退休人员无须缴纳养老保险费。个人缴纳的养老保险费不计入个人所得税的征税范围。

（四）缴费比例

依据国发〔1997〕26号文件的规定，企业所需缴纳的基本养老保险费的比例（简称"企业缴费比例"），通常应控制在缴费基数的20%以内（此比例包含划入个人账户的部分，但需注意，自2006年1月1日起，企业缴纳部分不再划入个人账户）。具体的缴费比例，则由各省、自治区、直辖市人民政府根据实际情况来确定。对于少数因离退休人员众多、养老保险负担沉重的省、自治区、直辖市，若企业缴费比例确需超出工资总额的20%，需向劳动部、财政部提交申请并获得批准。

关于个人应缴纳的基本养老保险费的比例（简称"个人缴费比例"），1997年的标准是不得低于个人工资的4%。从1998年开始，这一比例每两年会提高1个百分点，直至最终达到个人缴费工资的8%。在条件允许且工资增长较快的地区，个人缴费比例的提升速度可适当加快。

另据国发〔2005〕38号文件的规定，个人缴费的比例被统一设定为8%。对于自由职业者以及城镇个体工商户而言，他们参加基本养老保险时，缴费基数将统一按照当地上年度在岗职工的平均工资来确定，缴费比例则统一为20%。对于个体工商户的业主来说，其社会保险费须全部由个人承担。

（五）资产管理

1. 社会统筹账户

全国财政收支系统旨在保障基础养老金的支付，其核心特征包括：资金来源多元化，涵盖企业缴费与财政补贴等；该系统由社保经办机构实行统一管理；在财务运作上，遵循以支定收、现收现付的原则；并体现出社会互济与风险分担的核心理念。

2. 个人账户

个人养老保险账户是专为缴纳养老保险费和支付个人账户养老金而设立的个人权益记录系统，其关键特性如下：

该账户采用完全积累制作为财务运作方式；资金来源主要包括个人缴费以及通过投资获得的收益；个人账户资金在未达到规定领取条件前不得提前支取，且其记账利率不得低于银行同期定期存款利率，同时免征利息税；若个人不幸死亡，其个人账户余额可依法继承；为确保资金增值，个人账户资金需进行专业化、市场化的运营管理。

在养老保险缴费方面，企业与个人共同承担缴费责任。对于职工而言，将按照其缴费工资的8%为其建立基本养老保险个人账户，个人缴费部分全额计入此账户，而剩余部分则从企业缴费中划入。随着个人缴费比例的逐渐提高，企业划入个人账户的部分将相应减少，直至降至3%。企业缴费中扣除划入个人账户的部分后，其余资金将全部进入社会统筹基金。自2006年1月1日起，企业缴纳的部分将不再部分划入个人账户，而是全部计入社会统筹基金。同时，个人账户的规模也得到了调整，由原先的本人缴费基数的11%降低为8%。对于自由职业者和城镇个体工商户而言，其缴纳的养老保险费中，缴费基数的8%将计入个人账户，而剩余部分则纳入社会统筹基金。

二、基本养老保险制度的待遇给付政策

养老保险的福利涵盖以下几个方面：第一，参保人可按月领取根据规定计算的基本养老金，直至去世；第二，享受基本养老金根据政策进行的正常调整；第三，企业退休人员将接受社会化的管理服务；第四，参加基本养老保险的个人，若因病或非因工原因死亡，其遗属有资格领取丧葬补助金和抚恤金；第五，对于在未达到法定退休年龄时因病或非因工致残导致完全丧失劳动能力的情况，可以领取病残津贴。上述所有待遇所需资金均来源于基本养老保险基金。

（一）基本养老金的给付条件

依据《中华人民共和国社会保险法》第十六条之规定，个人参与基本养老保险后，须达到法定退休年龄且累计缴费年限满十五年，方有资格按月领

取基本养老金。这表明养老金的领取需满足独特的法定条件。对于那些不符合这些条件却试图办理退休手续的职工，社会保险机构有权拒绝支付养老金。

自 2025 年 1 月 1 日起，中国对企业职工法定退休年龄政策进行了重要调整。根据最新规定，男性职工和原法定退休年龄为 55 周岁的女干部，其退休年龄将采取渐进式延迟方式。男性退休年龄每四个月延迟一个月，逐步由 60 周岁延长至 63 周岁；女干部退休年龄同样每四个月延迟一个月，从 55 周岁调整至 58 周岁。对于原法定退休年龄为 50 周岁的女工人，其退休年龄将每两个月延迟一个月，逐步过渡至 55 周岁。

此外，特殊工种和因病丧失劳动能力职工的退休年龄仍保持一定的灵活性。从事井下、高温、高空、特别繁重体力劳动或其他有害健康工作的职工，男性可在 55 周岁、女性可在 45 周岁时退休。而经医院证明及劳动鉴定委员会确认完全丧失劳动能力的职工，男性退休年龄为 50 周岁，女性为 45 周岁。

2024 年 9 月 13 日发布的《全国人民代表大会常务委员会关于实施渐进式延迟法定退休年龄的决定》规定：从 2030 年 1 月 1 日起，将职工按月领取基本养老金最低缴费年限由十五年逐步提高至二十年，每年提高六个月。职工达到法定退休年龄但不满最低缴费年限的，可以按照规定通过延长缴费或者一次性缴费的办法达到最低缴费年限，按月领取基本养老金。

国家对于提前退休仍维持严格限制，仅允许特定历史条件下（如国务院确定的 111 个"优化资本结构"试点城市中的国有破产工业企业）且距法定退休年龄不足 5 年的职工，以及符合特定条件的国有纺织企业纺纱、织布工种挡车工提前退休。这一政策调整旨在应对人口老龄化趋势，平衡劳动力供需，同时保障特殊群体权益，促进社会保障体系的可持续发展。

（二）基本养老金的现行计发办法

当前，我国基本养老金的替代率设定为大约 58.50%，这一比例是指退休人员的平均养老金与同一年度、同一地区在职职工的平均工资收入之间的比值，主要旨在确保退休人员能够享有基本的生活保障。为了维护养老金的实际价值和购买力，使退休人员也能从经济发展与工资增长中受益，我国引入了基本养老金的统一调整机制。该机制规定，人力资源社会保障部与财政部需参考城市居民生活费用价格指数及在职职工的工资增长状况，共同提出调整方案，并报请国务院审定后统一实施。

过去，我国养老保险基金采用完全的现收现付模式进行筹集，但现已转变为部分积累制的统账结合制度。这一转变必然涉及两种制度间的转轨过渡问题。由于多数在职职工和退休人员缺乏养老保险积累，因此需要为在职职工补充建立个人账户，并为已退休人员筹集养老保险金。同时，还需确保新旧制度能够平稳过渡，前后待遇水平能够基本保持一致。

为解决这一问题，根据国发〔1997〕26号文件和国发〔2005〕38号文件的规定，我国对"新人""老人"和"中人"三类群体制定了不同的给付办法。其中，"新人"指的是在新制度下参加工作的参保人员；"中人"则是指在原制度下参加工作，但将在新制度下退休的参保人员；而"老人"则是指在原制度下已经退休的人员。

（三）基本养老金的支付方式

基本养老金自职工离退休之月起开始发放，采用按月支付的方式，禁止一次性结算。根据《中华人民共和国社会保险法》及相关规定，离退休人员去世后次月起停发基本养老金，其遗属可依法享受丧葬补助金和抚恤金待遇。自2030年1月1日起，将职工按月领取基本养老金的最低缴费年限从十五年逐步提高至二十年。职工达到法定退休年龄但不满最低缴费年限的，可以按照规定通过延长缴费或者一次性缴费的办法达到最低缴费年限，按月领取基本养老金。基础养老金、过渡性养老金、补贴以及丧葬补助金均由基本养老保险社会统筹基金承担。

1. *基本养老保险待遇领取手续的办理流程*

以浙江省为例，当职工达到退休年龄时，用人单位的人事专员需准备职工的身份证、户口本原件、社会保险手册以及退休申请表。对于干部身份的职工，还需提供经主管单位审批的《干部退休审查表》和《职工退休审批表》；对于工人身份的职工，则需提供经人社局审批的《职工退休审批表》。随后，前往社保局审理部门办理审核手续，并计算养老金。社保局将为退休人员在指定银行开设活期存款账户，并在批准的次月29日后将养老金划入该账户。退休人员可在每月6日后凭存折到所属银行的网点领取养老金。对于享受一次性养老金的退休人员，社保局将一次性将款项划入其银行账户，并终止其社会保险关系。

2. 逐步推进养老金的社会化管理发放

为确保养老金能够按时足额支付，并将退休人员纳入社会管理，从而减轻企业的退休人员管理负担，我国正在全国范围内大力推动养老金的社会化发放。根据中共中央办公厅、国务院办公厅转发的原劳动保障部等部门《关于积极推进企业退休人员社会化管理服务工作的意见》的通知（中办发〔2003〕16 号），企业退休人员社会化管理服务是指职工退休后，其管理服务工作与原企业分离，养老金实行社会化发放，人员移交至城市街道和社区进行属地管理，并由社区服务组织提供相应的管理服务。

养老金社会化发放的基本形式是由各统筹地区的社会保险经办机构直接委托银行、邮局等社会服务机构进行发放。对于有特殊困难无法到银行、邮局领取基本养老金的离退休人员，社会保险经办机构可直接或委托社区服务组织发放。在尚未实现社区化发放的地区，仍按照原有做法，由原行业统筹企业经办机构组织发放或由企业退休人员管理组织代发养老金。对于在国内异地居住或出国定居的离退休人员，他们可向社会保险经办机构申请并办理相关手续，其基本养老金可以委托亲属或他人代领。在国内异地居住的，也可委托社会保险经办机构通过银行、邮局寄汇给本人；出国定居的，则可由受委托的国内亲属代领。如需寄往国外，可前往当地中国银行，按国家外汇管理局的规定兑换成外汇后寄出。若国内无亲属或他人代领，且本人要求社会保险经办机构将款项汇寄到国外的，汇费需由个人承担。然而，在享受这些权利的同时，他们需每半年向支付待遇的单位提供由我国驻外使领馆或当地公证机构出具的生存证明书。退休待遇将支付至退休人员去世为止。去世后，可按国内标准领取丧葬费，有供养直系亲属的，还可领取供养直系亲属抚恤费或救济费。

第三节　企业年金制度的作用与类型

企业年金并不属于社会保险或商业保险的范畴，而是归属于企业福利制度，作为企业人力资源战略的核心要素而存在。尽管其具备补充性、商业化或市场化的运作特点，但这些并不改变其作为企业福利的本质属性。作为社会保障体系的关键一环，企业年金是推行养老保障"多支柱"战略的重要制度设计。它与公共养老金（或国家养老金）以及个人养老储备金共同构建了多支柱的养老保障体系。企业年金由企业主导，是企业根据自身的经济状况而设立的一项保障制度。企业与职工需共同承担因实施企业年金计划所带来的全部风险。政府则扮演政策制定者和监管者的角色，不直接参与企业年金计划的管理和基金运作，只专注于制定相关规则并依法进行监管。

一、企业年金的概念

企业年金，亦被称为企业补充养老保险，是企业在遵循国家规定的税收优惠等政策框架内，依据自身经济实力，为全体员工设立的一项辅助性养老保险制度。这一制度成为我国多层次养老保障体系的关键一环，处于该体系中的第二层级，其运作遵循国家宏观指导与企业内部自主决策相结合的原则。

（一）企业年金与养老保险制度的关系

养老保险作为社会保障制度的核心部分，稳居社会保险五大险种的首要位置。养老保险制度，乃国家与社会依据相关法律法规，为满足劳动者达到法定退休年龄或因年老丧失劳动能力而退出工作岗位后的基本生活需求，所构建的一种社会保险机制。其核心目标在于确保老年人能够享有稳定且可靠的生活来源，满足其基本生活需求。

我国现行的养老保险制度呈现多层次特点，主要由三大层次构成：首要层次为基本养老保险，次之为企业年金（亦称作"企业补充养老保险"），再次则为职工个人储蓄性养老保险（亦称作"个人养老储备金"）。由此可见，企业年金在养老保险制度中举足轻重。然而，企业年金与强制实施的基本养老保险以及纯市场化的商业人寿保险存在本质差异，它实质上是企业基于自愿原则为职工设立的养老福利制度，并享有税收优惠政策的特殊待遇。

企业年金与基本养老保险之间既相互关联又有所区别。两者同是多层次养老保障体系的重要支柱，其关联性主要体现在政策与待遇水平上的紧密相连、相互依存。而差异性则主要体现在以下几个方面：首先，基本养老保险具有强制性，企业及职工无法选择是否参与、缴费金额及领取方式；相反，企业年金则建立在企业及职工自主、自愿的基础上，需双方协商一致后方可设立。其次，两者在运作模式、制约机制以及资产管理模式上也存在显著差异。政府对于企业年金的运营主要承担监管与宏观调控职责，并不直接干预其市场行为，也不对企业年金的盈亏承担直接责任。

（二）企业年金是补充养老保险制度

企业年金是一项专为职工退休后养老而设计的制度，因此它属于养老保险制度的范畴。相较于基本养老保险制度，企业年金被视为一种补充养老保险制度。依据我国相关法律及国务院的规定，国家已建立基本养老保险体系，确保职工在达到退休年龄后，能从基本养老保险基金中获取基本养老金。当前，我国企业退休职工的平均基本养老金水平大致相当于在职职工平均工资的 70%，这一比例基本能够满足职工退休后的基本生活开销。

然而，若要确保职工退休后的收入水平与退休前相比不出现显著下滑，仅凭基本养老金是远远不够的，还需依赖其他收入来源作为补充。在此情境下，企业年金便成为职工退休后一项至关重要的收入来源。从这一层面来看，企业年金对基本养老保险制度形成了有效的补充。也正是基于这一点，在 2000 年之前，我国的企业年金制度一直被冠以"企业补充养老保险制度"的名称。

二、企业年金的发展

全球范围内，企业年金的发展历程可大致划分为三个阶段：

第一阶段：自 1875 年至二战结束前夕。随着西方各国陆续步入工业化时代，经济蓬勃发展，企业年金作为缓解劳资冲突、维护政治稳定的历史性产物，迎来了快速发展期。到 1925 年，美国已有 397 个企事业机构设立了企业年金，欧洲各国企业也纷纷跟进这一趋势。然而，首次世界经济危机以及一战和二战的相继爆发，使得西方工业化国家的企业年金发展步入了低谷。

第二阶段：从二战结束至 20 世纪 70 年代。战后，各国经济迅速复苏并持续增长，社会保险体系得以重建并全面发展，企业年金计划也迎来了蓬勃发展的新阶段。以英国为例，战后参与企业年金的人数持续增长，至 20 世纪 60 年代达到顶峰，覆盖率达到雇员总数的 50%。同时期，经合组织所有国家的企业年金计划约覆盖了三分之一的劳动力。

第三阶段：自 20 世纪 70 年代至今。进入 20 世纪 70 年代，工业化国家普遍面临人口老龄化和经济衰退所带来的社会保障危机。自 20 世纪 80 年代起，各国纷纷通过立法和税收优惠政策大力推动企业年金的发展，以弥补国家社会保障支出的不足。这一时期，企业年金步入了"黄金发展期"。

三、企业年金的作用

（一）企业年金对企业的好处

企业年金作为一种卓越的福利计划，不仅显著提升了职工的福利待遇，而且为企业有效应对福利管理挑战提供了得力工具，极大地增强了企业的凝聚力和吸引力。

第一，实施企业年金制度，对于企业塑造良好形象、招募并留住顶尖人才具有重大意义。随着社会主义市场经济的不断深入和知识经济的蓬勃发展，企业间的竞争日益聚焦于人才的争夺。在劳动人事制度改革持续深化、人才流动机制日趋完善的背景下，企业拥有自主选择人才的权利，个人也享有自由择业的权利，人才流动已成为不可阻挡的时代趋势。因此，构建完善的职工福利保障体系，全面解决职工在医疗、养老、工伤及死亡抚恤等方面的后顾之忧，对于落实人力资源管理制度、塑造企业形象、提升市场竞争力以及吸引杰出人才加入具有至关重要的推动作用。同时，这一举措对于切实维护职工权益、稳定职工队伍、增强企业凝聚力、激发职工积极性以及提高企业经济效益均产生积极的促进作用。

第二，通过根据职工的贡献设计差异化的年金计划，企业能够构建更加公平合理的分配体系，充分激发职工的潜能。依据期望理论，当职工认为努力工作将带来优异的绩效评价时，他们将受到激励并投入更多努力。借助年金计划的灵活性，企业可以打破传统薪酬福利的"平均主义"束缚，针对职工的不同服务年限、职级、岗位以及贡献提供差异化的保障方案。服务年限长、职级高、岗位技术含量高且贡献大的职工将享受更高的保障额度和更全面的保障计划，而服务年限短、职级低、岗位技术含量低且贡献小的职工则获得相对较低的保障额度和较为单一的保障计划。这种差异化的企业年金制度能够在企业内部起到一种激励作用，充分激发职工的工作热情，促使他们发挥最大潜能，为企业的蓬勃发展贡献力量。

第三，企业年金制度在职工退休生活中扮演着至关重要的角色，它不仅为职工提供了一份稳定的经济来源，更在深层次上体现了企业对职工长期贡献的认可与回馈。特别是对于中高层职工和企业的核心人员而言，他们在职时往往承担着更大的责任与压力，为企业的成长与发展作出了杰出贡献。然而，退休后由于收入来源的减少，他们可能会面临生活质量下降的风险。企业年金制度的建立，正是为了弥补这一收入落差，确保这些关键人才在退休后依然能够享有高品质的生活。通过为职工提供丰厚的退休金，企业不仅保障了职工的基本生活需求，更彰显了其以人为本的管理理念，让每一名职工都能感受到企业的关怀与温暖，从而进一步增强了企业的凝聚力和向心力。

第四，建立企业年金制度还能在提升职工福利的同时，为企业和个人带来实实在在的税收优惠。根据国家相关政策，企业为职工缴纳的企业年金可以在税前扣除，这意味着企业可以通过这一制度合理降低税负，从而节省运营成本。而对于职工个人而言，企业年金在缴纳阶段也是免税的，只有在领取时才需要缴纳个人所得税，这相当于为职工提供了一项延迟纳税的福利。因此，企业年金制度不仅是一项惠及职工的长远福利计划，更是企业优化税务结构、降低运营成本的有效途径。通过充分利用国家税收政策，企业和个人都能在这一制度中受益。

（二）企业年金对个人的好处

对于参与企业年金计划的职工来说，这一制度无疑为他们退休后的生活提供了一份坚实的保障，使他们在享受基本养老金的同时，还能额外获得一份收入，从而显著提升和改善退休后的养老待遇，确保生活质量不受影响，大大减轻了后顾之忧。具体来说，企业年金计划为职工带来了以下几方面的显著好处：

第一，它能够有效弥补社保替代率的不足。企业年金计划设有个人账户和企业账户，其中个人账户又包含个人缴费和企业匹配缴费两部分。这意味着，除了个人自行缴纳的养老金外，企业也会为职工提供相应的匹配金额，从而作为基本养老金的有力补充。这一制度在很大程度上能够弥补未来社保替代率的不足，确保职工在退休后能够享受到更为充裕的养老资金，进而提升退休生活的品质。

第二，企业年金计划能够增强"养老钱"的安全性。该计划采用信托方式运作，实现了钱权分离的制约机制，有效降低了运营管理风险，确保职工的切身利益得到切实保障。更重要的是，企业年金基金资产只能用于支付受益人的养老费用，无论公司管理层如何变更，甚至企业破产，都不会改变其支付目的，这一特点使其与普通商业保险相比具有显著优势。

第三，企业年金计划还能确保个人账户的笃实性。与社保的"社会统筹＋个人账户积累"模式不同，企业年金个人账户完全采用积累制模式，且账户管理透明、账目清晰，让职工能够随时了解自己的养老资金状况。

第四，企业年金计划还能为职工带来可观的个人收益。通过专业的机构投资者进行投资管理，无论是投资产品的种类、投资范围，还是专业技能以及降低投资风险的能力，都是个人投资难以比拟的。这些一流的基金公司、保险公司、证券公司等投资管理人，以其卓越的专业能力和市场认可度，为职工带来了长期稳定的增值收益。同时，参与企业年金计划还能帮助职工规避部分个人所得税。即使在企业破产时企业年金也可确保不列入清算范围，为职工的养老资金提供了更加安全的保障。

四、企业年金的类型

（一）根据法律规范的强制程度分

一是自愿性企业年金，此类年金制度在美国、日本等国家较为典型。这些国家通过立法确立了企业年金的基本框架和政策导向，但企业是否参与完全自愿。一旦企业决定实施年金计划，就必须严格遵循国家制定的规则来运作。年金的具体实施方案、待遇标准、基金管理模式等，均由企业根据自身情况制定或选择，雇员也有权选择是否参与缴费。

二是强制性企业年金，此类年金制度在澳大利亚、法国等国家得到广泛应用。这些国家通过立法明确规定，所有雇主都必须为其雇员缴纳企业年金。年金的待遇水平、基金模式、筹资方式等关键要素，均由国家统一规定，企业和雇员无须也无法自行选择。

（二）根据待遇的计发方式分

1. 缴费确定型

缴费确定型企业年金，是一种通过为每位职工设立个人账户来管理的年金制度。在这种制度下，企业和职工需要按照既定的比例定期缴纳年金，而职工个人的缴费额可能相对较少，甚至在某些情况下可以免缴。职工退休时所能领取的企业年金数额，将直接取决于其个人账户中资金的积累规模以及这些资金在投资过程中所产生的收益。这种年金制度因其简便易行、透明度高而广受欢迎。同时，企业可以根据自身的经济状况灵活调整缴费水平，以适应不同的经营环境。此外，企业与职工缴纳的年金通常可以享受免税或减税的优惠政策，进一步降低了企业的运营成本。然而，职工个人需要承担投资风险，因为企业仅承担定期缴费的义务，而不负责超过此范围的保险金给付。

2. 待遇确定型

待遇确定型企业年金则更注重为职工提供稳定的企业年金收入。这种年金制度通过设定一个固定的收入替代率，来确保职工在退休后能够享受到一定比例的工资收入。基金的积累规模和水平会随着职工工资的增长而相应调整，从而保障职工的年金收入能够紧跟时代发展。然而，这种年金制度也要求企业承担更大的风险。因为企业需要承担因社会经济变化而可能引发的年金收入波动风险，确保职工能够按时足额领取年金。这种制度虽然增加了企业的运营成本，但也为职工提供了更加稳定和有保障的退休生活。

第四节　中国企业年金制度的建立与发展

一、建立企业年金的重要意义

企业年金是多层次养老保险体系的关键一环，是在国家政策的引领下，由企业与职工在参与基本养老保险之余，自主建立的补充性养老保险机制。其发展对于健全社会保障体系、推动经济增长、提升退休人员生活质量具有深远意义。

第一，企业年金有助于构建更加完善的养老保险体系。近年来，基本养老保险制度的成功实施，为退休人员提供了基本的生活保障，对推动企业改革和维护社会稳定发挥了积极作用。然而，借鉴国际经验，我们认识到，仅依靠基本养老保险是不够的，还需大力发展企业年金，以形成多层次、全方位的养老保险制度。

第二，企业年金能够显著提升退休人员的生活品质。基本养老保险虽能保障基本生活，但企业年金的建立则能在此基础上进一步提高退休人员的经济待遇，让他们享受更加宽裕的晚年生活。

第三，企业年金也是增强企业人才竞争力的重要手段。为了吸引和留住人才，企业不仅要提供有竞争力的在职薪酬，更要通过建立企业年金等长远福利制度，为职工的未来生活提供有力保障。

第四，企业年金还能促进经济发展和资本市场的繁荣。采用完全积累模式的企业年金基金，通过投资运营实现保值增值，不仅为经济建设提供了资金支持，还通过市场化运作推动了资本市场的健康发展，实现了企业年金基金与经济发展的良性互动。

第五，企业年金的建立对于构建和谐企业至关重要。面对日益严峻的老龄化问题，企业年金成为保障职工老年生活的有效途径。企业与职工共同承担缴费责任，既减轻了企业的负担，又激励了职工，形成了一种双赢的局面。因此，建立企业年金不仅有利于国家、有利于人民，也有利于企业自身的发展，是一件一举多得的好事。

二、我国企业年金的发展历程

我国企业年金的发展，其前身可追溯至"企业补充养老保险"，其演变历程大致可分为以下几个关键阶段：

1991 年，随着《国务院关于企业职工养老保险制度改革的决定》的发布，我国企业年金制度初具雏形。该决定明确提出国家鼓励企业实施补充养老保险，并倡导职工参与个人储蓄性养老保险，同时承诺在政策上给予相应指导。此举标志着我国企业年金制度作为养老保险体系的"第二支柱"正式树立起来。

1995 年，《国务院关于深化企业职工养老保险制度改革的通知》进一步明确了企业补充养老保险的地位。通知指出，企业在完成基本养老保险费缴纳后，可根据自身经济效益，为职工建立补充养老保险。在经办机构的选择上，企业与个人拥有自主选择权。随后，原劳动部发布了《关于建立企业补充养老保险制度的意见》，对补充养老保险的具体实施条件、决策流程、资金来源、计发方式及经办机构等进行了详细规范，并确定了我国补充养老保险的缴费模式。

1997 年，《国务院关于建立统一的企业职工基本养老保险制度的决定》再次强调，要在国家政策指引下，大力发展企业补充养老保险。此后，部分省、自治区、直辖市积极响应，结合本地实际，制定了企业补充养老保险政策，并进行了有益的探索与实践。

2000 年，国务院选定辽宁省作为完善城镇社会保障体系的试点，并发布了《国务院关于印发完善城镇社会保障体系试点方案的通知》。该通知提出了四项重要政策调整：一是将"补充养老保险"正式更名为"企业年金"；二是确定采用个人账户管理模式；三是明确了税收优惠政策，允许企业缴费在职工工资总额 4% 以内的部分纳入成本，并在税前列支；四是推动企业年金的市场化管理和运营。这一文件的发布，不仅总结了过去十年的改革经验，更为我国的企业年金确定了基本模式和战略方向。

2004 年 1 月，原劳动保障部发布了《企业年金试行办法》，随后又与中国银监会、证监会、保监会联合发布了《企业年金基金管理试行办法》。这两个文件的出台，分别解决了企业如何建立企业年金以及企业年金如何管理的问题，形成了一套完整的法规体系。这标志着我国企业年金制度进入了依法建立、依法推进、依法管理的新阶段。

2017 年 12 月 18 日，《企业年金办法》（人力资源社会保障部财政部令第 36 号）正式公布，自 2018 年 2 月 1 日起施行。该办法进一步明确了企业年金的定义、缴费比例、账户管理、权益归属、待遇计发等方面的规定，为企业年金的规范发展提供了法律依据。此后，各地政府根据《企业年金办法》的精神，结合本地实际情况，出台了多项促进企业年金发展的政策文件。例如，《淮安市企业年金管理办法》（淮人社发〔2022〕44 号）等，这些文件在缴费比例、账户管理、待遇计发等方面进行了细化和补充，以更好地适应地方企业的需求。

2018 年发布的《关于中央企业规范实施企业年金的意见》（国资发考分〔2018〕76 号），针对中央企业规范实施企业年金提出了具体要求，强调了企业年金在促进企业持续健康发展、增强企业凝聚力等方面的重要作用。

根据人社部最新数据显示，截至 2024 年年底，全国建立企业年金的企业数量已达 12.8 万家，覆盖职工人数超过 3000 万，基金规模突破 2.8 万亿元，较十年前增长近 4 倍。2025 年即将实施的《企业年金办法》修订意见稿拟提高企业缴费上限至12%，并建立企业年金税收优惠动态调整机制。

三、我国企业年金的发展原则和特点

在政府已经建立起基本养老保险体系，以确保退休人员能够享有基本生活保障的基础之上，进一步发展企业年金制度显得尤为重要。这一制度旨在提升职工退休后的生活水平，不仅能够有效激发职工的劳动热情与创造力，还能显著提高职工的劳动生产率。同时，企业年金作为一项长期福利制度，对于增强企业的内部凝聚力和外部竞争力也发挥着不可替代的作用。

（一）我国发展企业年金的基本原则

1. 自愿参与原则

在我国，企业年金计划的建立完全基于企业的自愿选择，需企业与职工双方共同商议确定。这一原则不仅促进了职工更深入地参与企业的利润分配与管理决策，还极大地增强了企业与职工之间的利益联结，从而有效提升了企业的整体凝聚力和市场竞争力。

2. 个人账户管理原则

我国企业年金计划统一采用个人账户管理模式，确保每位职工的企业年金缴费积累均具备明确的私人产权属性和继承性。这意味着，企业年金个人账户内的资金完全属于职工个人，任何机构或个人均无权侵占或挪用。同时，这些资金在职工退休前将被依法"锁定"，除非达到国家规定的退休年龄，否则职工不得提前支取。

3. 信托运作原则

企业与职工同计划受托人之间建立起信托关系，并遵循信托法的相关规定。计划受托人则与投资管理人、账户管理人、基金托管人及中介机构之间形成委托代理关系，依据民法典的条款执行。计划受托人可以是自然人组成的理事会，也可以是依法设立的法人机构，并承担最终责任。受托人可自行承担基金投资与账户管理等职责，若不具备相应条件或管理能力，也可将部分或全部职能委托给专业的管理服务机构。但基金托管人的职责必须对外委托。这些管理服务机构则根据受托人的要求和合同约定，提供基金托管、投资管理和账户管理等服务。

4. 市场化管理原则

市场化管理意味着政府负责制定企业年金的相关法律法规和操作规范，并从外部进行监管，而企业年金基金的筹集、投资、给付及账户管理等具体运营工作则委托给外部的专业管理服务机构。政府监管机构仅负责监管工作，不参与企业年金基金的日常运营。这一原则旨在充分发挥市场在竞争性领域的优势，提高企业年金基金的运营效率和效果。

5. 效率优先、兼顾公平原则

企业年金待遇因职工的劳动贡献不同而有所差异，对于贡献较大或处于特殊岗位的职工，企业可适当提高其缴费标准。同时，不同职工或企业的企业年金待遇也会因投资收益的不同而有所差异。这种与企业经济效益和个人劳动贡献紧密挂钩的企业年金制度，能够激励职工更加关心企业的生产经营状况，提高职工的工作积极性和创造性。

（二）我国企业年金的独特性

1. 企业与职工共担缴费责任

企业年金制度的资金采取企业与职工双方按约定比例共同缴纳的方式筹集。职工个人部分可由企业直接从其工资中代扣代缴。此制度强调企业作为缴费主体的责任，凸显了企业年金的本质属性。同时，要求职工个人也参与缴费，不仅体现了权利与义务的对等原则，还有助于提升职工个人的自我保障意识，进而增强企业年金的保障力度和水平。

2. 个人账户下的完全积累模式

在国际上，企业年金计划主要分为缴费确定型、待遇确定型和混合型三种。而我国则明确采用了缴费确定型模式。这一模式的优势在于企业承担的风险相对较低，仅需履行缴费义务，而对职工未来的养老金水平不作任何承诺。通过个人账户管理，企业年金的所有权归属清晰，便于职工在流动时转移其年金资产。

3. 市场化运营与管理

相较于过去补充保险管理的简单化和角色重叠，我国企业年金基金现在实行的是市场化、专业化的运营与管理。企业及职工作为委托人，将年金基金委托给受托人（如企业年金理事会或法人受托机构）进行管理，而具体的投资管理、账户管理和托管职责，则分别由专业的投资机构、账户管理机构和商业银行承担。委托人与受托人之间建立信托关系，依据信托法签订信托合同；受托人与各管理服务机构之间则建立委托关系，依据民法典相关条款签订委托合同。这一模式设计不仅使法律关系明晰、责任主体明确，还构建了有效的制约机制，确保了企业年金基金的安全、高效运营。

第八章　浙江省老龄化成本评估与分担实践研究

　　根据《2023年浙江省老年人口和老龄事业统计公报》的最新数据,截至2023年底,浙江省60岁及以上的老年人口数量已达1339.40万,占比总人口26.17%,与上一年同期相比,增加了74.95万人,增长率达到5.93%。这一数据预示着,老龄化将成为浙江未来人口发展的常态趋势。随着国家全面放开二孩生育政策、区域经济结构的深度调整,以及医疗卫生技术的持续进步,影响浙江人口老龄化进程的多种内外部因素正在经历重大变革。因此有必要重新审视当前形势下浙江人口老龄化的新特征,以更加科学的方法把握在推进社会主义现代化进程中浙江人口结构的变化趋势。有必要及时、科学、综合地应对这些变化,确保在老龄化高峰到来之前,从政策、战略等多个层面做好充分准备。通过制定和实施有效的政策措施,促进经济发展、社会发展与人口发展的和谐共生,为浙江省域治理现代化和打造"重要窗口"提供坚实支撑和强大动力。

第一节　浙江省老龄化成本的测算方法

　　随着浙江省人口老龄化的不断加剧,老龄化成本问题日益成为社会关注的焦点。老龄化成本不仅涉及经济、社会、医疗等多个领域,还直接影响到政府财政的可持续性和社会的稳定发展。因此,对浙江省老龄化成本进行科学、系统的评估与测算,对于制定有效的老龄化应对政策、优化资源配置、促进经济社会协调发展具有重要意义。

一、测算思路

1. 明确测算目标与范围

首先，需要明确老龄化成本的测算目标，即评估浙江省因人口老龄化而产生的各项成本。同时，界定测算的范围，包括直接成本和间接成本，以及不同领域（如经济、社会、医疗等）的成本。

2. 构建成本测算模型

基于老龄化成本的构成和特点，构建适合浙江省的成本测算模型。该模型应能够全面反映老龄化成本的形成机制、影响因素及变化趋势。

3. 选取评估指标与数据来源

根据测算目标，选取合适的评估指标，如老年人口数量、人均医疗支出、养老金支出等。同时，确定数据来源，确保数据的准确性和可靠性。

4. 进行成本评估与测算

运用构建的模型和选取的指标，对浙江省老龄化成本进行评估与测算。分析不同领域、不同地区的成本差异及原因，预测老龄化成本的变化趋势。

二、测算方法与步骤

（一）测算方法

1. 定性分析法

结合浙江省的实际情况，对老龄化成本的形成机制、影响因素等进行深入分析。通过专家访谈、案例研究等方式，获取第一手资料，为定量分析提供补充和验证。

2. 定量分析法

通过收集相关数据，运用统计学、计量经济学等方法对老龄化成本进行量化分析。如利用时间序列数据建立回归模型，分析老龄化成本与老年人口数量、人均 GDP 等因素的关系。

3. 比较分析法

将浙江省的老龄化成本与其他地区或国家进行比较，分析差异及原因。通过横向和纵向的比较，揭示浙江省老龄化成本的独特性和发展趋势。

（二）测算步骤

1. 数据收集与整理

收集浙江省老年人口数量、人均医疗支出、养老金支出等相关数据，并进行整理和分析。确保数据的完整性和准确性，为后续的测算工作奠定基础。

2. 模型构建与验证

基于收集的数据，构建老龄化成本测算模型。通过实际数据的代入和验证，调整模型参数，提高模型的准确性和可靠性。

3. 成本评估与测算

运用构建的模型，对浙江省老龄化成本进行评估与测算。分析不同领域、不同地区的成本差异及原因，揭示老龄化成本的变化趋势。

4. 结果分析与讨论

对测算结果进行深入分析和讨论。结合浙江省的实际情况，探讨老龄化成本的形成机制、影响因素及对社会经济的影响。

5. 政策建议提出

基于测算结果和分析讨论，提出针对性的政策建议。为政府制定老龄化应对政策提供参考，促进浙江省经济社会的协调发展。

三、数据来源

1. 人口普查数据

人口普查是全面了解人口状况的重要途径。通过人口普查，可以获取浙江省老年人口的数量、结构、分布等详细信息，为评估老龄化成本提供基础数据。

2. 统计年鉴数据

统计年鉴是反映地区经济社会发展状况的重要资料。通过统计年鉴数据，可以获取浙江省在医疗、养老、社会保障等方面的支出情况，以及 GDP 增长率、消费率等社会经济指标，为评估老龄化成本提供重要参考。

3. 政府部门发布的专项报告

政府部门有时会针对特定问题发布专项报告，如养老保障报告、医疗卫生发展报告等。这些报告通常包含丰富的数据和深入分析，为评估老龄化成本提供有力支持。

第二节　浙江省老龄化成本的指标体系

一、指标选取原则

在浙江省老龄化成本评估中，指标选取是关键环节之一。为了确保评估结果的准确性和可靠性，需要遵循以下原则进行指标选取：

1. 科学性原则

选取的指标应具有科学性，能够客观反映老龄化成本的真实情况。指标的定义、计算方法和数据来源应明确、规范，确保评估结果的客观性和准确性。

2. 全面性原则

指标选取应全面覆盖老龄化成本的各个方面，包括直接成本和间接成本，以及不同领域（如经济、社会、医疗等）的成本。通过全面评估，揭示老龄化成本的整体状况和变化趋势。

3. 可比性原则

选取的指标应具有可比性，便于不同时间、不同地区或国家之间的比较。通过比较分析，揭示浙江省老龄化成本的独特性和发展趋势。

4. 可操作性原则

指标选取应考虑数据的可获得性和可操作性。选取的指标应能够通过现有统计资料或调查数据获得，确保评估工作的顺利进行。

二、具体指标选取

1. 老年人口数量

反映浙江省老年人口规模的重要指标。通过统计老年人口数量，可以了解老龄化的具体程度，为评估老龄化成本提供基础数据。

2. 人均医疗支出

反映老年人在医疗方面的支出情况。随着年龄的增长，老年人对医疗服务的需求增加，医疗支出也随之提高。通过统计人均医疗支出，可以评估老龄化的医疗成本。

3. 养老金支出

反映政府在养老保障方面的支出情况。随着老年人口的增加，养老金支出也呈现上升趋势。通过统计养老金支出，可以评估老龄化对社会保障体系的影响。

4. 长期护理保险支出

反映老年人在长期护理方面的支出情况。随着老龄化程度的加深，老年人对长期护理的需求增加，长期护理保险支出也随之增加。通过统计长期护理保险支出，可以评估老龄化的长期护理成本。

5. 老年福利设施投入

反映政府在老年福利设施方面的投入情况。包括养老院、老年活动中心等设施的建设和维护费用。通过统计老年福利设施投入，可以评估政府在应对老龄化方面的努力程度。

6. 劳动力市场影响指标

如劳动参与率、老年抚养比等。这些指标反映老龄化对劳动力市场的影响程度。通过统计这些指标，可以评估老龄化对经济增长和社会稳定的影响。

7. 社会经济影响指标

如 GDP 增长率、消费率等。这些指标反映老龄化对整体社会经济的影响程度。通过统计这些指标，可以评估老龄化对浙江省经济社会发展的综合影响。

三、指标体系的构建

基于上述具体指标，构建浙江省老龄化成本评估指标体系。该体系包括直接成本指标和间接成本指标两大类，具体结构如下：

（一）直接成本指标

1. 医疗成本指标

包括人均医疗支出、老年医疗支出占比等。

2. 养老保障成本指标

包括养老金支出、长期护理保险支出等。

3.老年福利设施成本指标

包括老年福利设施投入、老年福利设施维护费用等。

（二）间接成本指标

1.劳动力市场影响指标

包括劳动参与率、老年抚养比等。

2.社会经济影响指标

包括 GDP 增长率、消费率等。

第三节　浙江省老龄化成本评估与测算

一、直接成本评估与测算

（一）医疗成本评估与测算

医疗成本是老龄化直接成本的重要组成部分。随着老年人口的增加，对医疗服务的需求也呈现上升趋势，导致医疗成本不断增加。在浙江省老龄化成本评估中，医疗成本的评估与测算主要包括以下几个方面：

1.人均医疗支出测算

通过收集浙江省老年人的人均医疗支出数据，可以了解老年人在医疗方面的支出情况。这些数据通常来源于官方统计数据或医疗机构的调查数据。在测算过程中，应注意考虑不同年龄段、不同健康状况下老年人的医疗支出差异。

2.老年医疗支出占比分析

通过计算老年医疗支出占全社会医疗支出的比例，可以评估老年人口的医疗成本。这一比例反映了老年人口在医疗资源分配中的地位和作用。

3.医疗成本增长趋势预测

基于历史数据和现有趋势，运用时间序列分析、回归分析等方法对医疗成本的增长趋势进行预测。这有助于了解未来医疗成本的变化情况，为政府制定相关政策提供参考依据。

（二）养老保障成本评估与测算

养老保障成本是老龄化直接成本的另一个重要组成部分。随着老年人口的增加，养老金支出、长期护理保险支出等养老保障成本也呈现上升趋势。在浙江省老龄化成本评估中，养老保障成本的评估与测算主要包括以下几个方面：

1. 养老金支出测算

通过收集浙江省的养老金支出数据，可以了解政府在养老保障方面的支出情况。这些数据通常来源于官方统计数据或社会保障部门的调查数据。在测算过程中，应注意考虑不同养老保险制度下的养老金支出差异。

2. 长期护理保险支出测算

随着老龄化程度的加深，老年人对长期护理的需求增加，长期护理保险支出也随之增加。通过收集浙江省的长期护理保险支出数据，可以评估老年人在长期护理方面的支出情况。这些数据通常来源于商业保险公司的统计数据或政府部门的专项报告。

3. 养老保障成本负担能力分析

通过分析浙江省人民政府财政收支状况、经济增长情况等因素，评估政府承担养老保障成本的负担能力。这有助于了解政府在应对老龄化挑战方面的财政能力和可持续性。

（三）老年福利设施成本评估与测算

老年福利设施成本是老龄化直接成本的另一个方面。随着老年人口的增加，对老年福利设施的需求也呈现上升趋势，导致老年福利设施成本不断增加。在浙江省老龄化成本评估中，老年福利设施成本的评估与测算主要包括以下几个方面：

1. 老年福利设施投入测算

通过收集浙江省在老年福利设施方面的投入数据，可以了解政府在老年福利设施建设方面的投入情况。这些数据通常来源于政府部门的专项报告或统计资料。在测算过程中，应注意考虑不同类型老年福利设施（如养老院、老年活动中心等）的投入差异。

2. 老年福利设施维护费用分析

除了建设投入外，老年福利设施的维护费用也是一项重要成本。通过分析老年福利设施的维护费用情况，可以评估其在运营过程中的成本负担情况。这些数据通常来源于养老服务机构或相关管理部门的调查。

3. 老年福利设施成本效益分析

通过对比老年福利设施的投入与产出情况，进行成本效益分析。这有助于评估老年福利设施的建设和运营效果，为政府制定相关政策提供参考依据。

二、间接成本评估与测算

（一）劳动力市场影响评估

老龄化对劳动力市场的影响是间接成本的重要组成部分。随着老年人口的增加和劳动年龄人口的减少，劳动力市场供需关系发生变化，可能导致劳动力成本上升、生产效率下降等问题。在浙江省老龄化成本评估中，劳动力市场影响的评估主要包括以下几个方面：

1. 劳动参与率分析

通过收集浙江省的劳动参与率数据，分析老年人口增加对劳动参与率的影响。劳动参与率反映了劳动力市场的活跃程度和潜在劳动力资源的利用情况。

2. 老年抚养比测算

老年抚养比是指老年人口与劳动年龄人口之间的比例。通过测算老年抚养比，可以了解老年人口对劳动年龄人口的依赖程度，进而评估社会老龄化对劳动力市场的压力。

3. 劳动力市场供需关系预测

基于历史数据和现有趋势，运用经济学原理和方法对劳动力市场的供需关系进行预测。这有助于了解未来劳动力市场的变化情况，为政府制定相关政策提供参考依据。

（二）社会经济影响评估

老龄化对社会经济的影响也是间接成本的重要方面之一。随着老龄化程度的加深，社会经济结构、消费模式、储蓄率等方面都可能发生变化，进而影响整体经济发展。在浙江省老龄化成本评估中，社会经济影响的评估主要包括以下几个方面：

1.GDP 增长率分析

通过收集浙江省的 GDP 增长率数据，分析社会老龄化对经济增长的影响。GDP 增长率反映了地区经济发展的速度和水平。

2. 消费率测算

消费率是衡量居民消费水平的重要指标之一。通过测算老年人口的消费率情况，可以了解老龄化对消费模式的影响。这有助于评估老龄化对内需拉动型经济增长模式的影响程度。

3. 储蓄率变化分析

储蓄率是衡量居民储蓄水平的重要指标之一。通过分析老年人口的储蓄率变化情况，可以了解老龄化对储蓄率的影响。储蓄率的变化将直接影响资本形成和经济增长潜力。

第四节　浙江省养老服务体系建设实践

随着人口老龄化的加剧，养老服务需求日益增长。浙江省作为经济发达省份，人口老龄化程度较高，养老服务需求呈现出快速增长的态势。2025年1月7日，中共中央、国务院印发《关于深化养老服务改革发展的意见》，明确到 2029 年，养老服务网络基本建成，服务能力和水平显著提升；到2035 年，养老服务网络更加健全，服务供给与需求更加协调适配，全体老年人享有基本养老服务，适合我国国情的养老服务体系成熟定型。浙江省积极响应文件精神，着力构建养老服务体系，提升养老服务质量和效率，以满足人民群众日益增长的养老服务需求。

一、完善政策法规体系，强化制度保障

（一）制定和完善养老服务相关政策法规

政策法规是养老服务健康发展的基石。浙江省加快制定和完善养老服务领域的政策法规，明确居家养老、机构养老等各类养老服务的标准、规范和管理要求。在居家养老服务方面，制定详细的居家养老服务内容清单，包括

生活照料、康复护理、精神慰藉等方面的具体服务项目和标准，确保居家老年人能够享受到规范、专业的服务。对于机构养老，明确养老机构的准入条件、设施设备标准、人员配备要求等，加强对养老机构的规范化管理。同时，建立健全养老服务质量评估体系，定期对养老服务机构的服务质量进行评估，将评估结果与养老机构的等级评定、政府补贴等挂钩，激励养老机构提高服务质量。

（二）建立健全养老服务监管机制

加强对养老服务市场的监管是保障养老服务质量和安全的关键。浙江省建立健全养老服务评估制度，对养老服务机构的服务质量、运营状况等进行监管和定期评估。一方面，加强对养老机构硬件设施的检查，确保养老机构的建筑安全、消防安全、食品安全等符合相关标准。另一方面，加强对养老机构服务过程的监管，检查服务人员是否具备相应的资质和技能，服务流程是否规范等。此外，建立养老服务投诉举报机制，畅通老年人及其家属的投诉举报渠道，及时处理养老服务中的违规行为和纠纷，维护老年人的合法权益。

二、加大政府投入，优化资源配置

（一）建立财政投入长效机制

财政投入是养老服务发展的重要保障。浙江省建立对养老服务的稳定财政投入机制，逐年提高养老投入比例。政府将养老服务设施建设、运营补贴、人员培训等方面的资金纳入财政预算，确保养老服务设施建设和运营的资金需求。例如，加大对公办养老机构的建设和改造资金投入，提高公办养老机构的设施水平和服务能力；对民办养老机构给予运营补贴，降低民办养老机构的运营成本，提高其生存和发展能力。同时，积极引导社会资本参与养老服务投资，通过政府与社会资本合作（PPP）等模式，拓宽养老服务资金来源渠道。

（二）优化养老资源配置

统筹城乡养老资源，加大对农村养老服务体系建设的投入，缩小城乡差距，实现养老服务的均衡发展。在农村，加强农村敬老院的建设和改造，提高农村敬老院的服务质量和管理水平；推广农村互助养老模式，鼓励农村老年人之间相互帮助、相互照顾。同时，加强城市与农村养老服务资源的对接和共享，引导城市优质的养老服务资源向农村延伸，提高农村养老服务的可及性和质量。此外，根据不同地区的人口老龄化程度和养老服务需求，合理布局养老服务设施，避免资源浪费和供需失衡。

（三）支持社区养老服务设施建设

社区是老年人生活的重要场所，加强社区养老服务设施建设对于提高老年人的生活质量具有重要意义。浙江省改善社区养老服务设施，提高社区养老服务能力。一方面，开发老年宜居住宅，对老旧小区进行适老化改造，增加无障碍设施、电梯等，方便老年人的日常生活。另一方面，加强社区养老服务设施建设，建设社区日间照料中心、老年活动中心等，为老年人提供生活照料、康复护理、文化娱乐等服务。同时，提升养老服务信息化水平，建立社区养老服务信息平台，实现养老服务需求的精准对接和服务资源的优化配置。

三、扶持民办养老机构发展，激发市场活力

（一）降低创办门槛，提供政策扶持

进一步降低社会力量创办养老机构的门槛，简化手续，为社会资本进入养老服务领域创造良好的政策环境。取消不合理的前置审批事项，优化养老机构设立许可流程，提高审批效率。同时，提供交通、医疗、税费等多方面的优惠政策。在交通方面，为养老机构提供便捷的交通服务，如开通养老专线公交等；在医疗方面，鼓励医疗机构与民办养老机构建立合作关系，为机构内的老年人提供便捷的医疗服务；在税费方面，对民办养老机构给予税收减免、财政补贴等优惠政策，降低民办养老机构的运营成本。

（二）实施财政资助和补贴政策

对民办养老机构运营及新增床位给予财政资助，探索租房养老、以房养老等新型养老模式，并完善相关财政资助政策。对于运营良好的民办养老机构，根据其服务质量和规模给予一定的运营补贴，鼓励其提高服务质量。对于新增床位的民办养老机构，给予每张床位一定金额的建设补贴，促进民办养老机构扩大规模。同时，积极探索租房养老、以房养老等新型养老模式，为老年人提供更多的养老选择。对于选择租房养老的老年人，给予一定的租金补贴；对于选择以房养老的老年人，完善相关政策和操作流程，保障老年

人的合法权益。

（三）培育养老服务产业集群

通过政策引导和资金支持，培育一批具有竞争力的养老服务企业，形成养老服务产业集群，提升养老服务的整体水平和竞争力。政府出台相关政策，鼓励养老服务企业加大研发投入，提高养老服务产品的质量和科技含量。例如，支持企业开发智能养老设备、养老服务软件等，提高养老服务的智能化水平。同时，加强养老服务企业之间的合作与交流，促进产业链上下游企业的协同发展，最终形成完整的养老服务产业链。此外，建立养老服务产业园区，吸引养老服务企业入驻，实现产业集聚发展，提高产业竞争力。

四、加强养老服务队伍建设，提升服务质量

（一）培养养老服务管理人才

人才是养老服务发展的关键。浙江省鼓励高等院校开设养老服务相关专业，培养大量的养老服务管理人才，为养老服务行业的发展提供人才支撑。高校可以根据养老服务市场的需求，设置养老服务管理、老年护理、老年心理学等专业，培养具有专业知识和技能的养老服务管理人才。同时，加强高校与养老服务机构的合作，建立实习实训基地，为学生提供实践机会，提高学生的实际操作能力。此外，政府可以出台相关政策，对养老服务相关专业的学生给予学费减免、奖学金发放等优惠政策，鼓励学生报考养老服务相关专业。

（二）加强职业技能培训

对养老服务人员进行上岗职业技能培训和继续教育培训，提高他们的服务能力和职业道德水准，确保为老年人提供优质的服务。上岗职业技能培训主要包括老年护理技能、康复护理技能、沟通技巧等方面的培训，使养老服务人员具备基本的服务能力。继续教育培训则侧重于新知识、新技能的学习和应用，如智能养老设备的使用、老年心理关怀等方面的培训，不断提高养老服务人员的专业水平。同时，建立健全养老服务人员职业资格认证制度，对培训合格的养老服务人员颁发职业资格证书，提高养老服务人员的职业认同感和社会地位。

（三）加强志愿者队伍建设

建立和完善"服务储蓄""义工""时间银行"等机制，鼓励更多的人参与到养老服务志愿者队伍中来，为老年人提供多样化的服务。"服务储蓄"机制是指志愿者为老年人提供服务后，将服务时间存储起来，当自己或家人需要养老服务时，可以支取相应的服务时间。"义工"机制是指组织志愿者定期到养老服务机构为老年人提供志愿服务。"时间银行"机制是指志愿者将服务时间存入"时间银行"，当自己需要服务时，可以从"时间银行"支取相应的服务时间。通过这些机制，激发社会各界参与养老服务的积极性，形成全社会关心、支持养老服务的良好氛围。

五、加强养老资源整合，提高供给效率

（一）建立长期护理保险制度与养老服务补贴制度

在浙江省内试点建立长期护理保险制度，并实施养老服务补贴制度，减轻老年人的经济负担，提高他们的支付能力。长期护理保险制度可以为失能、半失能老年人提供长期护理保障，减轻家庭的经济负担。养老服务补贴制度则可以根据老年人的经济状况和服务需求，给予一定的补贴，提高老年人购买养老服务的能力。例如，对低收入老年人、失独老年人等特殊群体，给予更高的养老服务补贴。同时，加强长期护理保险制度与养老服务补贴制度的衔接，形成多层次的养老服务保障体系。

（二）推进"医养融合"发展

加强医疗机构与养老机构的合作，建立资源共享、优势互补的医养结合服务模式，为老年人提供全方位的医疗和养老服务。医疗机构可以为养老机构内的老年人提供定期巡诊、健康管理、康复护理等服务，养老机构可以为医疗机构提供康复期患者的照护服务。同时，鼓励医疗机构开设老年病科，提高老年病的诊治水平；支持养老机构内设医疗机构，方便老年人就医。此外，建立医疗机构与养老机构之间的信息共享平台，实现老年人的健康信息、医疗信息等的互联互通，提高服务效率和质量。

（三）创新养老服务模式

创新养老服务模式是提高养老服务供给效率和质量的重要途径。浙江省将托老所和托儿所有机结合，老少集中管理，实现资源的共享和优化配置。

例如，在一些社区建设综合性的养老托幼服务中心，白天为老年人提供日间照料服务，为儿童提供托幼服务，晚上老年人回家居住，儿童由家长接回。完善设施建设，发挥已有资源优势，对闲置的学校、厂房等设施进行改造，建设养老服务机构。统筹城乡养老资源，探索异地养老等创新模式，鼓励城市老年人到农村养老，享受农村的清新空气和安静环境；同时，引导农村老年人到城市养老机构享受优质的医疗服务和生活配套。

　　浙江省在养老服务体系建设实践中，通过完善政策法规体系、加大政府投入、扶持民办养老机构、加强养老服务队伍建设以及养老资源整合等多方面的举措，取得了显著的成效。养老服务质量和效率得到了有效提升，老年人的养老服务需求得到了更好的满足。然而，随着人口老龄化的不断加剧，养老服务体系建设仍然面临着诸多挑战。未来，浙江省需要继续加强养老服务体系建设，不断完善政策法规，加大政府投入，激发市场活力，加强人才培养，创新服务模式，进一步提高养老服务的供给效率和质量，为老年人创造更加美好的晚年生活。同时，浙江省的养老服务体系建设经验也为其他地区提供了有益的借鉴，有助于推动我国养老服务事业的全面发展。

参考文献

[1] 金新政，尹剑，王斌．智慧养老 [M]．北京：科学出版社，2019．

[2] 贾素平．养老机构管理与运营实务 [M]．天津：南开大学出版社，2013．

[3] 苏振芳．人口老龄化与养老模式 [M]．北京：社会科学文献出版社，2013．

[4] 安秋玲．老年社会工作实务研究 [M]．上海：华东理工大学出版社，2015．

[5] 任远．养老机构的判断与选择 [M]．北京：中国广播影视出版社，2018．

[6] 王新光．中国养老机构管理实践与应用 [M]．北京：中国商务出版社，2018．

[7] 杨燕绥．银色经济与嵌入式养老服务 [M]．北京：清华大学出版社，2017．

[8] 李勇．增加养老公共服务供给的路径建议 [J]．北方经济，2018（9）．

[9] 王晓洁．人口老龄化下我国养老服务财政保障政策的演进特征及展望 [J]．
经济与管理，2021（1）．

[10] 韩烨，付佳平．中国养老服务政策供给：演进历程、治理框架、未来方
向 [J]．兰州学刊，2020（9）．

[11] 董克用，王振振，张栋．中国人口老龄化与养老体系建设 [J]．经济社会
体制比较，2020（1）．

[12] 刘志敏，张岩松．积极老龄化视角下发展互助养老的对策研究 [J]．卫生
职业教育，2020（2）．

[13] 毛佩瑾．新时代我国养老服务体系创新发展研究 [J]．行政管理改革，
2019（11）．

[14] 冯潇，成新轩．我国多支柱养老保障存在的问题及瑞典经验借鉴 [J]．金
融与经济，2022（5）．

[15] 祁玉良．基本养老保险基金财政支出优化与可持续性研究 [J]．宏观经济
研究，2022（5）．

[16] 范堃，谭昕玥．职工基本养老保险全国统筹待遇计发方案的优化研究 [J]．
华东师范大学学报（哲学社会科学版），2022（3）．

[17] 曾泉海 . 人口老龄化背景下我国专属商业养老保险试点方案的比较和思考 [J]. 保险职业学院学报，2022（3）.

[18] 朱海扬，王璐，宋林 . 探索第三支柱个人养老金的发展逻辑与关键要素 [J]. 价格理论与实践，2022（2）.

[19] 杨翠迎，刘玉萍 . 养老服务高质量发展的内涵诠释与前瞻性思考 [J]. 社会保障评论，2021（4）.

[20] 杨意 . 人口老龄化、消费升级与经济高质量发展 [J]. 商业经济研究，2023（24）.

[21] 贺日孜，谭梅，樊毅 . 职工基本养老保险个人账户缺口测算与化解方案研究 [J]. 保险职业学院学报，2023（4）.

[22] 龙朝阳，梁扬扬 . 城镇职工基本养老保险基金征缴效率——基于动态面板门槛模型的研究 [J]. 吉首大学学报（社会科学版），2023（2）.

[23] 余薇 . 基于"服务链"理论的养老服务品牌建设 [J]. 品牌研究，2022（7）.

[24] 余薇 . 社交化视角下养老产业协同创新研究 [J]. 长江丛刊，2022（4）.

[25] 余薇 . 数字技术赋能农村新型养老 [N]. 中国社会科学报，2024-03-28（008）.